인기 양재 강사의 원포인트 레슨 BOOK

콕 집어 딱 알려주는
옷 만들기 수업

LaLa Sewing été 코다 아오이 · LPS

즐거운상상

이 책을 사용하는 법

옷 만들기 책에 실려있는 작품을 깔끔하게 완성할 수 있도록 포인트를 딱 집어 알려주는 '원포인트 레슨북'입니다.
옷 만들기 책에 나와있는 만드는 순서대로 따라해봤지만 완성품이 한끝 부족하게 느껴졌다면 이 책에서 정답을 찾을 수 있을 거예요.

[만드는 순서]

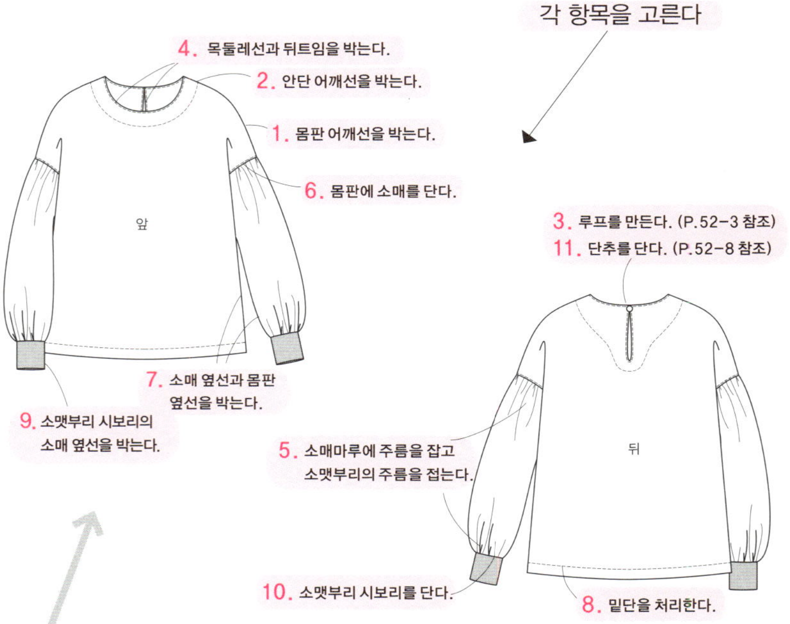

각 항목을 고른다
4. 목둘레선과 뒤트임을 박는다.
2. 안단 어깨선을 박는다.
1. 몸판 어깨선을 박는다.
6. 몸판에 소매를 단다.
앞
3. 루프를 만든다. (P.52-3 참조)
11. 단추를 단다. (P.52-8 참조)
7. 소매 옆선과 몸판 옆선을 박는다.
9. 소맷부리 시보리의 소매 옆선을 박는다.
5. 소매마루에 주름을 잡고 소맷부리의 주름을 접는다.
뒤
10. 소맷부리 시보리를 단다.
8. 밑단을 처리한다.

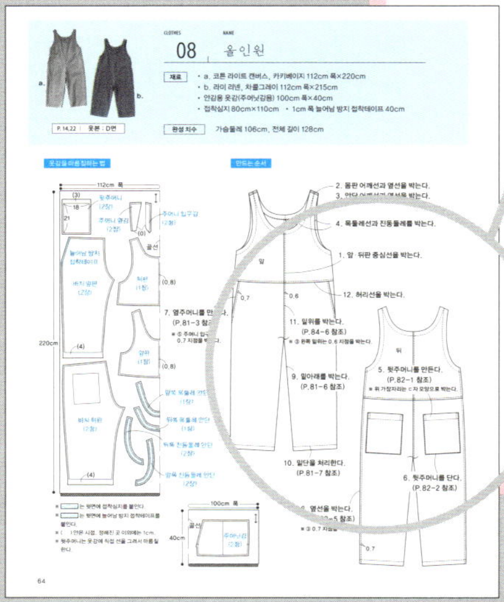

옷 만들기 책에는 대부분 '만드는 순서'가 들어 있습니다.
만드는 순서는 각 작품을 만드는 과정을 나타낸 것이며 이 과정대로 바느질하면 옷이 완성됩니다. 각 항목을 제대로 깔끔하게 박는 것이 예쁜 옷을 만드는 지름길이므로, 만드는 법 순서에 자주 나오는 항목을 골라서, 박는 법 · 마무리하는 법을 꼼꼼하게 해설했습니다.
옷 만들기 책에서 만들고 싶은 작품의 '만드는 순서'를 확인한 뒤에 각 항목을 실제로 박기 전에 이 책에서 필요한 페이지를 찾아서 참조하며 만들어 보세요.

소매 달기

드롭트 숄더 슬리브

소매 다는 선이 어깨선보다 팔 쪽으로 내려간 타입의 소매. 소매마루 곡선이 세트인 슬리브에 비해 완만해서 소매를 달기 쉽다. 소매를 단 뒤에 몸판 옆선과 소매 옆선을 한 번에 박는다.

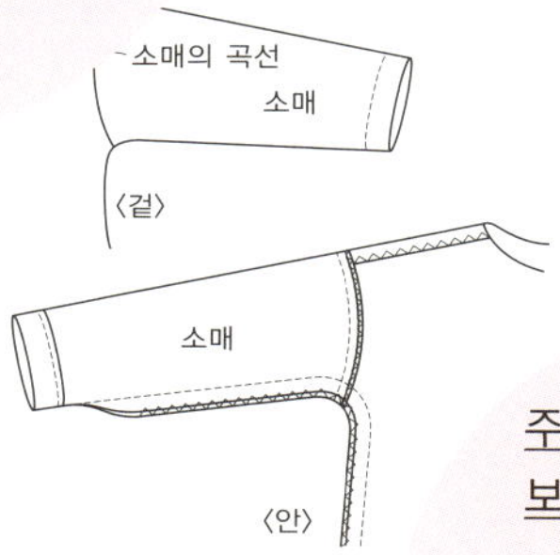

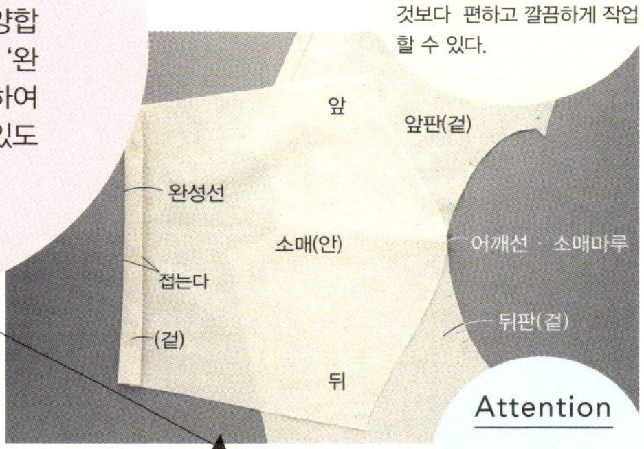

1 소맷부리 쪽을 완성선에서 접고 다려서 접음선을 낸다. 몸판과 소매를 겉끼리 맞대고 어깨선과 소매마루를 시침핀으로 고정한다.

Point

소매 옆선을 박기 전에 소맷부리를 다림질해서 접음선을 내 두면 소매 옆선을 박아서 통 모양이 된 후에 접어 다리는 것보다 편하고 깔끔하게 작업할 수 있다.

Attention

앞판과 소매 앞쪽 뒤판과 소매 뒤쪽이 맞도록 한다.

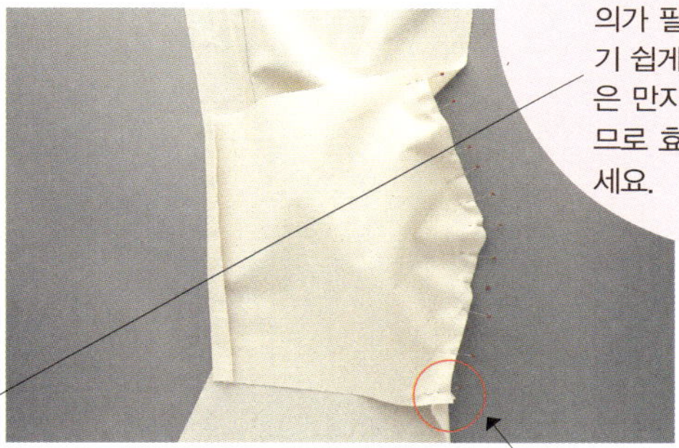

2 소매 옆선, 맞춤 표시를 시침핀으로 고정한 뒤에 시침핀과 시침핀 사이를 같은 간격으로 다시 고정한다.

Point

소매 옆선에는 진동둘레에 맞춘 시접이 달렸을 때가 많으므로, 소매 옆선 모서리의 완성선에 표시를 해 두면 시침핀으로 고정하기 쉽다.

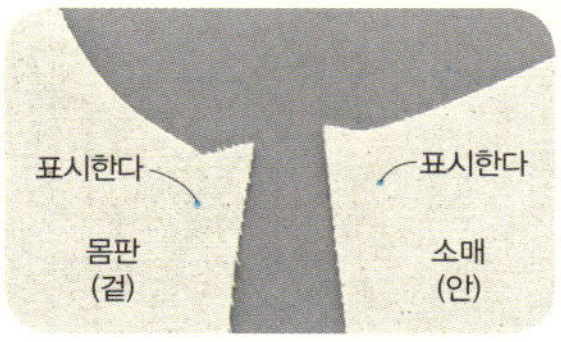

완성선에서 박는다. 시접은 2장을 같이 지그재그
ㅏ 쪽으로 넘긴다.

1 '만드는 순서' 항목별로 해설

이제부터 할 작업에서 도움이 되는 테크닉이 어느 것인지 명확하므로 헤매지 않고 진행할 수 있습니다. 항목별로 P.4~6 Contents에서 참조할 페이지를 찾아 순서에 따라 작업합니다.

2 깔끔하게 만드는 요령을 이해하기 쉽게

예쁘게 완성할 수 있거나 작업을 순조롭게 진행하기 위한 테크닉을 Point로 소개합니다. 잘 익혀 두면 매우 유용하지요.

3 무리 없이 어렵지 않은 방법으로

소매 옆선을 박기 전에 소맷부리에 접음선을 내 두거나, 어긋나지 않도록 박는 방향에 신경 쓰는 등 사소한 아이디어 하나가 완성품의 차이를 만듭니다. 도움이 되는 노하우를 알려줍니다.

4 주의할 점을 보기 쉽게

틀리기 쉬운 부분이나 주의가 필요한 부분을 알아보기 쉽게 표시했습니다. 옷감은 만지면 만질수록 늘어나므로 효율을 높여서 작업하세요.

5 어떤 작품에도 적합하도록

작품에 따라 시접은 다양합니다. 대부분의 과정에서 '완성선을 박는다'처럼 해설하여 어떤 옷에도 참조할 수 있도록 했습니다.

Contents

주머니 만들기
주머니 달기

어깨선 박기

끈 · 루프 만들기

옷깃 만들기
옷깃 달기
목둘레 처리하기

소매 만들어서 달기
소매 달기
옆선 박기

지퍼 달기

주머니 만들기
주머니 달기

주머니 만들기

패치포켓 / 각진 바닥

몸판이나 팬츠 등의 겉에서
주머니 전체가 보이는 타입이며
바닥이 사각형인 것.

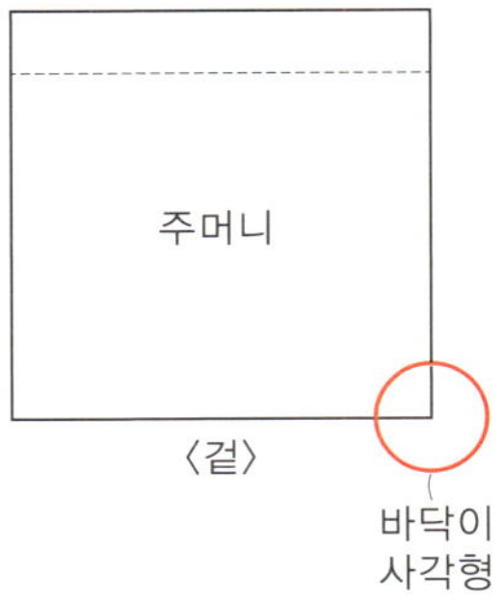

각진 바닥

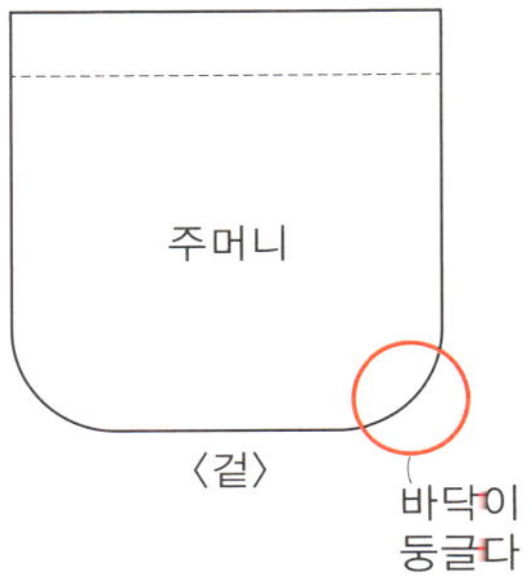

둥근 바닥

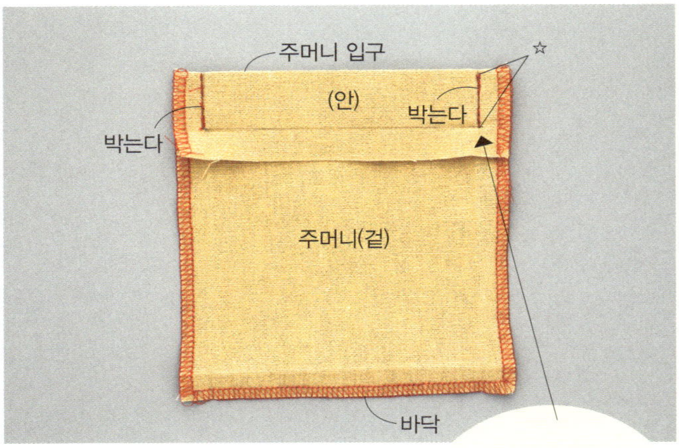

1 주머니 바닥과 좌우를 지그재그로 박는다. 주머니 입구를 겉끼리 맞닿게 접어서 다리고, 좌우 완성선을 박는다.

Point

주머니 입구의 좌우를 박는다.
겉으로 뒤집었을 때 시접이 튀어나오지 않아 깔끔하게 완성할 수 있다.

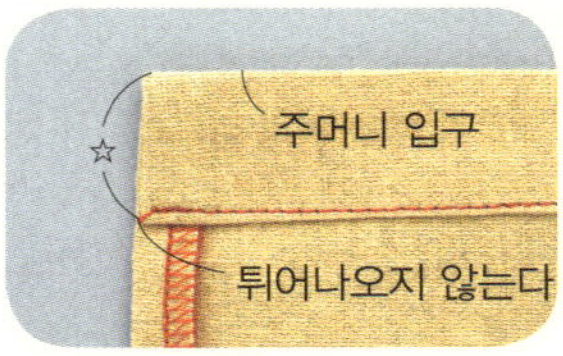

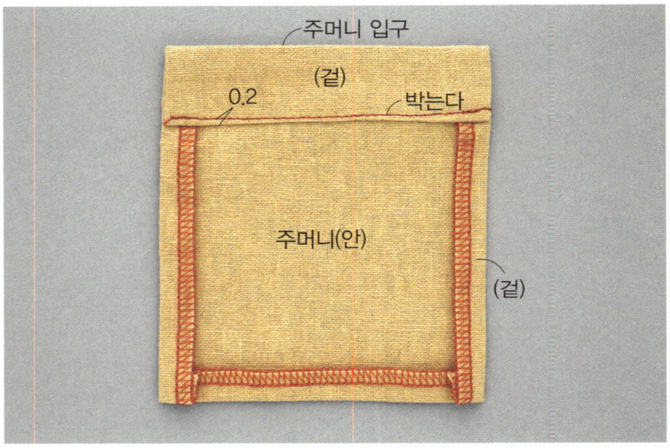

2 주머니 입구를 겉으로 뒤집고 다려서 정리한다. 바닥과 좌우, 주머니 입구의 시접을 완성선에서 안쪽으로 접어서 다린다. 주머니 입구를 박는다.

→ 뒤집는 법은 P.31 '옷깃 만들기(셔츠칼라 / 각진 모양)' 5~7 참조.

주머니 만들기

패치포켓 / 둥근 바닥

몸판이나 팬츠 등의 겉에서
주머니 전체가 보이는 타입이며
바닥이 둥근 것.

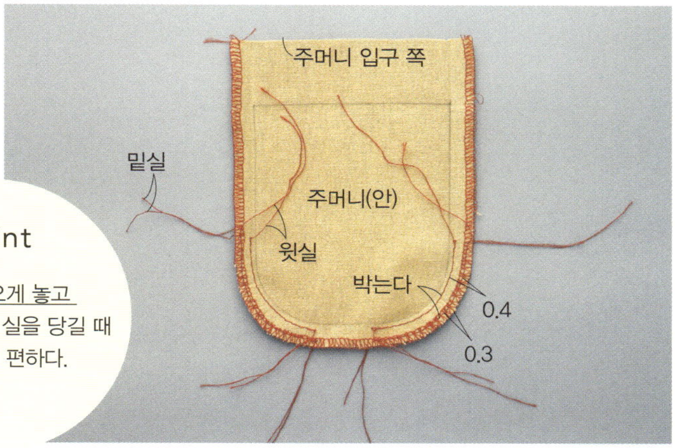

Point

안쪽을 위로 오게 놓고 박는다. 2에서 실을 당길 때 밑실이 당기기 편하다.

1 주머니 입구 쪽만 빼고 지그재그로 박는다. 바닥의 곡선 부분에 큰 땀으로 성기게 2줄 박는다.
→ 성긴 바늘땀은 P.96 참조.

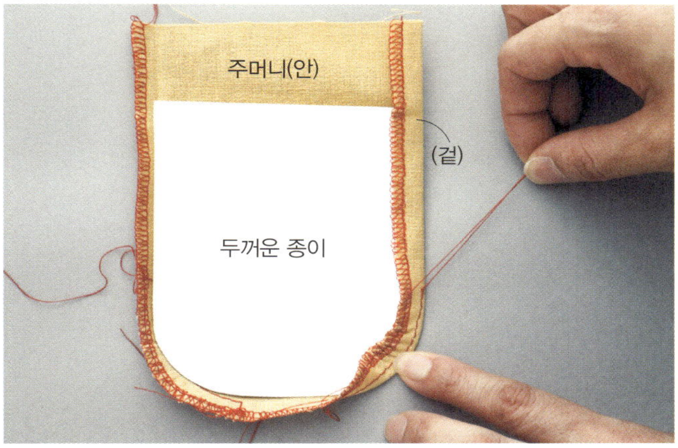

2 두꺼운 종이를 주머니 완성 크기대로 잘라서 위에 놓는다. 양쪽 밑실만 당겨서 두꺼운 종이(=완성선)를 따라 오그린다.

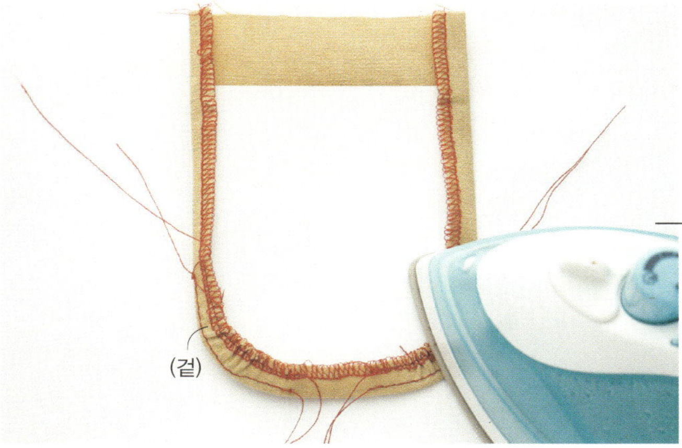

3 주머니 입구 쪽만 빼고 완성선에서 접어 다려서 모양을 정리한다.

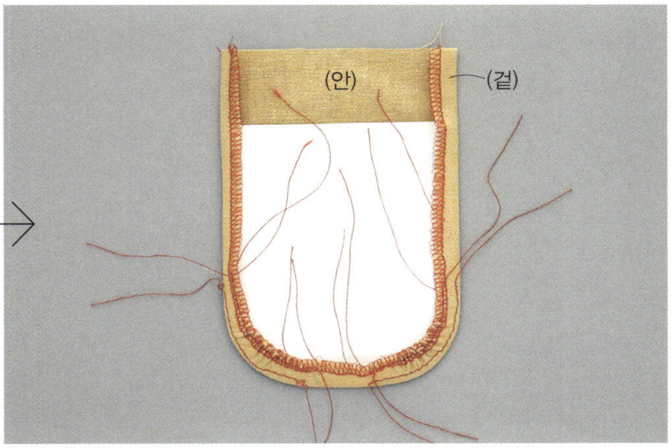

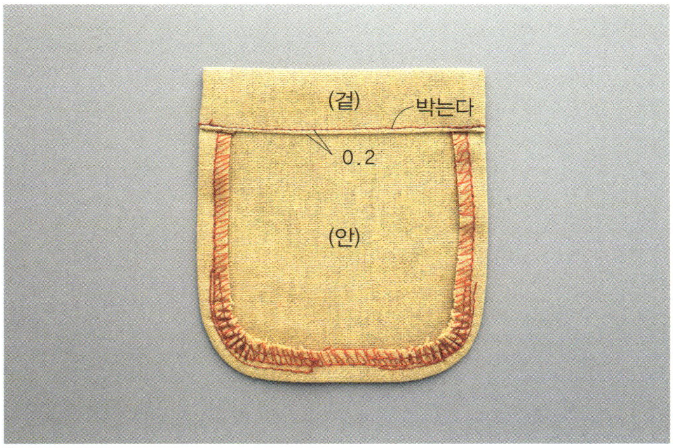

4 남은 실을 잘라 깨끗하게 정리한다. P.8의 1, 2와 같은 방법으로 주머니 입구를 박는다.

주머니 만들기

안감 있는 패치포켓

몸판이나 팬츠 등의 겉에서 주머니 전체가 보이는 타입.
얇거나 두꺼운 옷감을 사용할 때 이 방법을 추천한다.
P.8~9 '패치포켓 / 각진 바닥 · 둥근 바닥'으로 만들면
얇은 옷감은 강도가 부족하고 두꺼운 옷감은 주머니 입구
모서리가 너무 두꺼워져서 박기 어렵다.

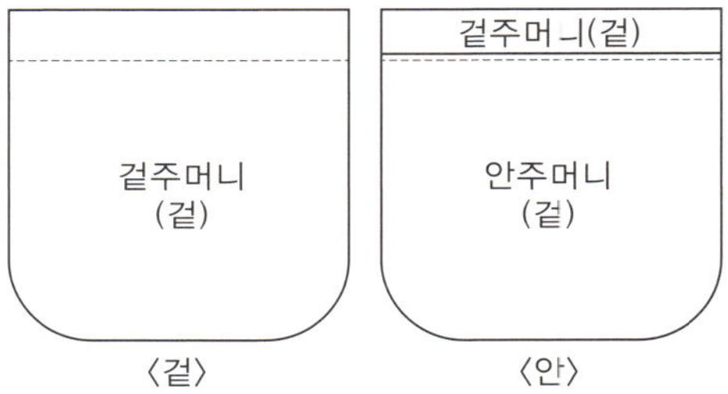

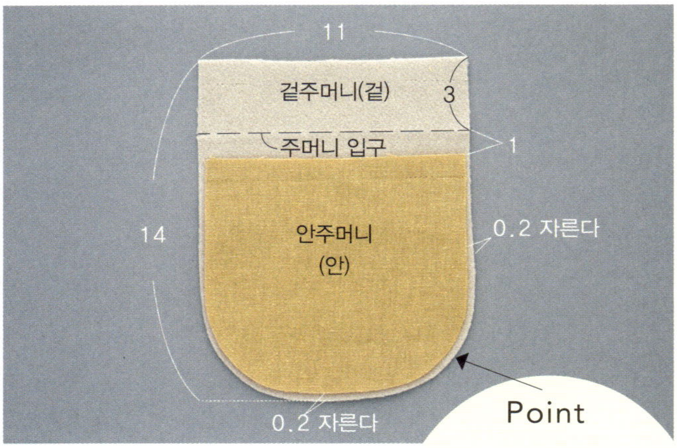

1 안주머니는 겉주머니보다 좌우와 바닥을 0.2cm 작게 마름질한다.

Point

0.2cm 작게 자르면 4에서 겉으로 뒤집었을 때 안주머니가 겉주머니보다 안으로 들어가서 겉에서 봤을 때 안주머니가 보이지 않는다.

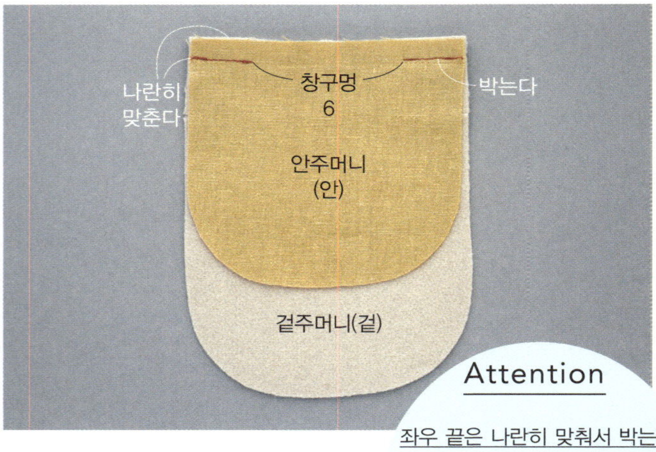

2 겉 · 안주머니를 겉끼리 맞대고 위쪽 가장자리를 맞춰서 창구멍을 남기고 박는다.

Attention

좌우 끝은 나란히 맞춰서 박는다. 겉주머니가 느슨한 부분은 송곳으로 살짝 앞으로 보내며 박는다. 창구멍은 느슨하게 하지 않는다.
→ P.30 '옷깃 만들기(셔츠칼라 / 각진 모양)' 2 참조.

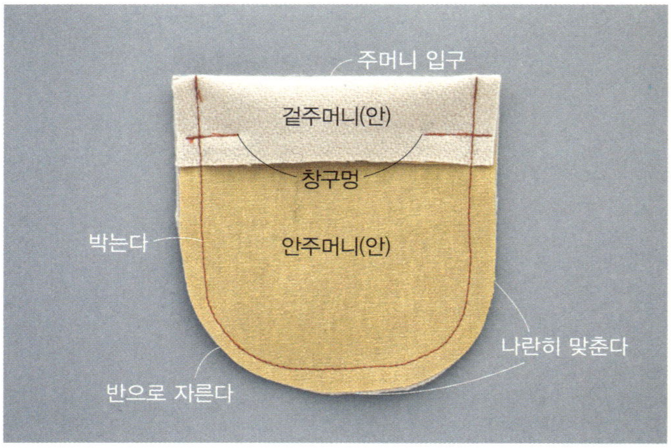

3 주머니 입구에서 접고 시접은 안주머니 쪽으로 넘긴다. 주머니 입구를 빼고 박는다. 곡선 부분은 시접을 반으로 자른다.

※ 2와 같은 방법으로 좌우 끝, 바닥 끝은 각각 나란히 맞춰서 박는다.

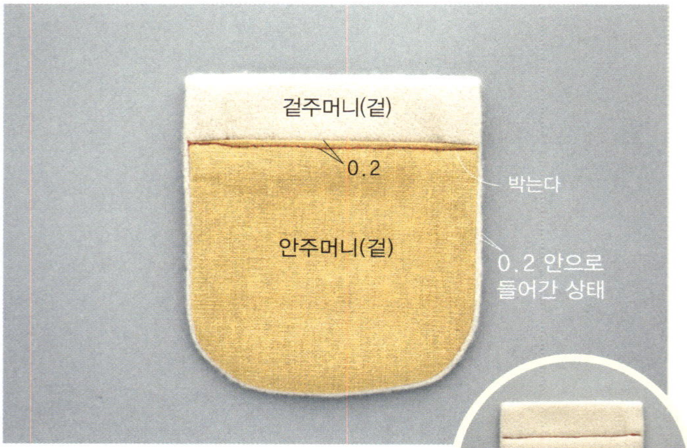

4 창구멍을 통해 겉으로 뒤집고 다려서 정리한다. 겉 · 안주머니의 솔기 아래를 박는다.→ 뒤집는 법은 P.31 '옷깃 만들기(셔츠칼라 / 각진 모양)' 5~7 참조.

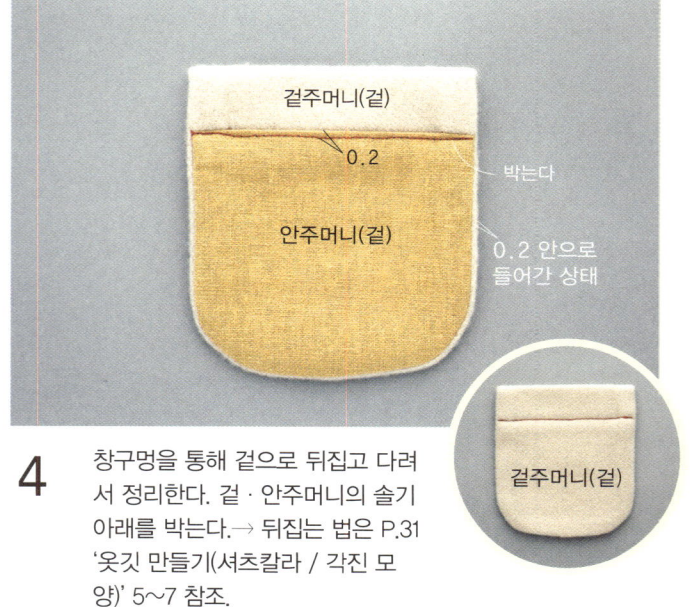

주머니 달기

패치포켓

몸판이나 팬츠 등의 위에 놓고 박아서 달며
겉에서 주머니 전체가 보이는 타입.

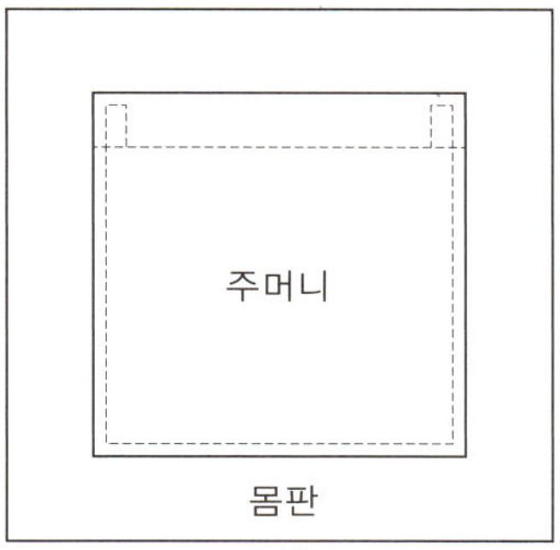

〈겉〉

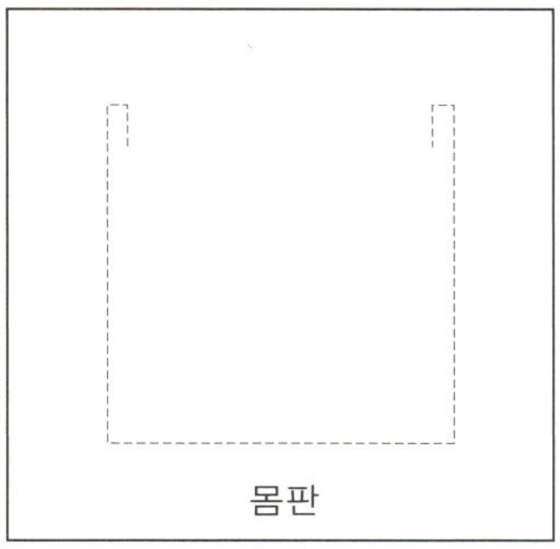

〈안〉

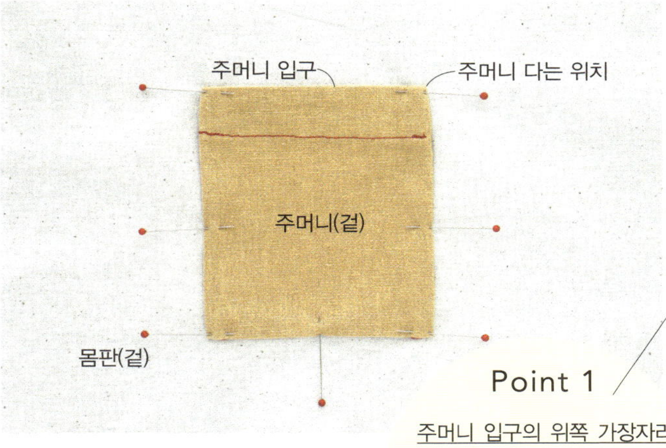

1 몸판의 주머니 다는 위치에 주머니를 놓고 시침핀으로 고정한다.

Point 1

주머니 입구의 위쪽 가장자리(●)는 바늘땀 수를 좌우에서 똑같이 맞추면 대칭이 되어 깔끔해 보인다. 적은 바늘땀 수는 재봉틀 돌림바퀴를 돌려서 박으면 조절하기 쉽다.

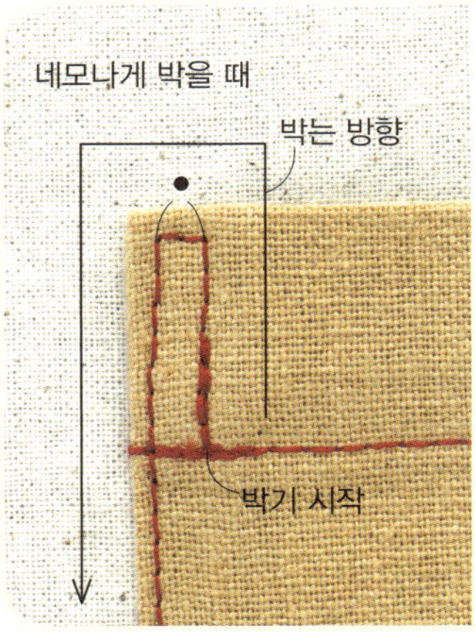

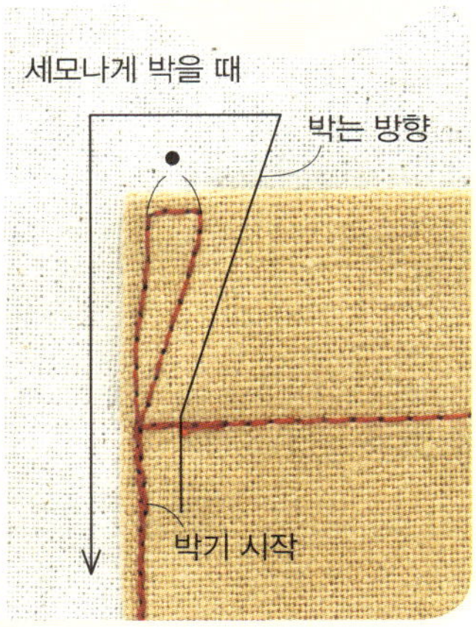

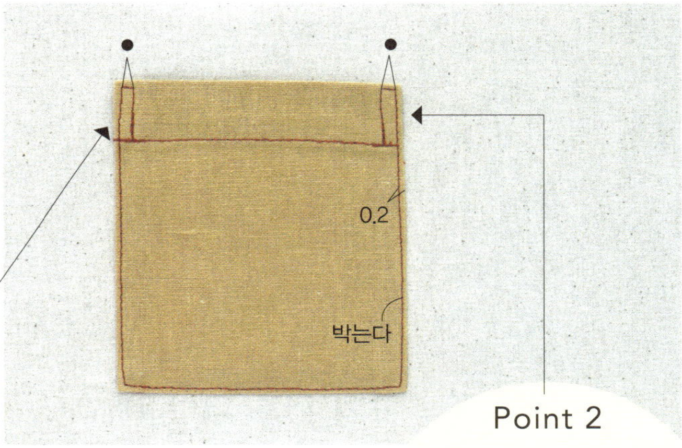

2 주머니 입구만 빼고 박아서 단다.

Point 2

주머니 입구의 시접이 겹쳐 턱이 져서 박기 힘들 때는 턱이 있는 쪽(사진에서는 바늘 왼쪽)에 두꺼운 종이를 놓아서 더 높게 하여 오른쪽 노루발을 띄우면, 턱이 있어도 순조롭게 박을 수 있다.

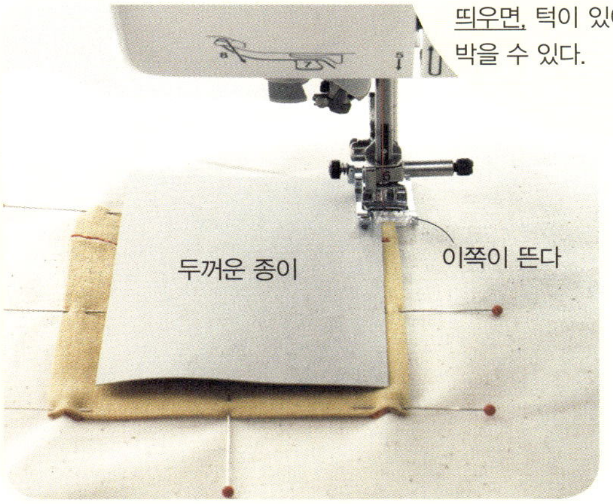

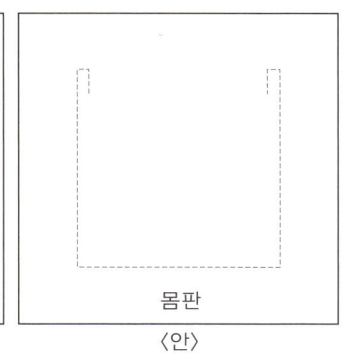

주머니 달기

심포켓

팬츠나 스커트 등의 옆선 솔기를 이용해서 단다.
겉에서는 주머니가 전혀 보이지 않는 타입.
'옆선에 주머니를 박는다'라고 되어 있는 것은
보통 이 주머니를 말한다.

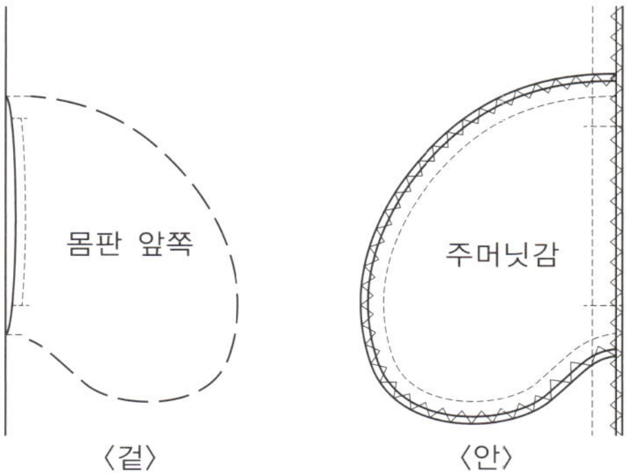

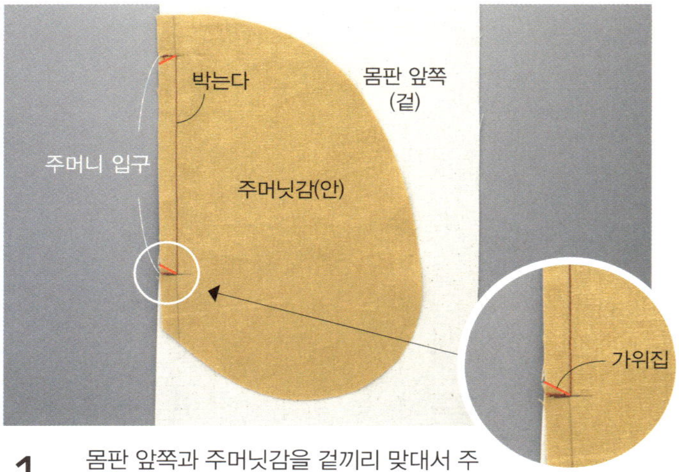

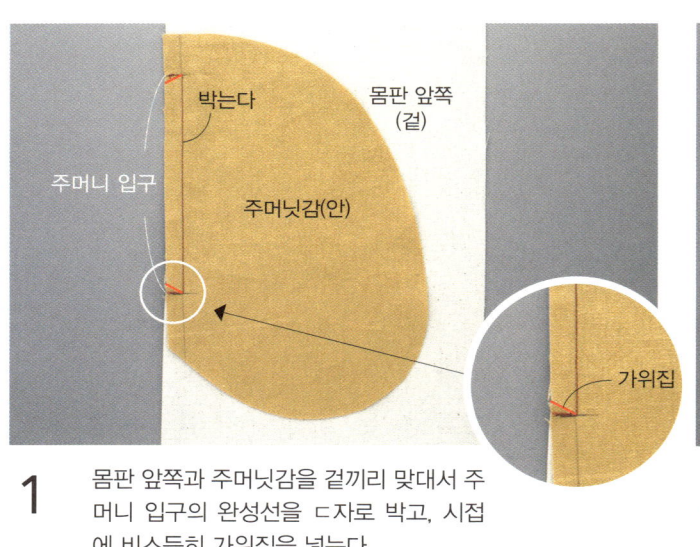

1 몸판 앞쪽과 주머닛감을 겉끼리 맞대서 주머니 입구의 완성선을 ㄷ자로 박고, 시접에 비스듬히 가위집을 넣는다.

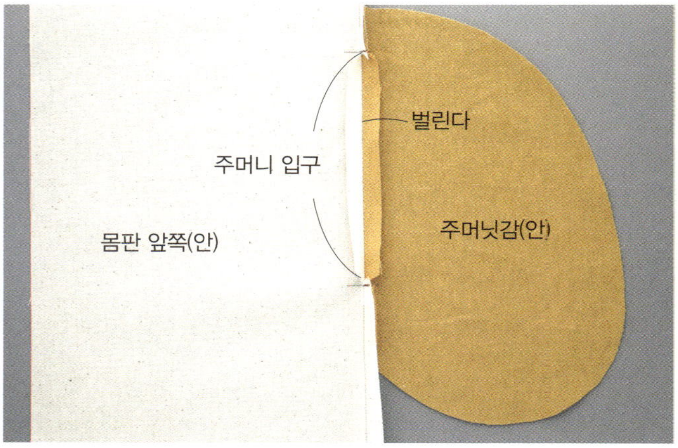

2 주머니 입구 시접을 벌려서 다린다.

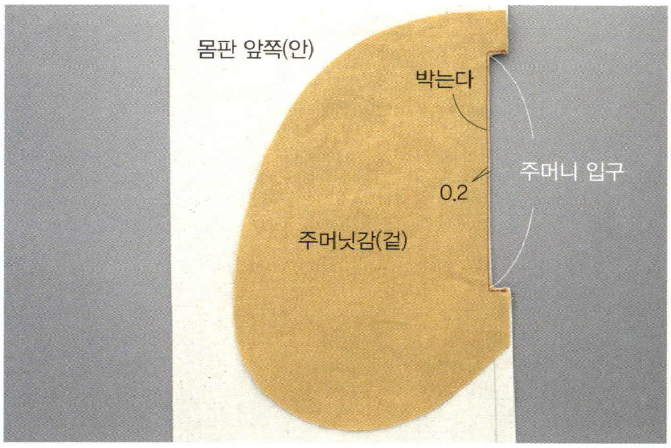

3 주머닛감을 겉으로 접어 넘기고 다려서 정리한다. 주머니 입구 바로 옆을 ㄷ자로 박는다.

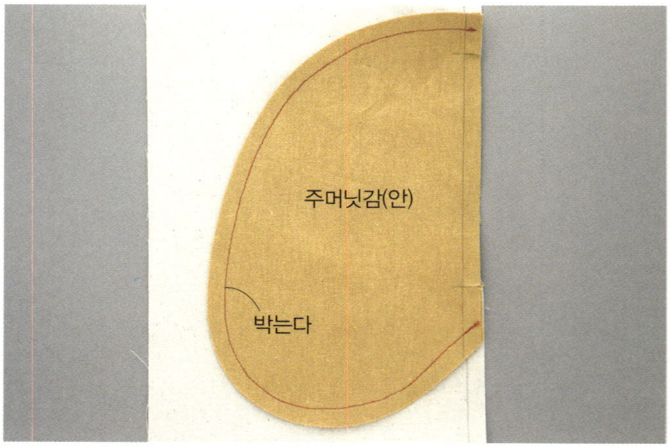

4 주머닛감 위에 다른 주머닛감 1장을 겉끼리 맞대고 주머닛감 둘레를 완성선에서 박는다.

5 주머닛감 둘레를 2장 같이 지그재그로 박는다.

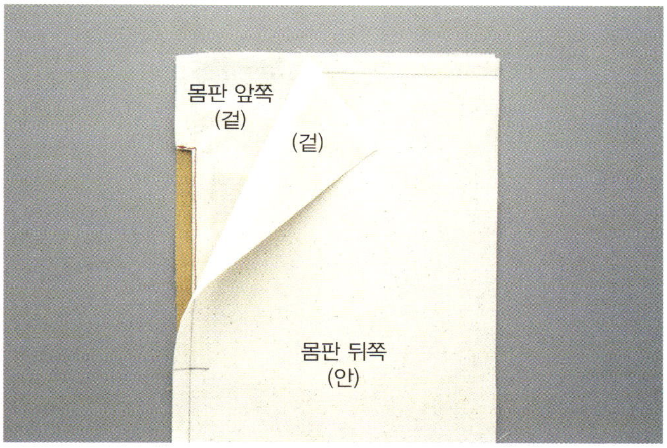

6 몸판 뒤쪽과 겉끼리 맞댄다.

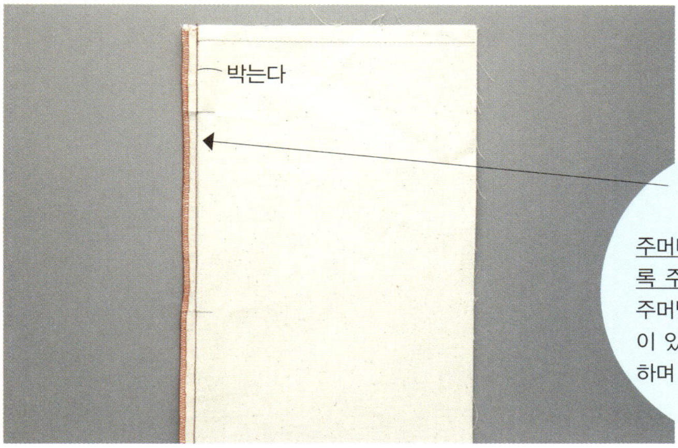

Attention

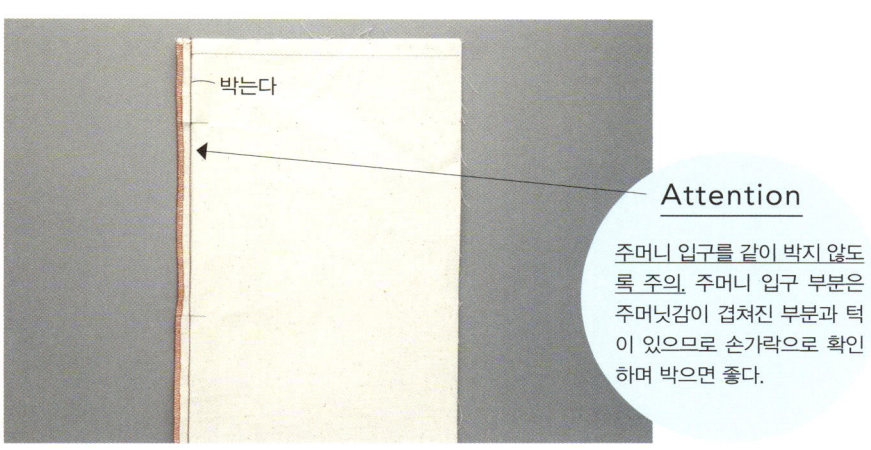

<u>주머니 입구를 같이 박지 않도록 주의.</u> 주머니 입구 부분은 주머닛감이 겹쳐진 부분과 턱이 있으므로 손가락으로 확인하며 박으면 좋다.

7 옆선을 완성선에서 박는다.

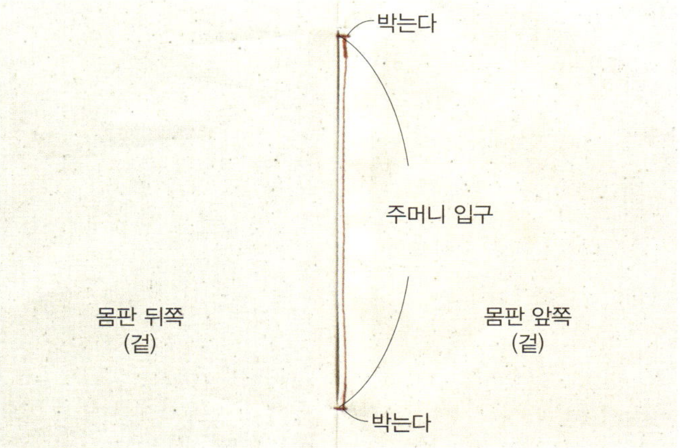

8 주머닛감을 몸판 앞쪽으로, 시접은 몸판 뒤쪽으로 넘기고 다린다. 주머니 입구 위아래를 박아서 주머닛감을 고정한다.

주머니 달기

사이드포켓

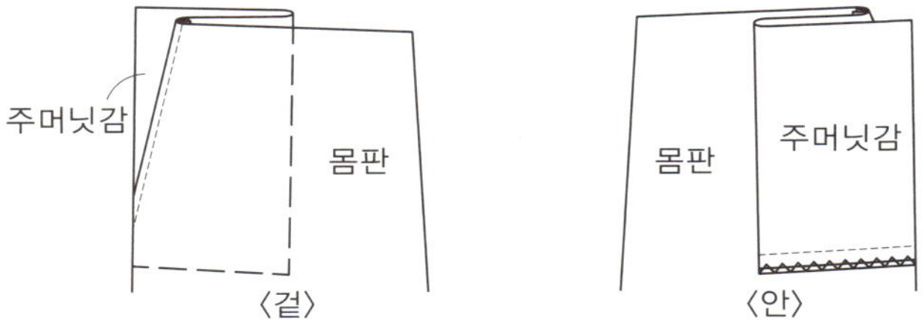

팬츠나 스커트 옆선 쪽에 달고 허리선에서부터 비스듬하게 절개되어 있는 주머니. 여기에서는 주머닛감과 입술감이 1장으로 된 타입으로 해설하지만
2장으로 된 타입도 만드는 법은 기본적으로 같다.

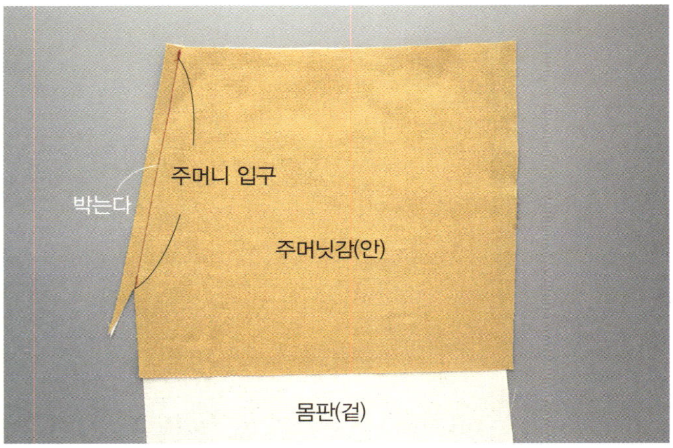

1 몸판과 주머닛감을 겉끼리 맞대고 주머니 입구를 완성선에서 박는다.

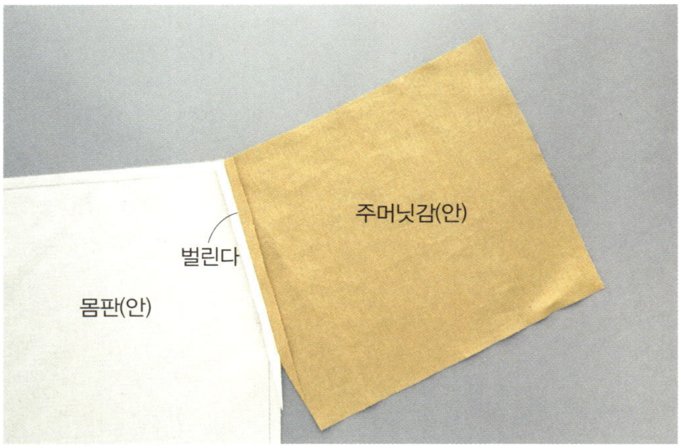

2 시접을 벌리고 다린다.

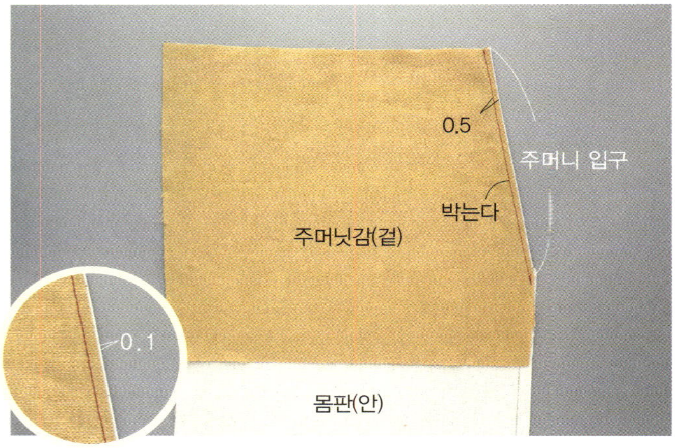

3 주머닛감을 겉으로 접어 넘기고, 몸판보다 0.1cm 안으로 들어가게 하여 다린다. 주머니 입구 쪽을 박는다.

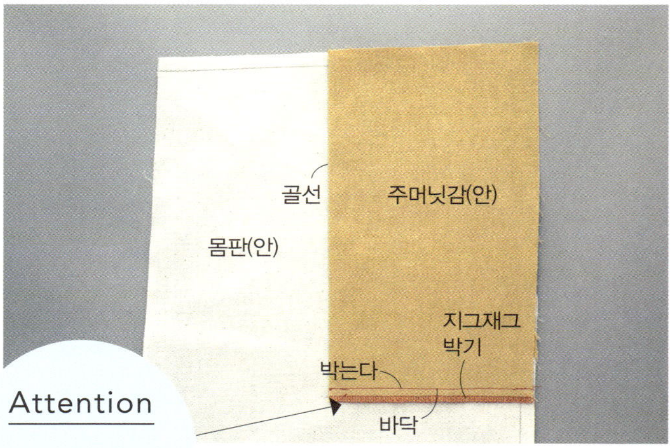

Attention

주머닛감만 박고 몸판은 박지 않는다.

4 주머닛감을 겉끼리 맞닿게 반으로 접어서 다린다. 바닥을 완성선에서 박고, 시접은 2장을 같이 지그재그로 박는다.

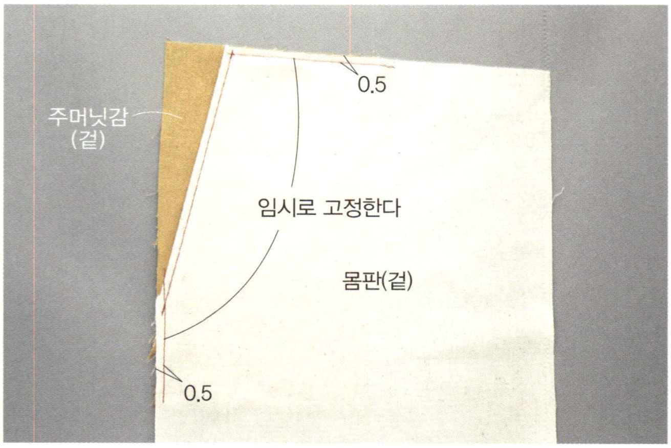

5 주머닛감과 몸판이 어긋나지 않도록 위쪽 가장자리와 옆선 시접을 임시로 박아서 고정한다.

주머니 달기

파이핑포켓

주머니 입구에 가위집을 넣어서
가위집 한쪽 가장자리만 입술감으로 싸서
처리하는 주머니.

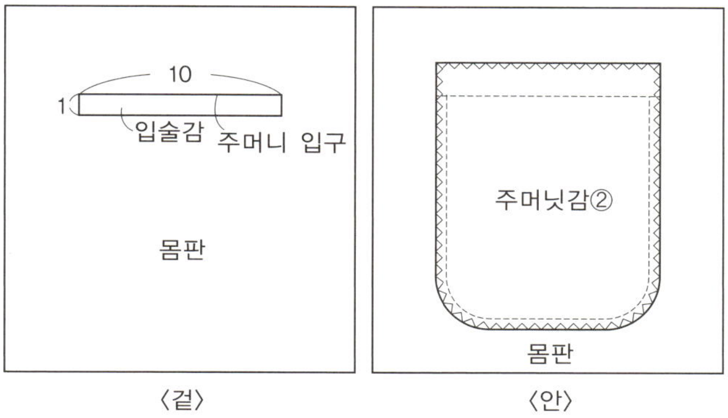

옷본

※ ( ) 안은 시접. 정해진 곳 이외에는 1cm.

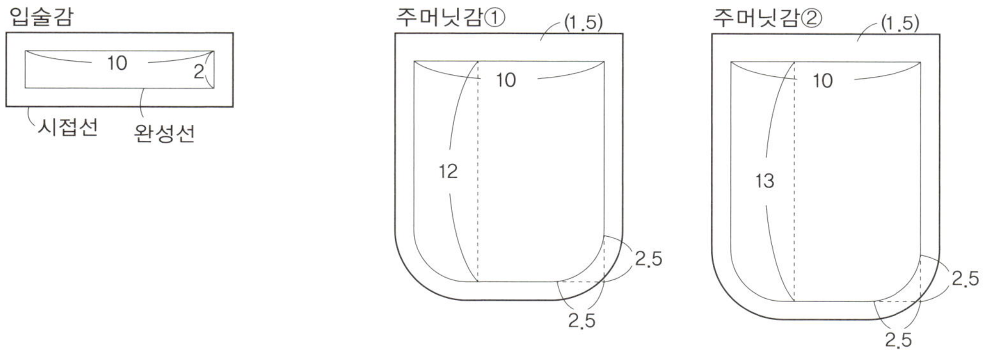

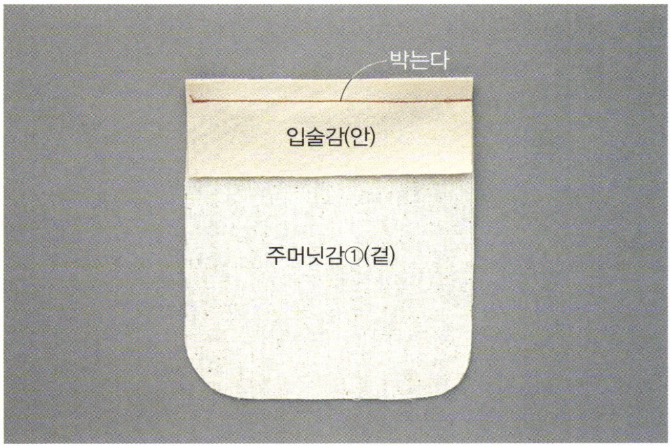

1 입술감과 주머닛감①을 겉끼리 맞대고 주머니 입구 쪽 완성선을 박는다. 시접은 주머닛감① 쪽으로 넘기고 다린다.

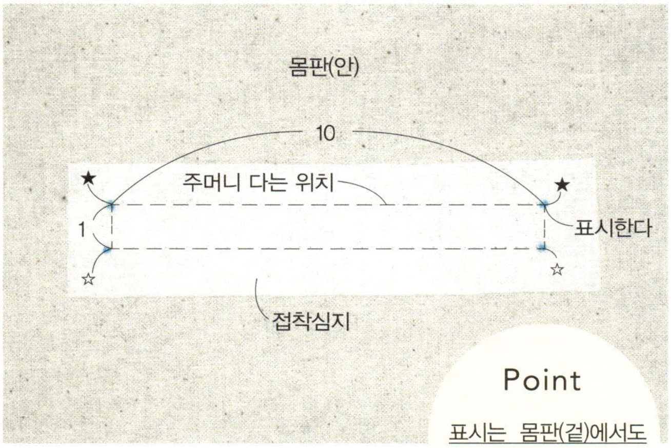

2 몸판 안쪽의 주머니 다는 위치에 접착심지를 붙이고 모서리를 표시한다.

Point
표시는 몸판(겉)에서도 보이도록 한다.

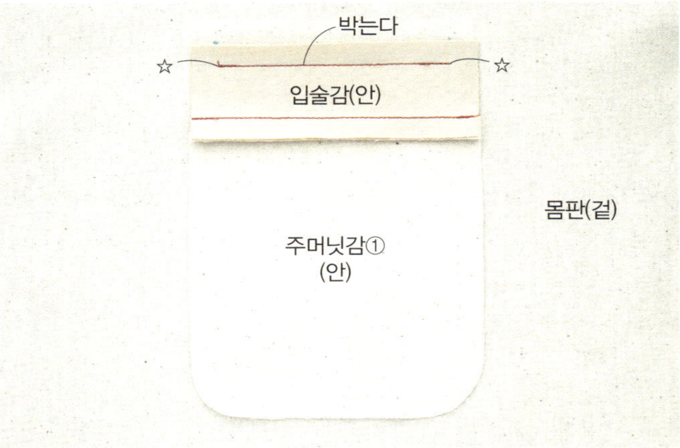

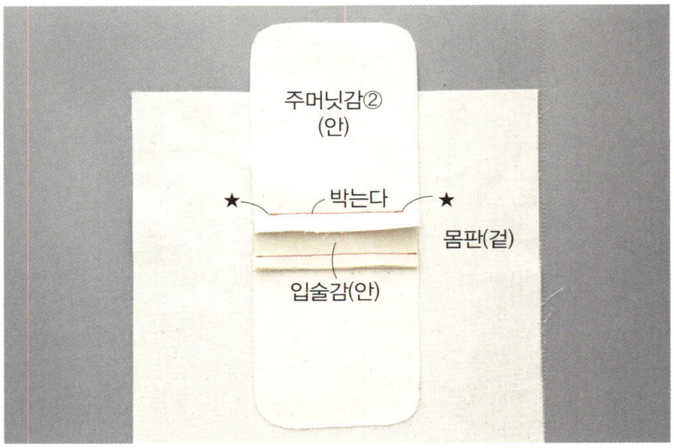

3 몸판 겉쪽의 주머니 다는 위치의 아래쪽 선(2의 ☆)에 입술감의 완성선을 맞추고 박는다.

4 몸판 겉쪽의 주머니 다는 위치의 위쪽 선(2의 ★)에 주머닛감②의 완성선을 맞추고 박는다. 박을 때 입술감이 말려 들어가지 않도록 주의.

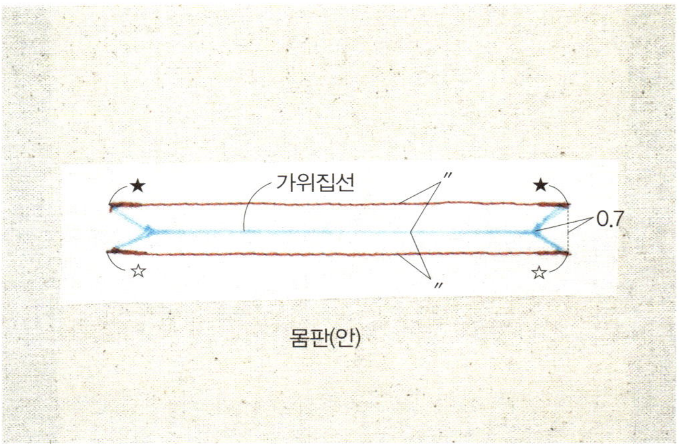

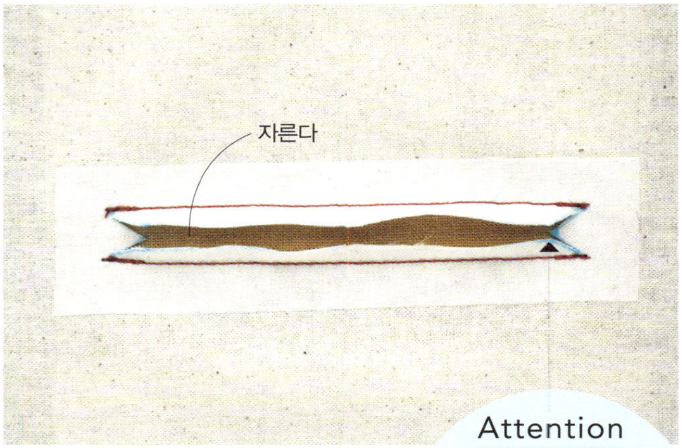

5 몸판 안쪽의 주머니 다는 위치의 중심에 가위집선을 그린다. 좌우 0.7cm는 화살깃 모양이 되도록 한다.

6 5의 선을 따라서 몸판 1장만 가위집선대로 자른다.

Attention

입술감은 자르지 않는다. 주머니 다는 위치의 모서리까지 가위집을 제대로 넣는다(솔기는 자르지 않도록 주의).

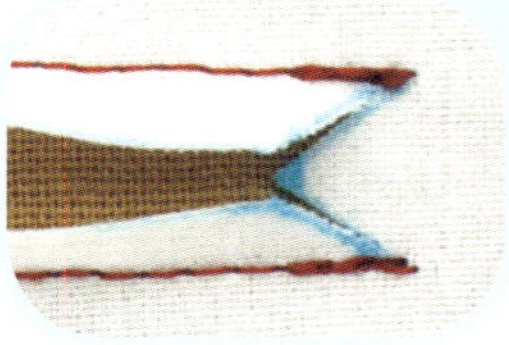

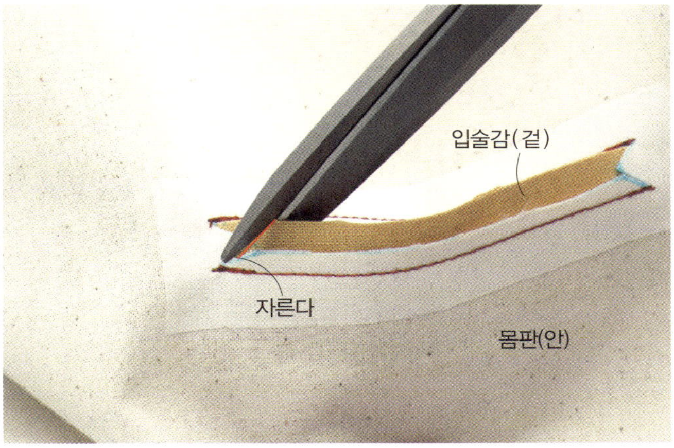

7 입술감 양 끝에 6의 화살깃 모양의 아래 선에 맞춰서 비스듬히 가위집을 넣는다. 반대쪽도 같은 방법으로 한다.

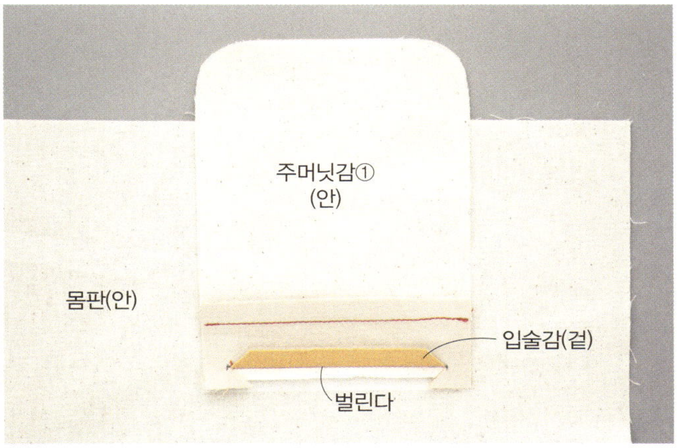

8 입술감과 주머닛감①을 6의 가위집을 통해 몸판 안쪽으로 끌어낸다. 시접을 벌리고 다린다.

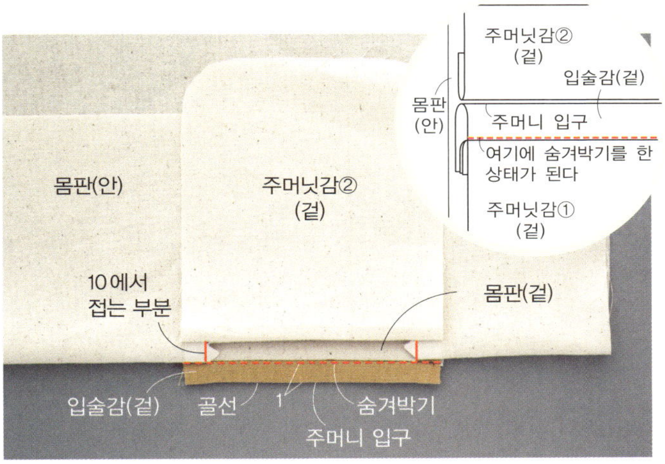

9 주머닛감②도 몸판 안쪽으로 끌어내고, 입술감을 주머니 입구에서 접어서 다린 뒤에 숨겨박기한다.

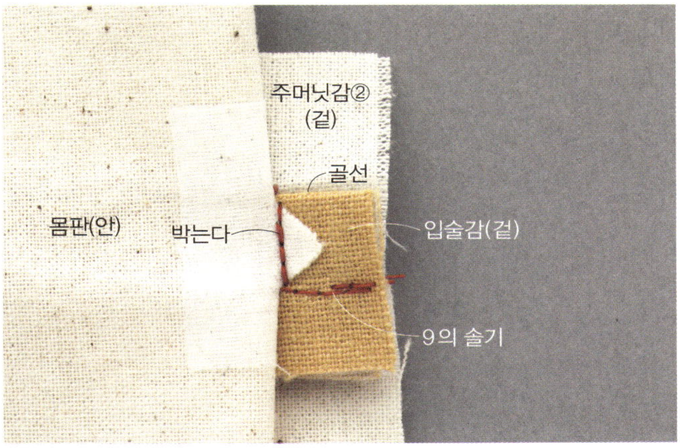

10 주머니 입구의 좌우 끝 세모난 부분을 바깥쪽으로 접어서 다리고 박는다. 반대쪽도 같은 방법으로 박는다.

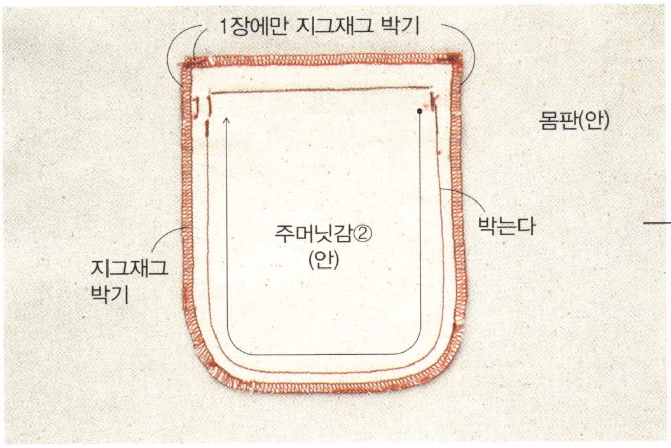

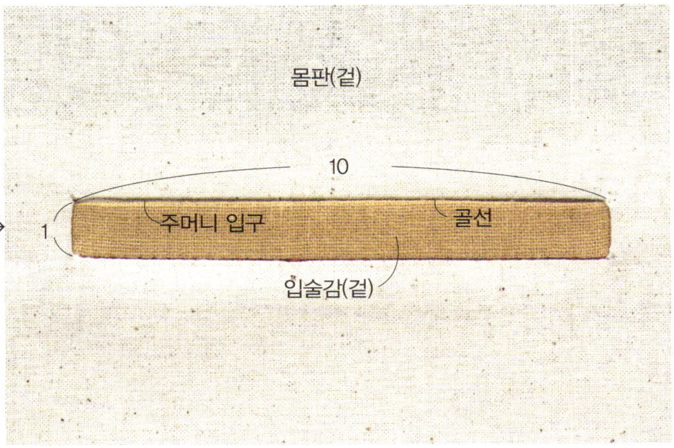

11 주머닛감①과 ②를 겉끼리 맞대고 좌우와 바닥 완성선을 박는다. 시접은 2장을 같이(주머닛감②의 위쪽은 1장만) 한 바퀴 돌아가며 지그재그로 박는다.

주머니 달기

박스포켓

네모난 상자 모양 입술감을 달아서 주머니 입구를 감추는 주머니. 파이핑포켓과 마찬가지로 공들여 만든 인상을 준다.

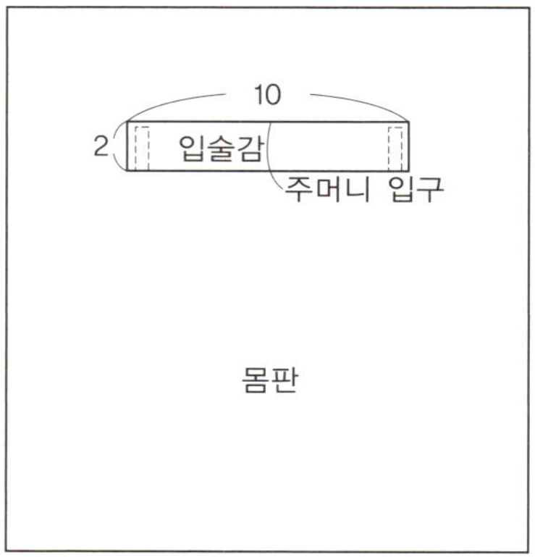

〈겉〉

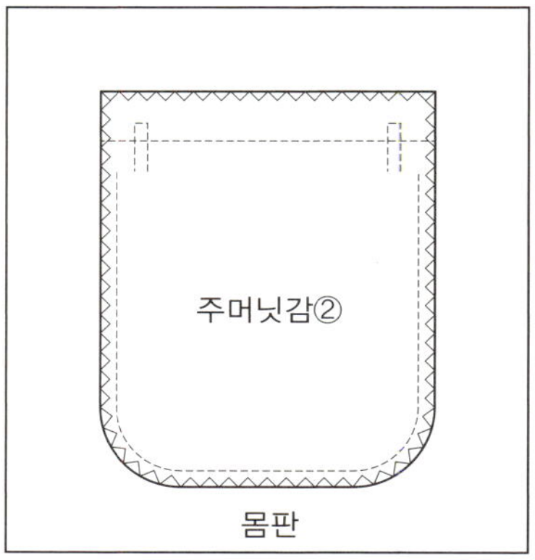

〈안〉

옷본

※( )안은 시접. 정해진 곳 이외에는 1cm.

입술감

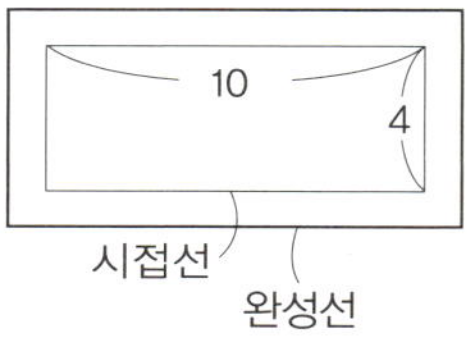

주머닛감①

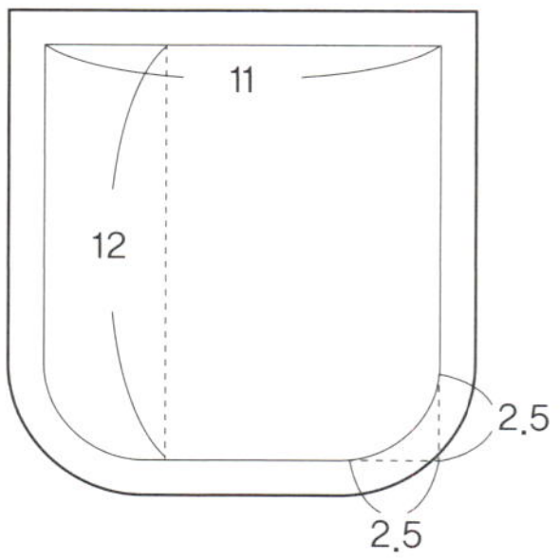

주머닛감②

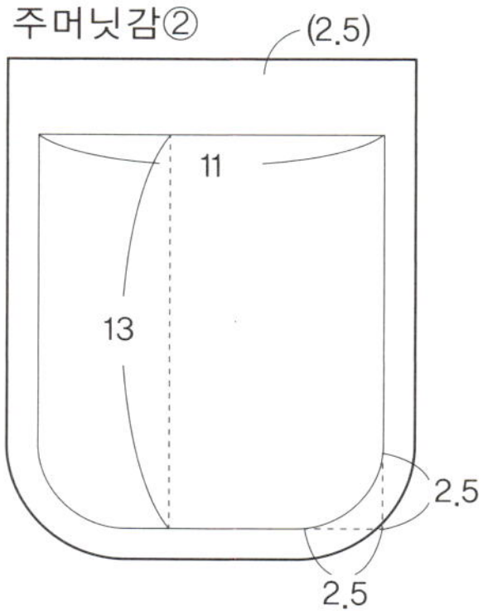

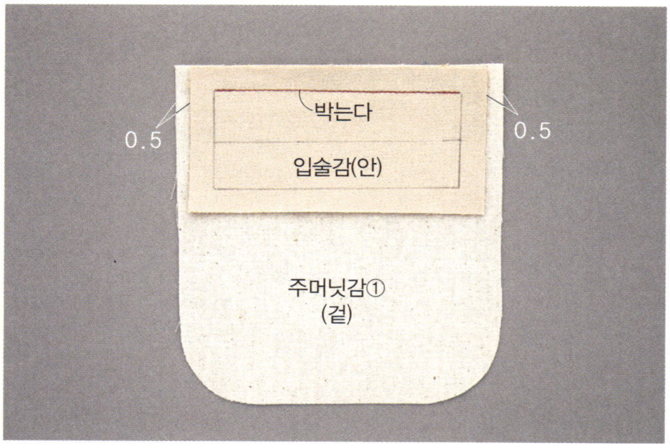

1 P.15의 1, 2와 같은 방법으로 입술감과 주머닛감①을 겉끼리 맞대고 주머니 입구 쪽 완성선을 박는다. 몸판의 주머니 다는 위치에 접착심지를 붙이고 P.19의 5를 참조하여 표시한다.

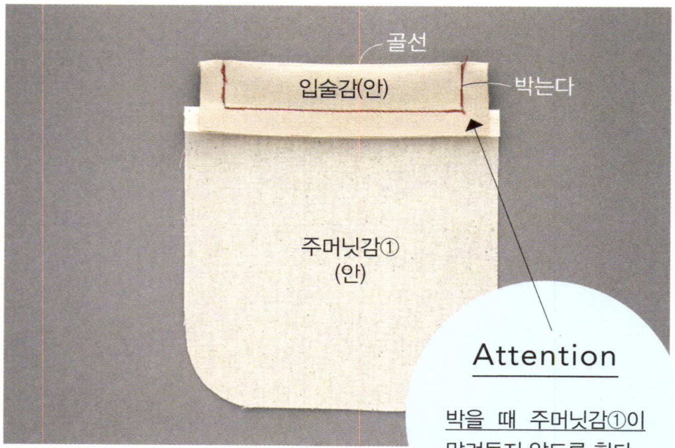

Attention

박을 때 주머닛감①이 말려들지 않도록 한다.

2 입술감을 반으로 접어서 다린다. 좌우 완성선을 입술감만 박는다.

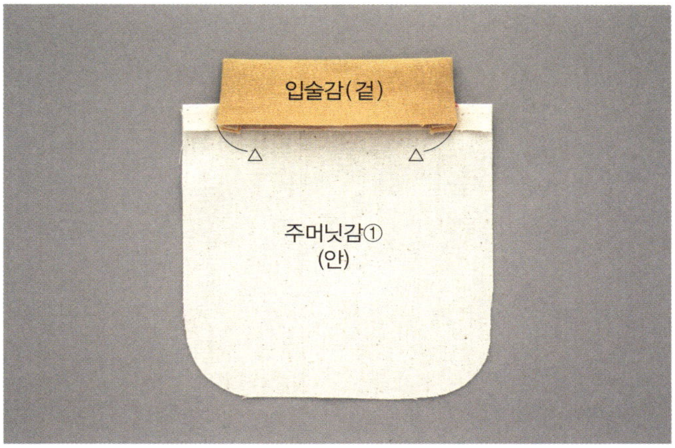

3 입술감을 겉으로 뒤집고 다려서 정리한다.
→ 뒤집는 법은 P.31 '옷깃 만들기(셔츠칼라 / 각진 모양)' 5~7 참조.

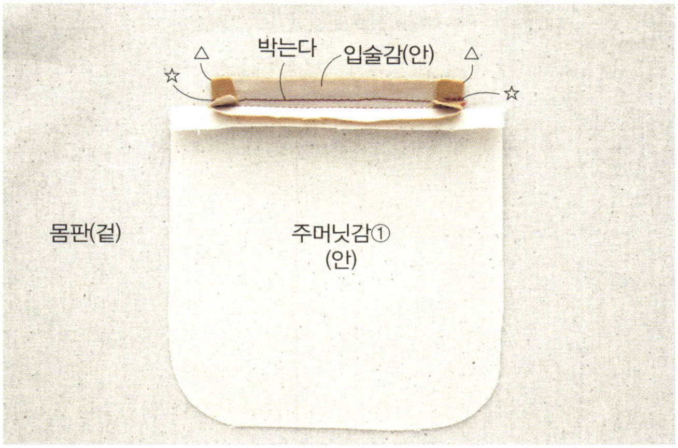

4 몸판 겉쪽의 주머니 다는 위치의 아래쪽 선(P.15의 2의 ☆ 참조)에 입술감의 완성선을 맞추고 박는다.

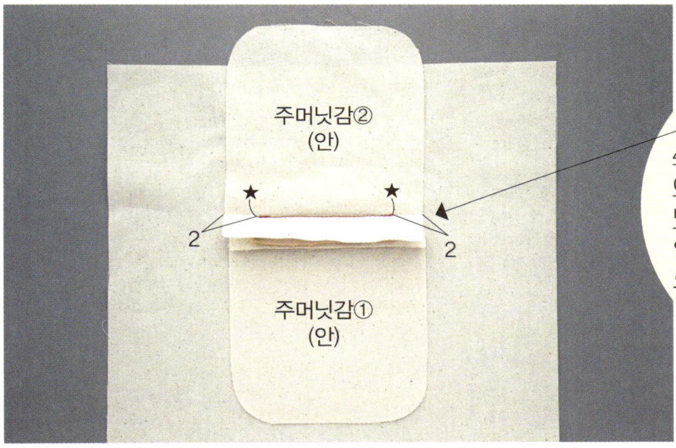

5 몸판 겉쪽의 주머니 다는 위치의 위쪽 선(P.15의 2의 ★ 참조)에 주머닛감②의 주머니 입구 쪽 완성선을 맞추고 박는다.

Point

4에서 박은 주머니 다는 위치의 아래쪽 선보다 좌우 0.5cm 짧게 박으면, 12에서 입술감을 박을 때 입술감에서 위쪽 솔기가 튀어나오지 않고 깔끔하게 완성된다.

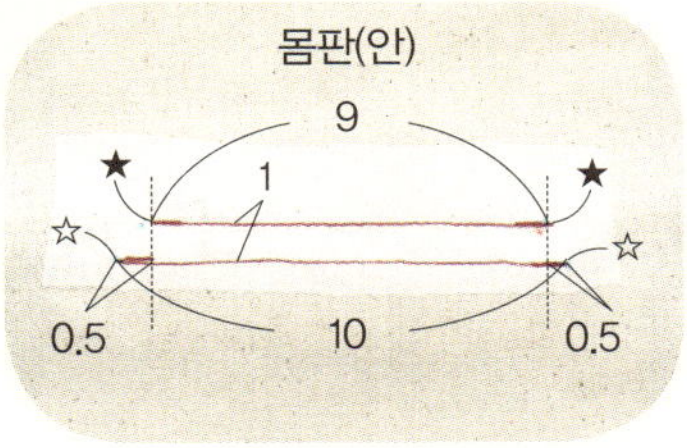

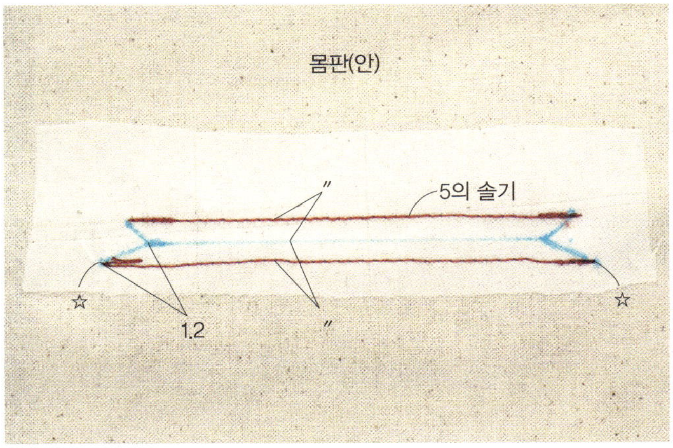

6 몸판 안쪽의 주머니 다는 위치의 중심에 가위집선을 그린다. 좌우 1.2cm는 화살깃 모양이 되도록 하는데, 위쪽 끝은 5의 솔기 끝에 맞춘다.

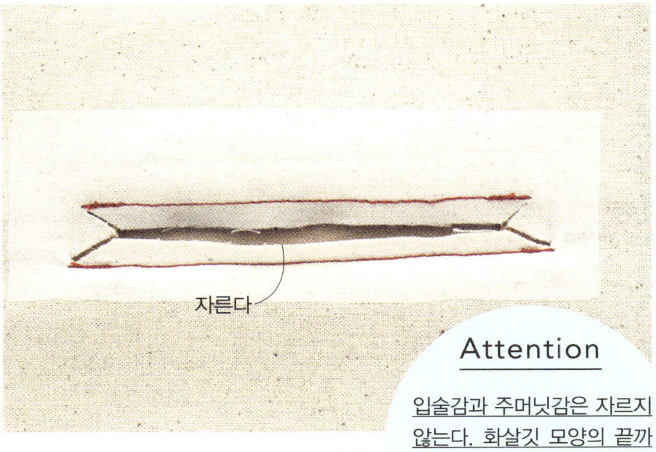

7 6의 선을 따라서 몸판 1장만 가위집선을 따라서 자른다.

Attention

입술감과 주머닛감은 자르지 않는다. 화살깃 모양의 끝까지 가위집을 제대로 넣는다.
(시접은 자르지 않도록 주의)

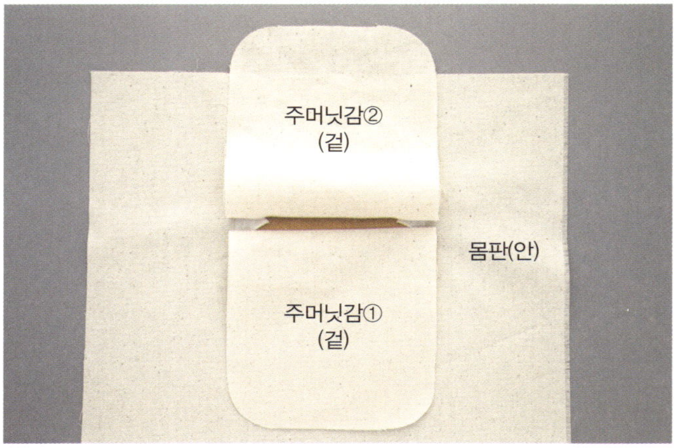

8 주머닛감①②를 가위집을 통해 몸판 안쪽으로 끌어낸다.

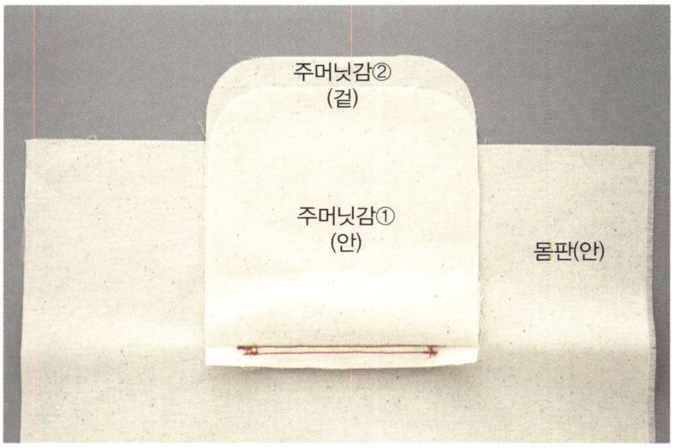

9 주머닛감①을 주머닛감② 쪽으로 넘긴다.

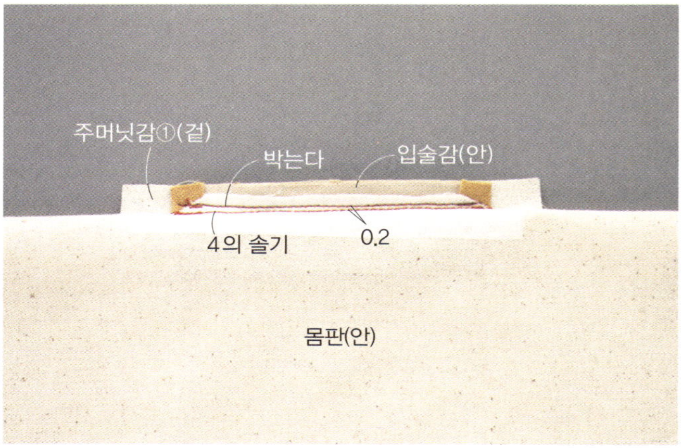

10 몸판의 가위집 부분, 입술감, 주머닛감①을 합쳐서 박는다.

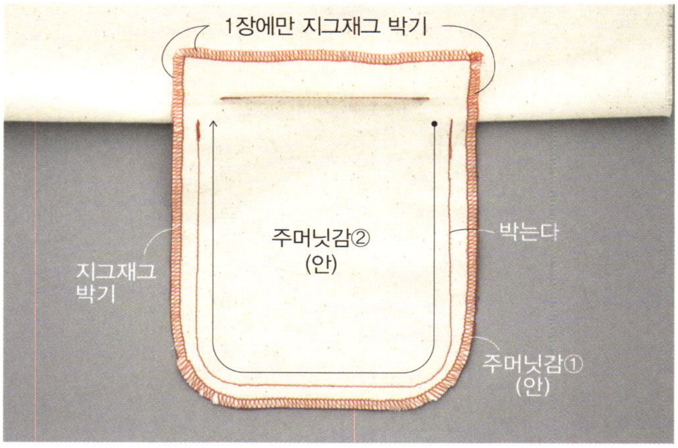

11 10의 시접을 아래쪽으로 넘기고, 주머닛감①②를 겉끼리 맞대서 좌우와 바닥의 완성선을 박는다. 시접은 2장을 같이(주머닛감②의 위쪽은 1장만) 한 바퀴 돌아가며 지그재그로 박는다.

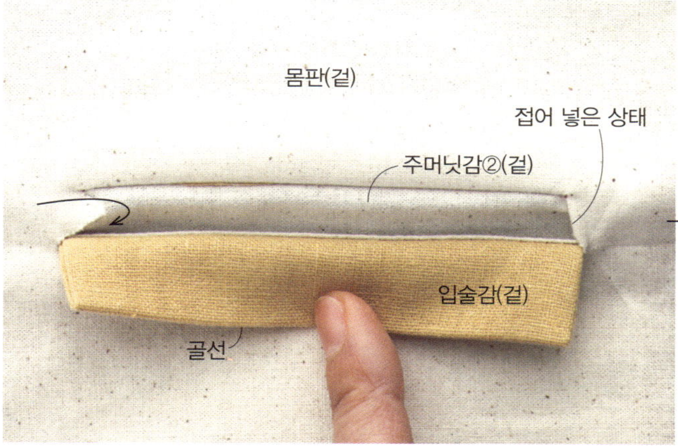

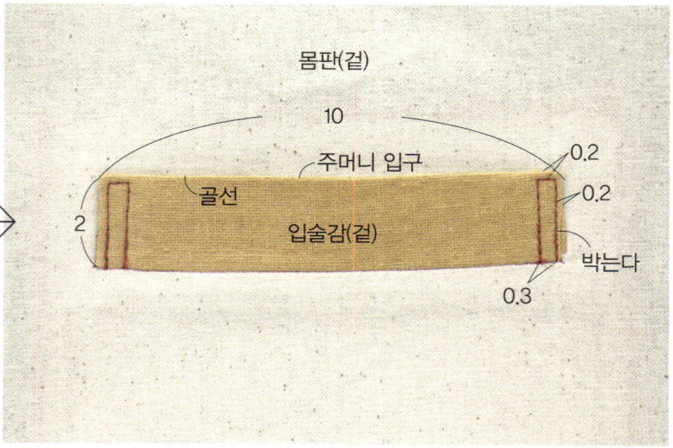

12 입술감을 젖히고 주머니 입구의 좌우 끝 세모 부분을 안으로 접어 넣는다.

입술감의 좌우 끝을 ㄷ자로 박는다.

어깨선 박기

어깨선 박기

몸판

앞판과 뒤판을 겉끼리 맞대고 박는다.
시접은 벌릴 때와 한쪽으로 넘길 때가 있다.

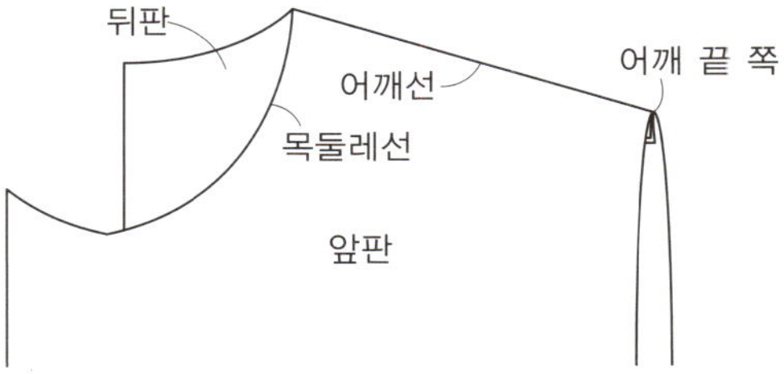

〈겉〉

Point

<u>어깨선이 늘어나지 않도록 어깨 끝 쪽에서부터 지그재그로 박는다.</u> 위에서 아래로 박는 것보다 아래에서 위로 중력을 거슬러서 박는 편이 잘 늘어나지 않는다.

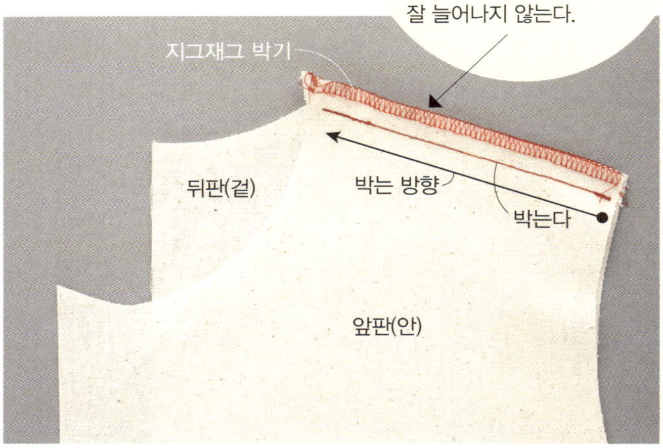

1 앞판과 뒤판 어깨선을 각각 지그재그로 박는다. 겉끼리 맞대고 어깨 끝에서부터 목둘레선을 향해서 완성선을 박는다.

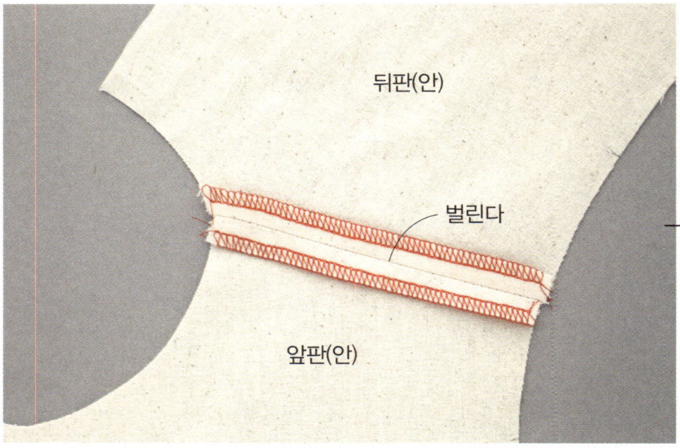

2 시접을 벌리고 다린다.

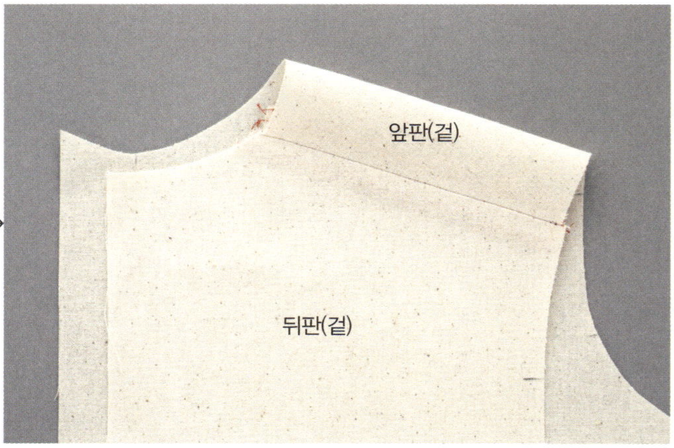

어깨선 박기

안단

앞쪽 안단과 뒤쪽 안단을 겉끼리
맞대서 박고 시접을 벌린다.

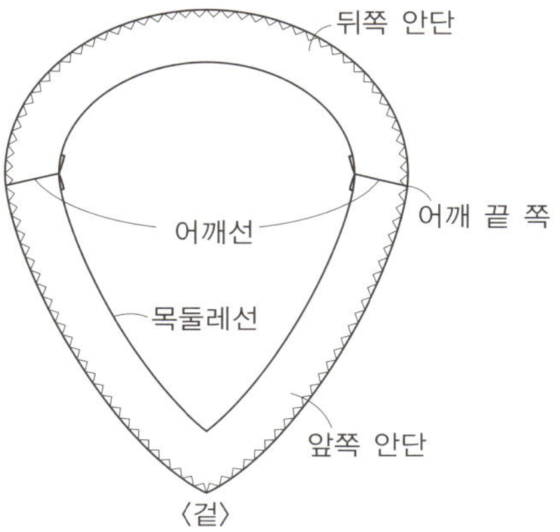

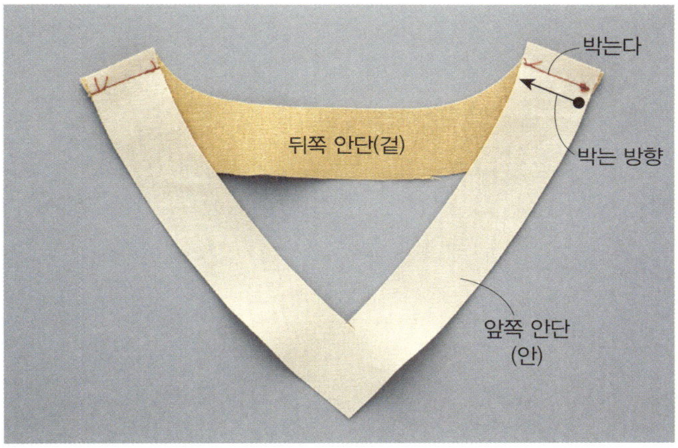

1 P.22의 1, 2를 참조하여 앞쪽 안단과 뒤쪽 안단을 겉끼리 맞대고 어깨선을 박는다.

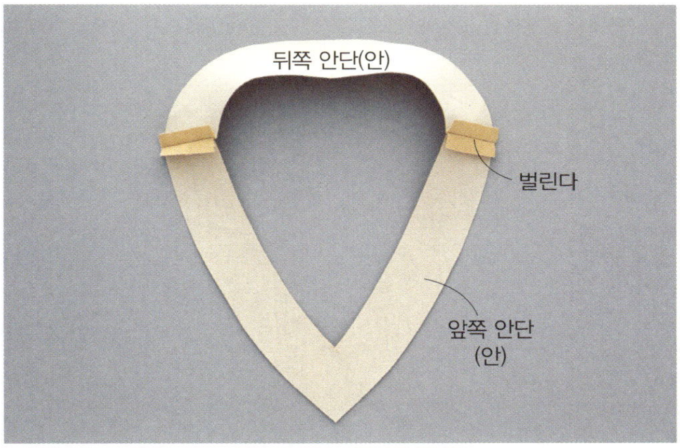

2 시접을 벌리고 다린다.

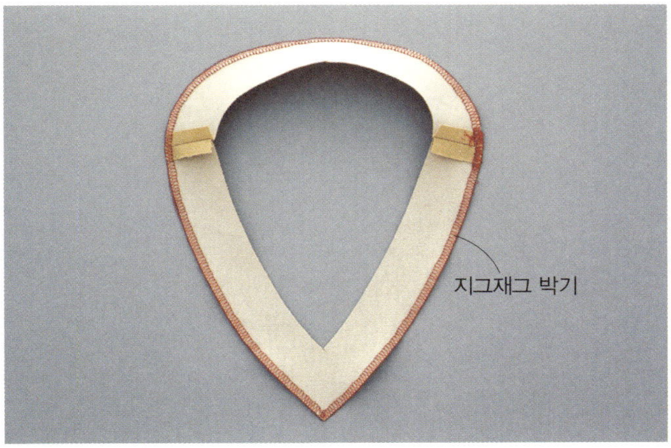

3 바깥 둘레를 지그재그로 박는다.

Q & A 1

옷 만들기 교실 LaLa Sewing été에서 수강생들이 자주 묻거나 궁금해하는 내용을 정리했습니다.

Q. 옷감을 마름질할 때 옷본과 똑같이 자르는 게 힘들어요. 옷본보다 더 크게 되거나 옷감 가장자리가 울퉁불퉁해질 때도 있어요.

A. 옷감을 마름질할 때 유의해야할 요령 몇 가지를 가르쳐 드립니다.

옷감을 들어 올리지 말고 옷본은 재단 가위 오른쪽에

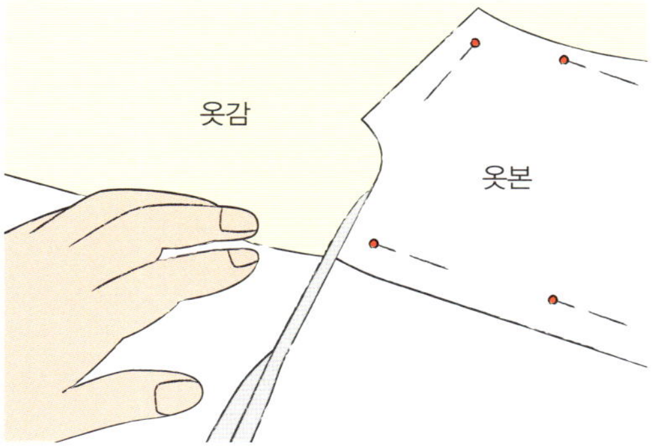

가윗날을 수직으로 집어넣고 다른 한쪽 손으로 옷감을 누른 상태에서 옷본을 따라서 자릅니다. 옷감은 반드시 바닥에 놓은 채 두고 가윗날 끝을 띄우지 않도록 합니다.
옷본은 가윗날 오른쪽에 오도록 놓으세요. 날 오른쪽에 옷본을 두면 옷본과 날이 겹치지 않아서 더 정확하게 자를 수 있습니다. 가윗날 왼쪽에 옷본을 두면 왼쪽 날에 옷본 끝이 올라가기 때문에 고정이 되지 않고 어긋나게 됩니다.

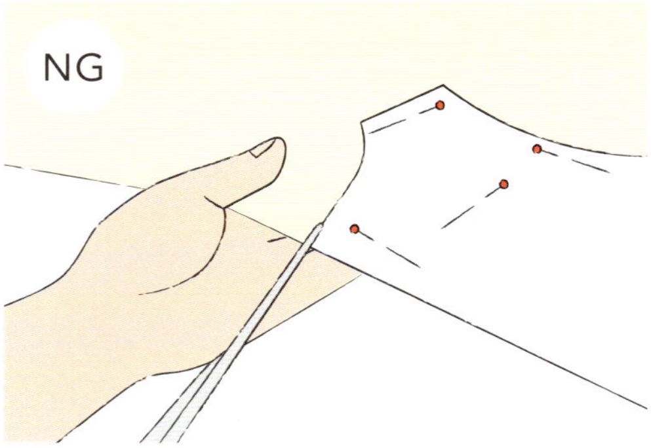

들어 올려서 자르지 않도록!

모서리는 0.5cm 더 자른다

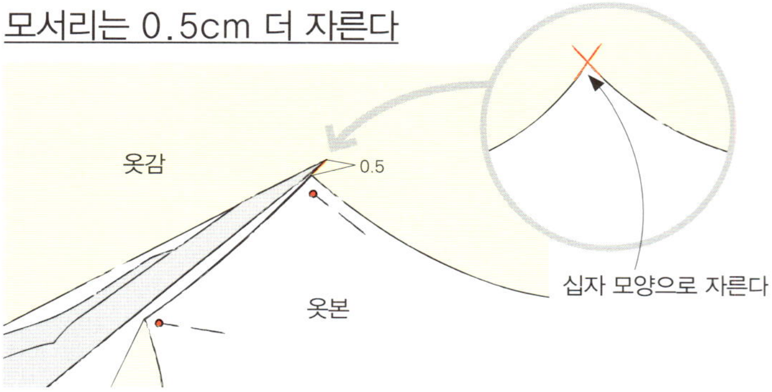

모서리에 딱 맞게 자르면 2장을 겹쳐서 마름질할 때 아래쪽 옷감이 잘리지 않을 때가 있습니다. 모서리는 십자 모양이 되도록 자르면 깔끔합니다.

선 중간에서 가윗날을 닫지 않는다

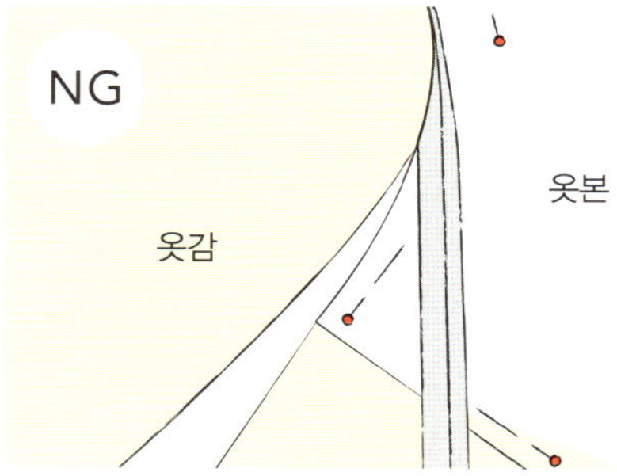

곡선 부분 등 가윗날 끝을 사용해서 섬세하게 자르는 것이 자르기 쉽다고 생각할지 모르지만, 이것은 NG. 옷감 가장자리가 울퉁불퉁해지는 것이 바로 이 때문입니다. 턱이 지지 않도록 가윗날을 다 닫지 말고 자르세요.

끈·루프 만들기

끈·루프 만들기

가는 루프

가는 루프를 만들 때 얇은 폭을 박으려면
어렵고 울기도 쉬우므로
정사각형 옷감을 준비해서 박은 뒤에
남는 부분을 자르는 방법이 쉽다.

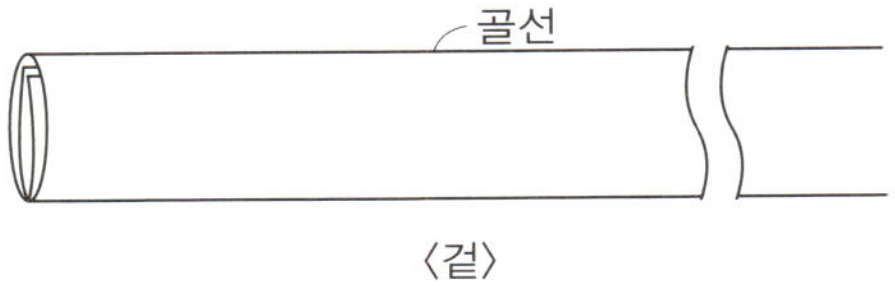

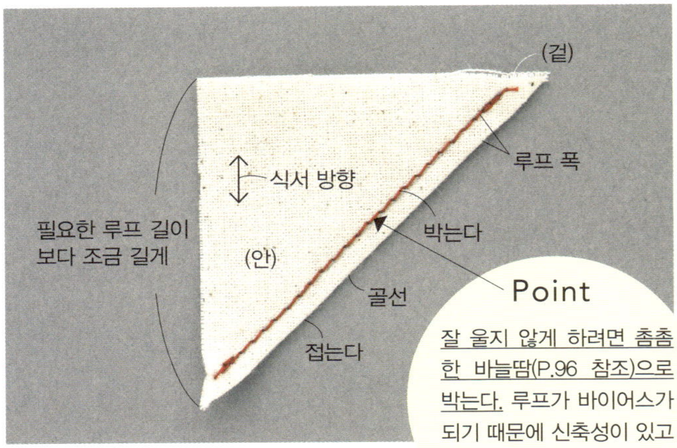

Point

잘 울지 않게 하려면 촘촘한 바늘땀(P.96 참조)으로 박는다. 루프가 바이어스가 되기 때문에 신축성이 있고 뒤집기도 쉽다.

1 필요한 루프 길이보다 한 변의 길이가 조금 더 긴 정사각형 옷감을 준비한다. 겉끼리 맞닿도록 대각선을 중심으로 반 접어서 촘촘한 바늘땀으로 루프 폭을 박는다.

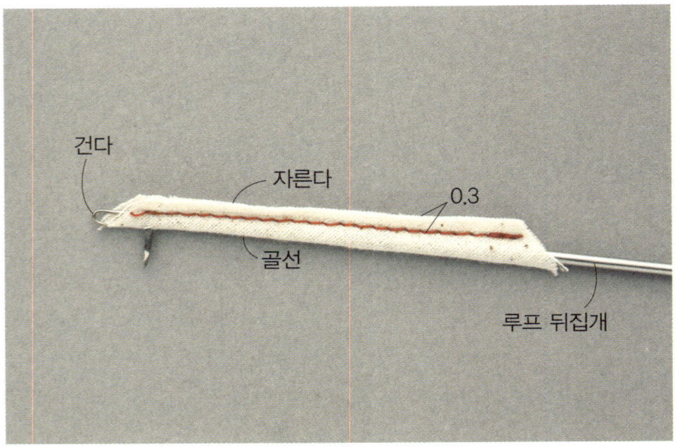

2 시접을 0.3cm 남기고 자른다. 루프 뒤집개를 안에 넣어서 옷감 끝에 갈고리를 건다.

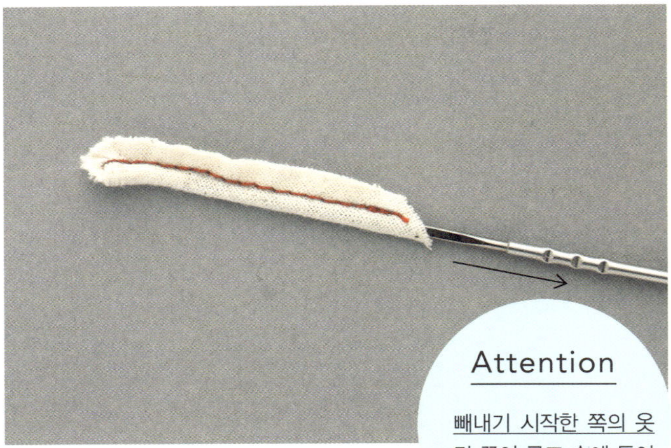

Attention

빼내기 시작한 쪽의 옷감 끝이 루프 속에 들어가도록 하여 빼낸다

3 천천히 조심스럽게 빼낸다.

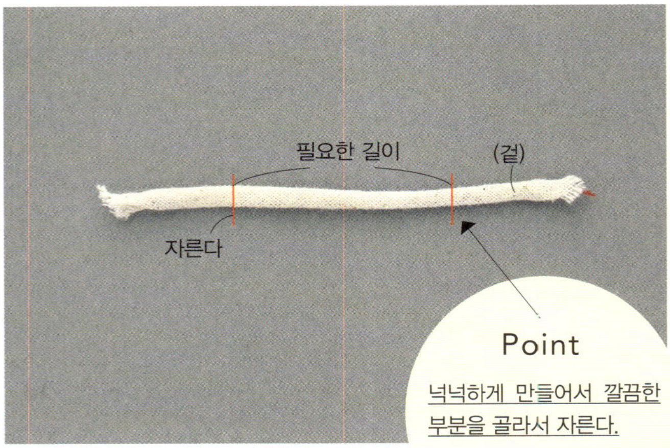

Point

넉넉하게 만들어서 깔끔한 부분을 골라서 자른다.

4 다린 뒤에 필요한 길이만큼 자른다.

끈·루프 만들기

한쪽 끝이 보이지 않는 타입의 끈

원피스나 코트 등의 옆선에 달아서 한쪽 끝은 처리하지 않고 만드는 타입. 겉에서 솔기가 보이지 않는 끈이 된다.

※ 끈 폭이 1cm 이상일 때 추천. 폭 1cm 미만인 끈은 P.28처럼 만든다.

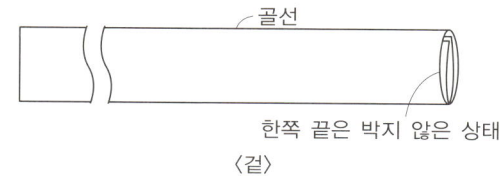

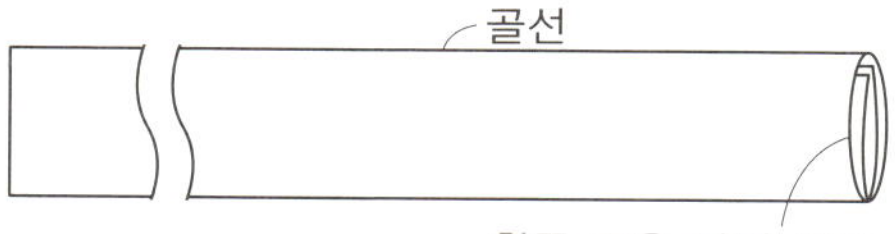

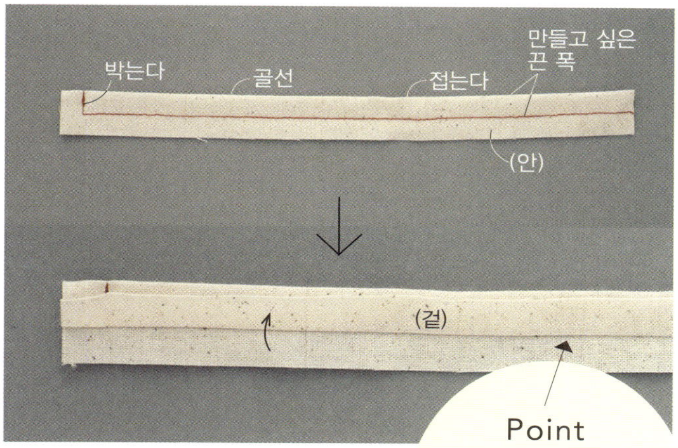

1 만들고 싶은 끈 폭의 4배 폭으로 옷감을 준비한다. 겉끼리 맞닿게 반으로 접고 완성선을 L자로 박는다. 시접을 벌리고 다린다.

Point
시접을 벌리면, 겉으로 뒤집었을 때 끈의 윤곽선이 예쁘게 나온다.

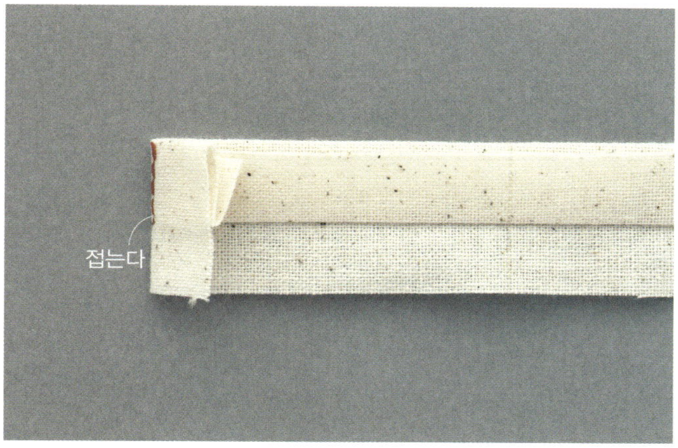

2 1에서 박은 한쪽 끝을 완성선에서 접어서 다린다.

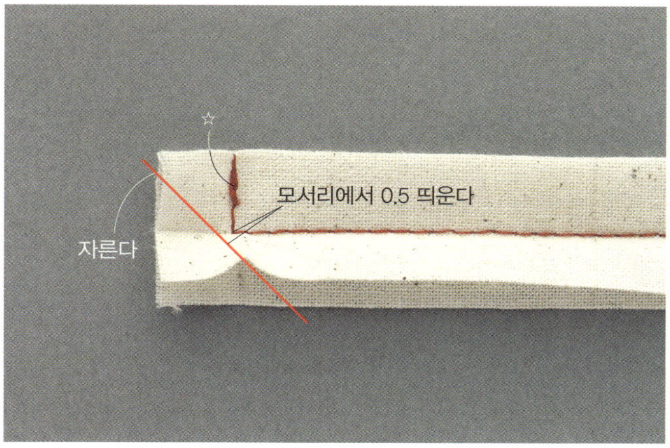

3 2의 접음선을 벌리고 시접을 사선으로 자른다.

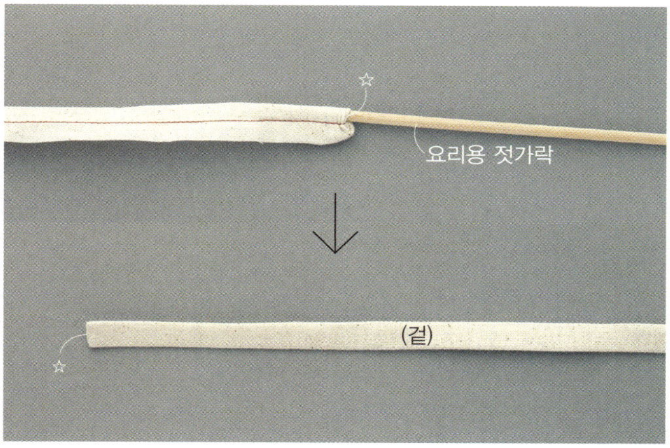

4 ☆ 쪽(3 참조)을 요리용 젓가락 등으로 밀어 넣어서 겉으로 뒤집은 후 다린다.

끈·루프 만들기

양쪽 끝이 보이는 타입의 끈

허리끈 같은 용도로 양쪽 끝이 보이는 타입의 끈은 뒤집지 않고 접어서 박기 때문에 어렵지 않게 만들 수 있다. 겉에서 솔기가 보이며 끈의 폭 크기에 상관없이 만들 수 있다.

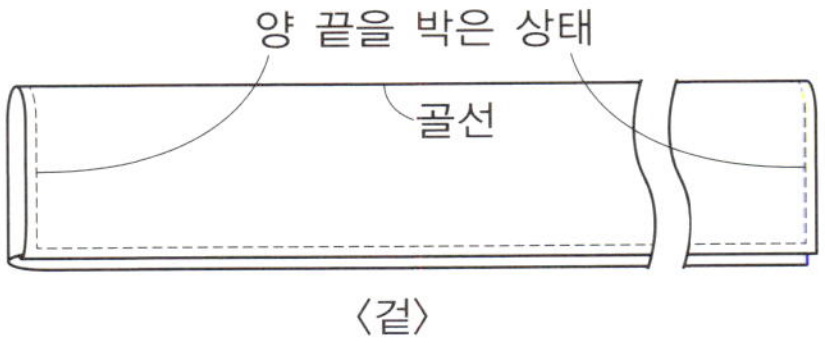

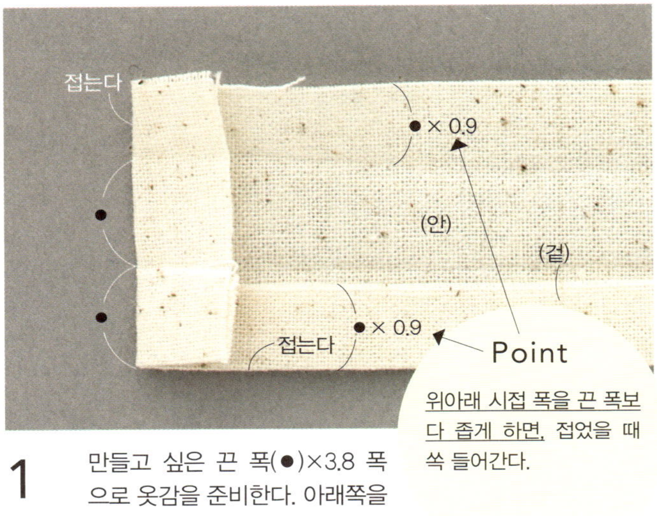

1 만들고 싶은 끈 폭(●)×3.8 폭으로 옷감을 준비한다. 아래쪽을 접고 좌우 끝은 완성선에서 접어서 다린다.

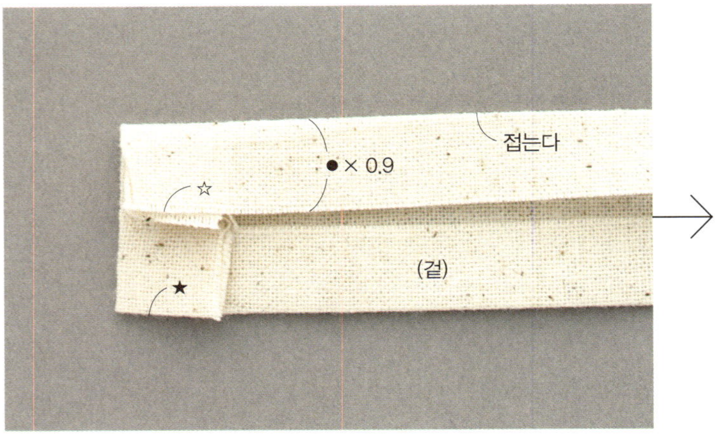

2 위쪽을 접고 다시 반으로 접어서 다린다. 위쪽 시접을 아래쪽 시접 밑에 집어넣는다.

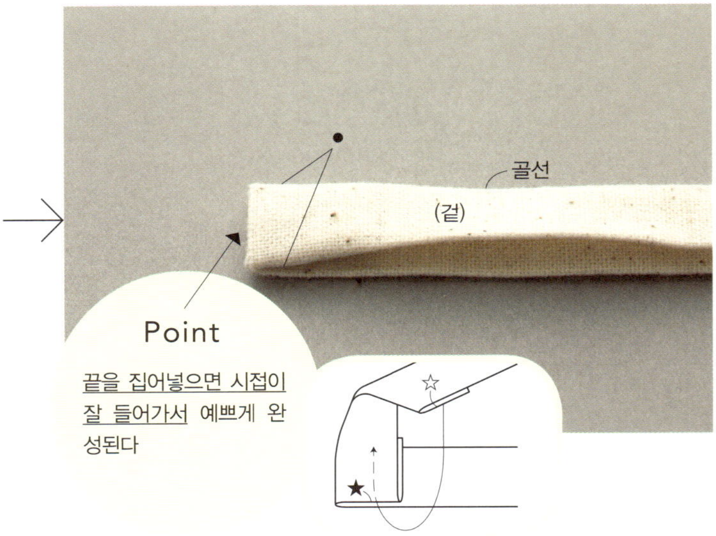

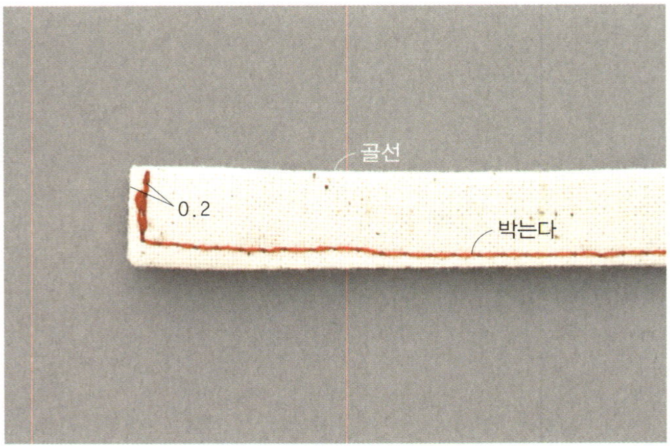

3 좌우 끝과 아래쪽을 박는다.

옷깃 만들기
옷깃 달기
목둘레 처리하기

옷깃 만들기

셔츠칼라 / 각진 모양

뾰족한 모양의 옷깃. 겉깃과 안깃이 같은 옷본일 때는
겉깃과 안깃을 어긋나게 하여 시침핀으로 고정하고 박는다.

※ 겉깃과 안깃 크기가 다를 때는 해당 옷 만들기 책의 만드는 법에 적힌 대로 만든다.

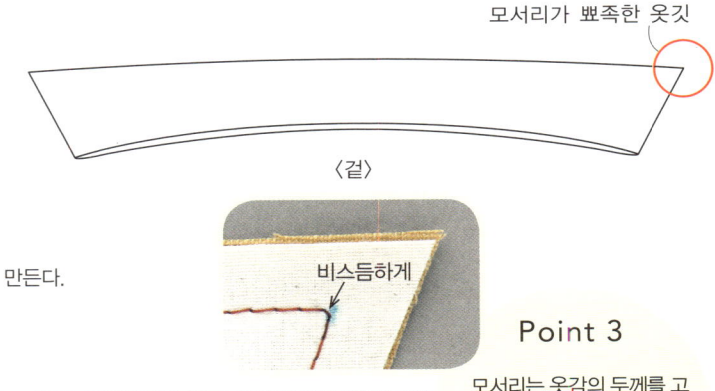

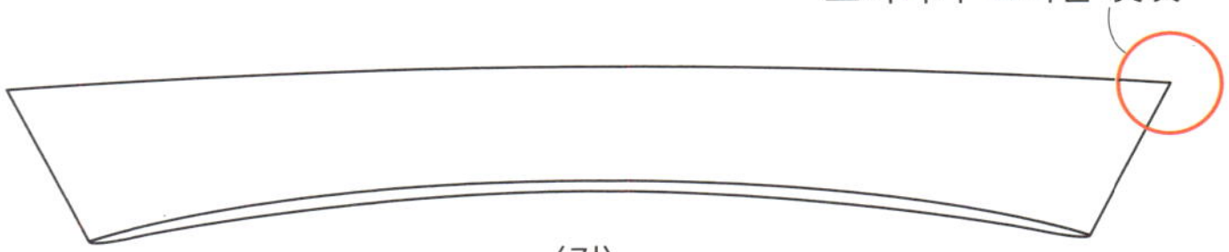

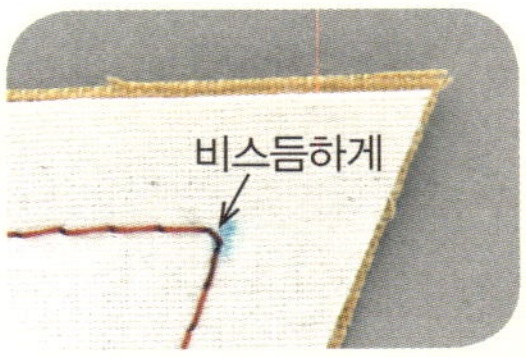

Point 3

모서리는 옷감의 두께를 고려하여 바늘땀을 짧게 하여 한 땀을 비스듬히 박으면(=모서리는 박지 않는다) 모서리가 예쁘게 나온다.

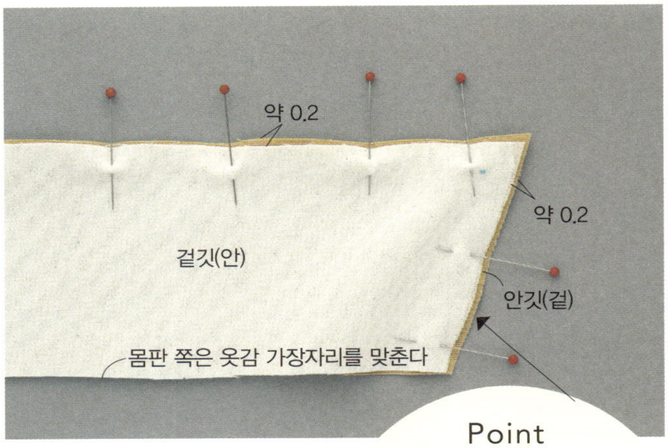

1 겉깃과 안깃을 겉끼리 맞대고 시침핀으로 고정한다.

Point

옷깃은 완성해서 밖으로 접을 때 겉깃과 안깃의 치수가 같으면 다시 젖혀지므로 겉깃이 큰 게 좋다. 겉·안깃의 옷본이 같을 때는 겉깃의 몸판 쪽을 제외하고는 안깃보다 약 0.2cm 안쪽으로 들어가도록 시침핀으로 고정한다.

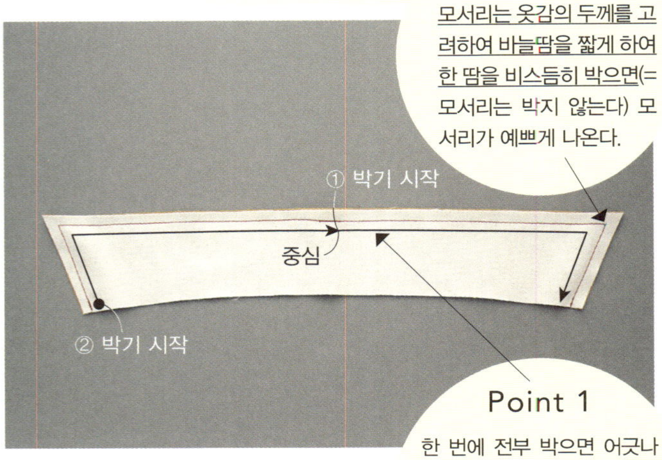

2 중심에서 ①② 순으로 안깃의 완성선을 박는다. 1에서 어긋나도록 해서 겉깃은 겉깃의 완성선 바깥쪽을 박게 되므로 안깃보다 크게 완성된다.

Point 1

한 번에 전부 박으면 어긋나기 쉽다. 중심에서 반으로 나눠서 박으면 무리 없이 박을 수 있다. ②의 박기 끝은 ①의 박기 시작에 1cm 겹친다.

Point 2

박을 때는 반드시 안깃 완성선을 박는다. 0.2cm 어긋나게 한 만큼 생기는 겉깃의 늘어진 부분은 송곳으로 가볍게 앞으로 보내면서 박는다.

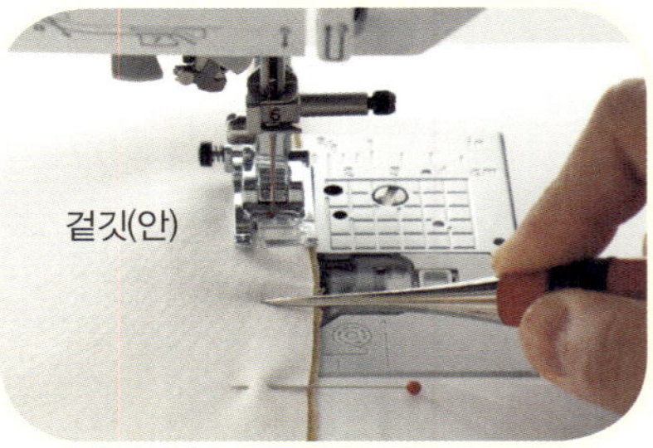

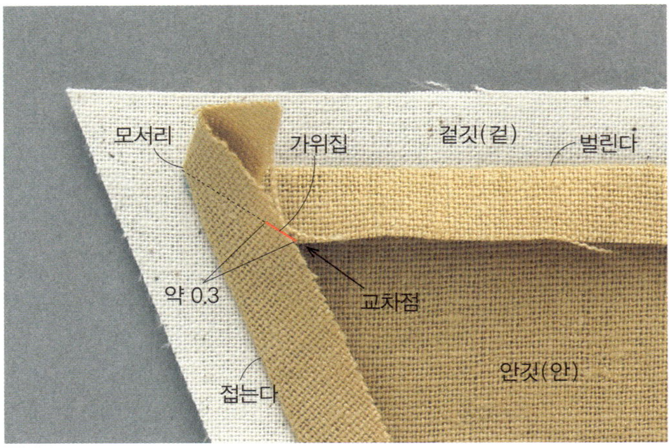

3 안깃 시접을 위쪽 → 좌우 순으로 벌린다. 안깃 시접끼리 교차되는 점에서 모서리를 향해 약 0.3cm 길이로 가위집을 한 군데(시접 2장을 같이) 넣는다.

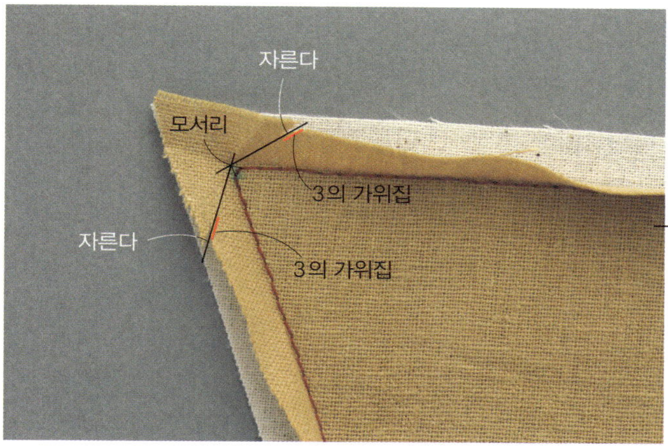

Point

<u>겉으로 뒤집었을 때 모서리 시접이 최소한으로 겹쳐져서</u> 깔끔하다.

4 모서리 시접을 벌리고, 가위집에서 모서리 완성선을 향해 겉 · 안깃을 함께 자른다.

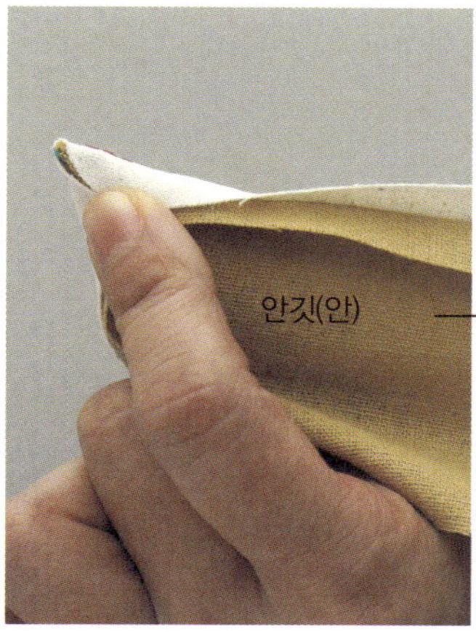

5 시접을 완성선에서 접고, 엄지손가락을 옷깃 안에 넣어서 검지손가락과 같이 모서리 시접을 꽉 누르고 겉으로 뒤집는다.

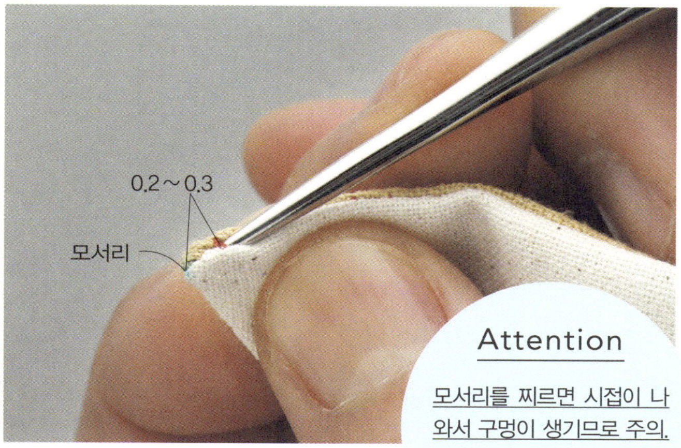

6 모서리보다 0.2~0.3cm 앞의 솔기를 송곳으로 조심스럽게 찔러서 옷감을 끌어낸다.

Attention

<u>모서리를 찌르면 시접이 나와서 구멍이 생기므로 주의.</u> 천천히 조심스럽게 구멍이 생기지 않도록 작업한다.

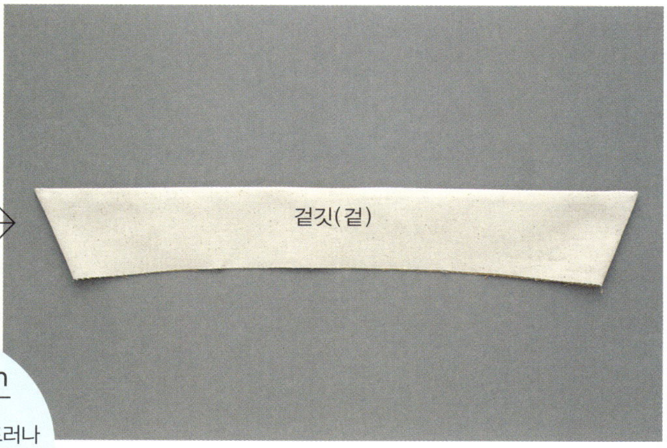

7 시접 모양이 겉에 드러나지 않게 다리미를 띄우는 느낌으로 대서 모양을 정리한다.
※ 안깃의 좌우 · 위쪽 가장자리는 겉깃보다 약 0.2cm 들어간 상태가 된다.

Attention

특히 시접 모양이 드러나기 쉬운 <u>모서리는 다리미로 누르지 않도록 한다.</u>

옷깃 만들기

셔츠칼라 / 둥근 모양

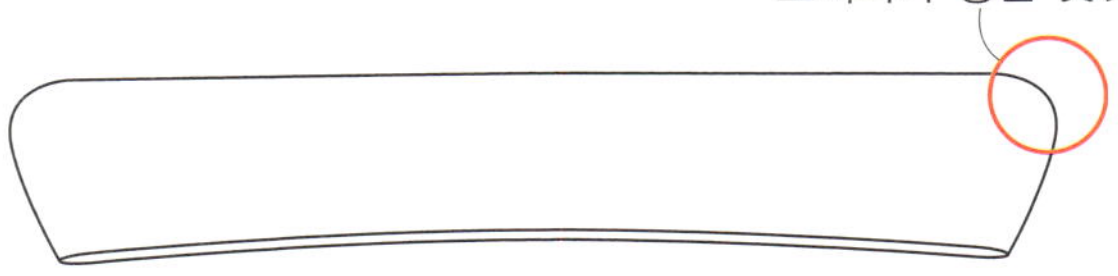

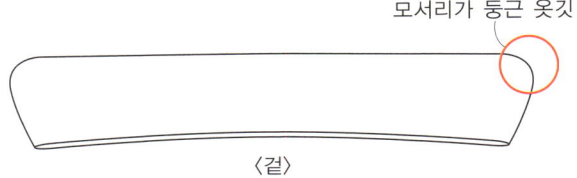

모서리가 둥그스름한 옷깃. 겉깃과 안깃이 같은 옷본일 때는 P.30의 1처럼 겉깃과 안깃을 어긋나게 하여 시침핀으로 고정하고 박는다.

※ 겉깃과 안깃 크기가 다를 때는 해당 옷 만들기 책의 만드는 법에 적힌 대로 만든다.

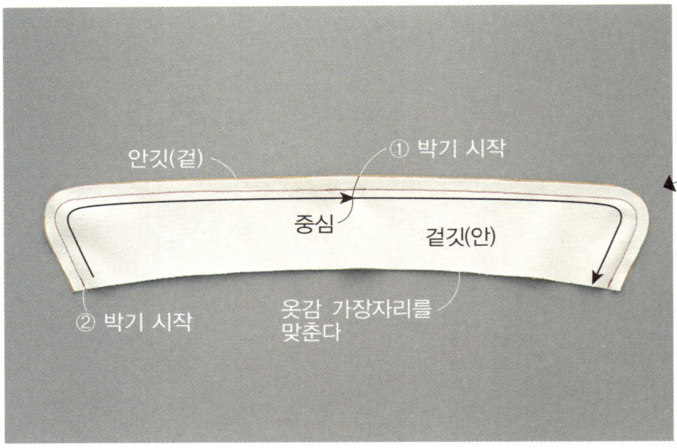

1 P.30의 1, 2와 같은 방법으로 겉깃과 안깃을 겉끼리 맞대고 안깃 완성선에서 박는다.

Point

곡선 부분은 바늘땀을 촘촘하게(P.96 참조) 하여 박으면 둥글게 박기 쉬워서 깔끔하게 마무리된다.

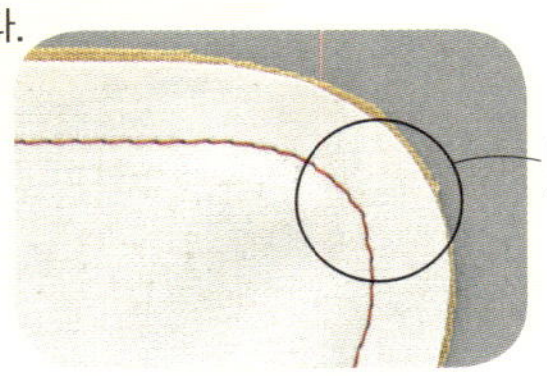

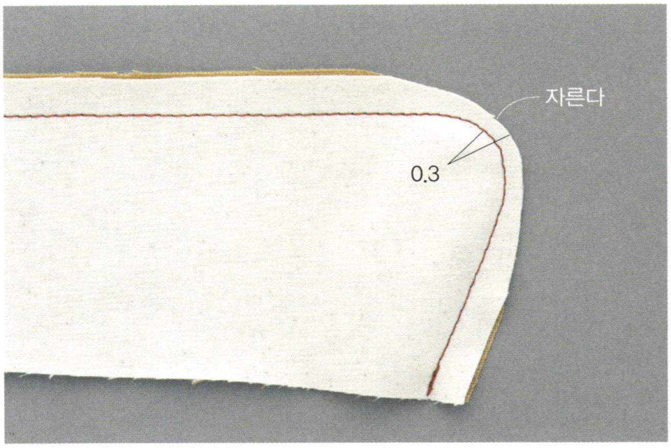

2 곡선 부분만 겉 · 안깃 시접을 0.3cm 남기고 자른다.

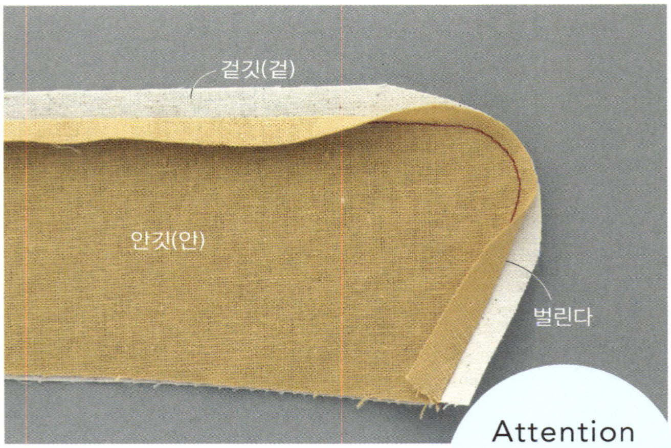

3 안깃 시접을 벌린다.

Attention

곡선 부분은 벌리지 않는다.

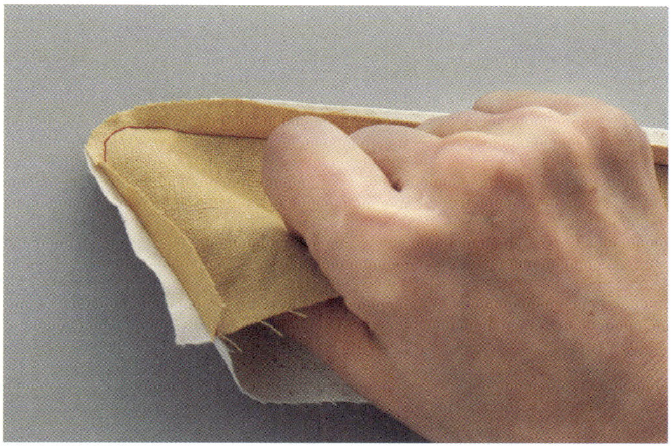

4 엄지손가락을 옷깃 안에 넣어서 검지손가락과 같이 옷깃의 곡선 부분을 꽉 누르고 겉으로 뒤집는다.

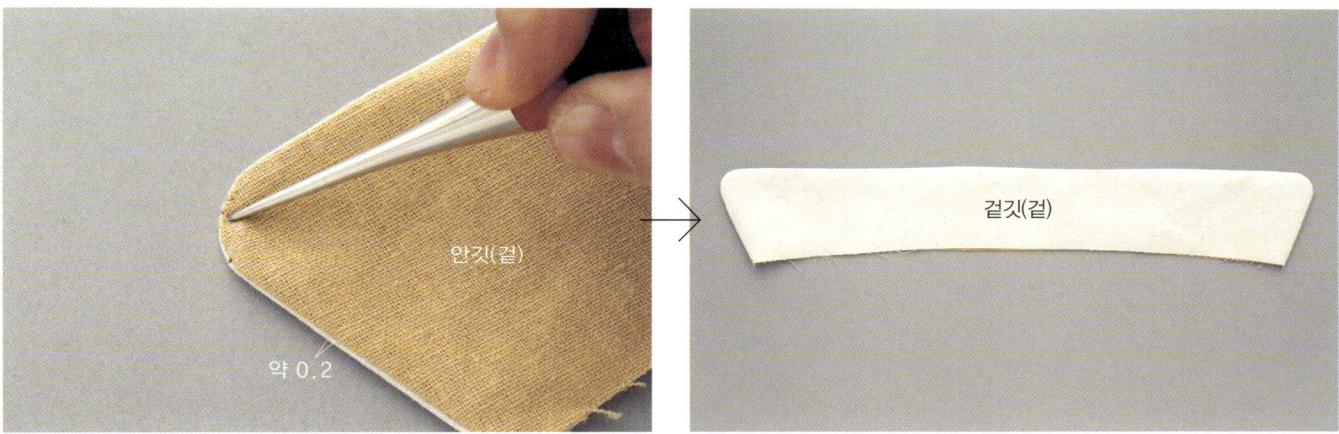

5 P.31의 6, 7과 같은 방법으로 한다. 이때 옷깃 모양을 잘 정리하고 곡선 부분도 제대로 뒤집는다.
※ 안깃의 좌우 · 위쪽 가장자리는 겉깃보다 약 0.2cm 들어간 상태가 된다.

옷깃 만들기

오픈칼라

앞이 벌어진 상태의 셔츠에 다는 옷깃. 만드는 법은 P.30 '옷깃 만들기(셔츠칼라 / 각진 모양)'과 같다.

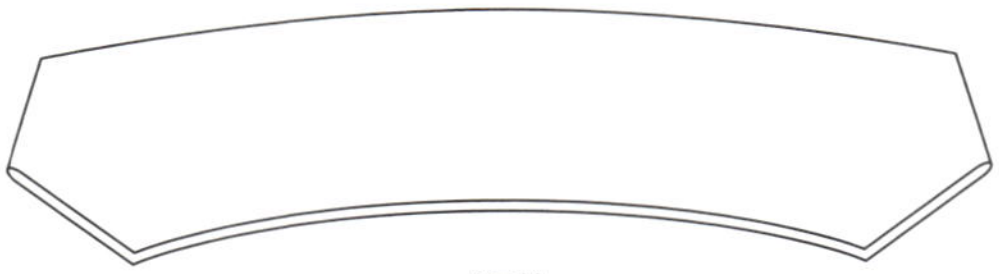

〈겉〉

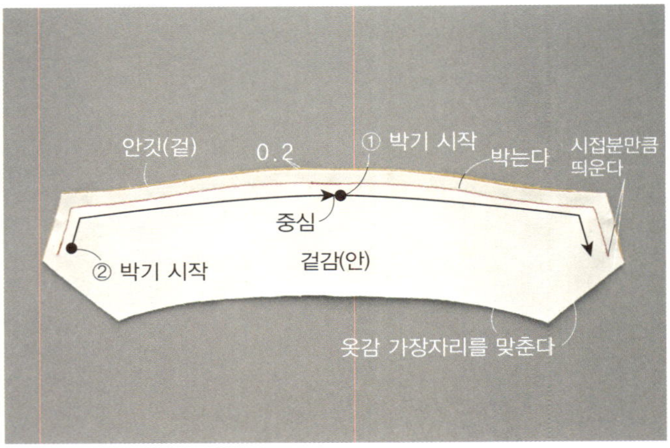

1 P.30의 1, 2와 같은 방법으로 겉깃과 안깃을 겉끼리 맞대고 안깃의 완성선에서 박는다.

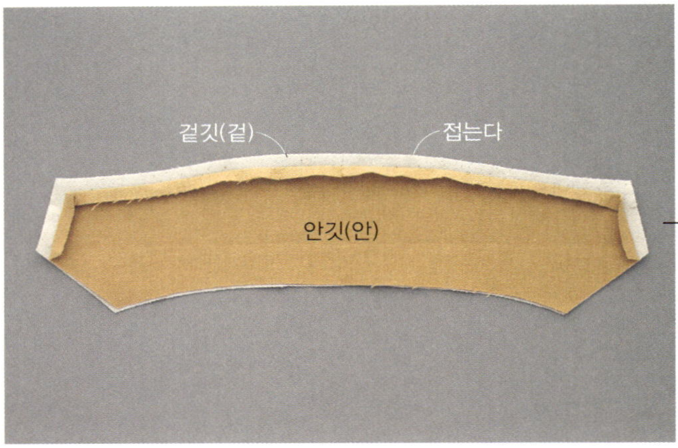

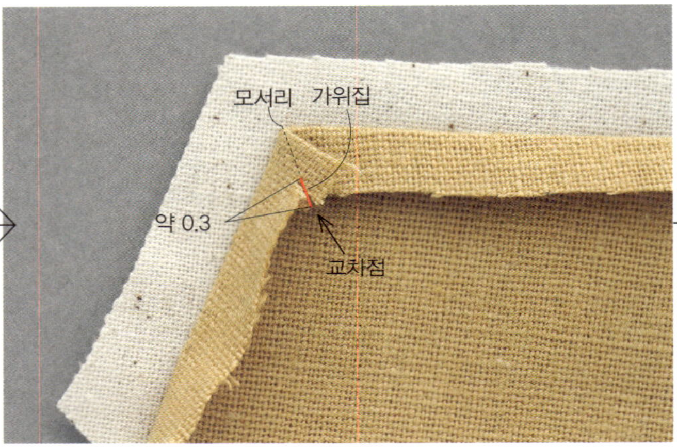

2 P.30의 3과 같은 방법으로 한다.

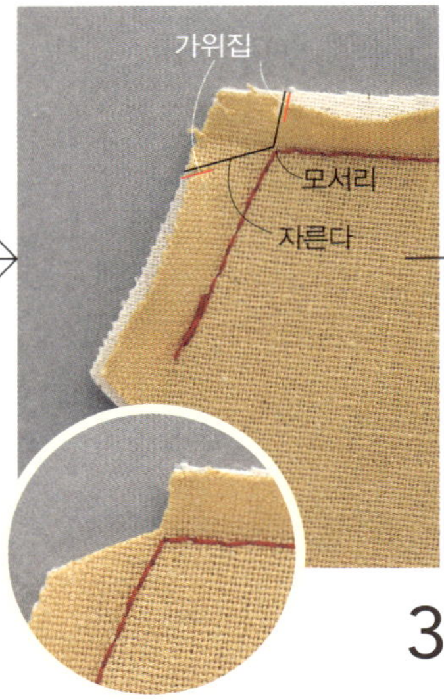

3 P.31의 4와 같은 방법으로 한다.

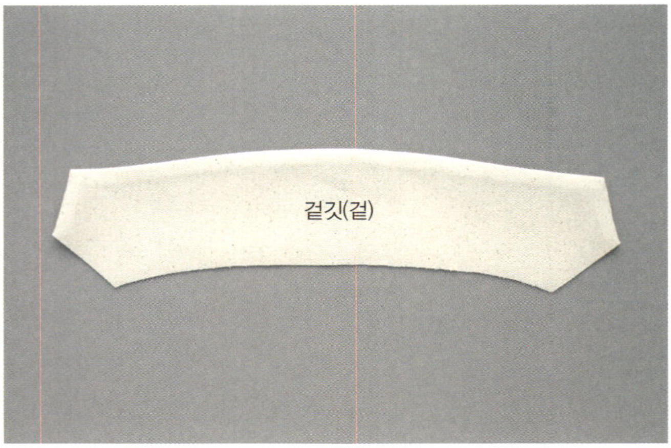

4 P.31의 5~7과 같은 방법으로 한다. 완성.
※ 안깃이 겉깃보다 약 0.2cm 들어간 상태가 된다.

옷깃 달기

받침깃 있는 타입

셔츠의 대표적인 스타일이라 고 할 수 있는 받침깃 있는 옷깃. 받침깃 2장, 위쪽 깃 2장으로 만든다.

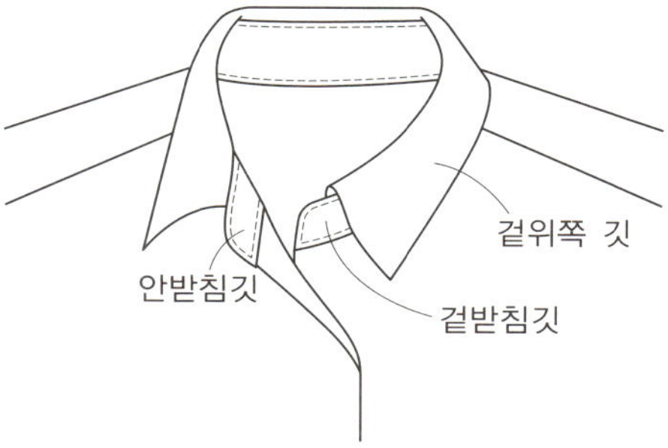

〈앞〉

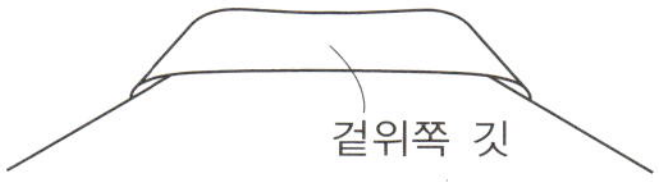

〈뒤〉

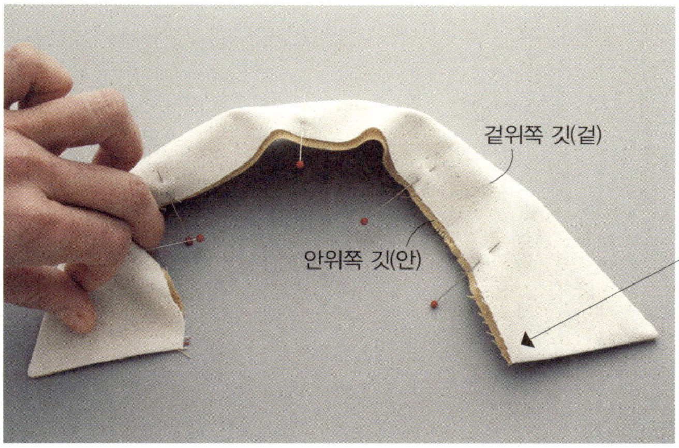

1 옷깃을 만든다. 겉위쪽 깃을 위로 오게 하여, 몸판에 옷깃을 달아서 입었을 때의 상태가 되도록 옷깃을 살짝 접어서 시침핀으로 고정한다.→ 옷깃 만드는 법은 P.30 '옷깃 만들기 / 셔츠칼라(각진 모양)' 참조.

Point

몸판 쪽의 겉깃과 안깃 시접이 어긋난 상태가 되도록. 이렇게 자연스러운 상태로 고정하면 완성했을 때 옷깃이 잘 자리 잡아서 예쁘게 보인다.

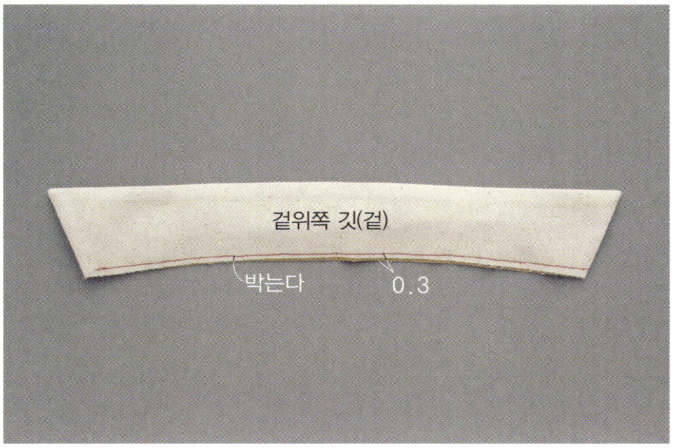

2 1의 어긋난 상태 그대로 박아서 임시로 고정한다.

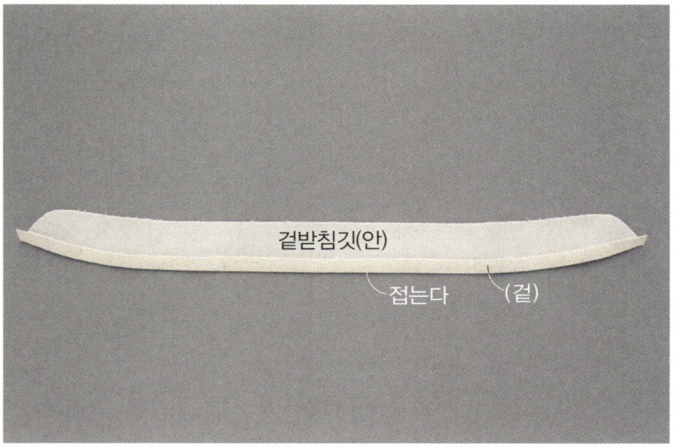

3 겉받침깃의 몸판 쪽을 완성선에서 접어서 다린다.

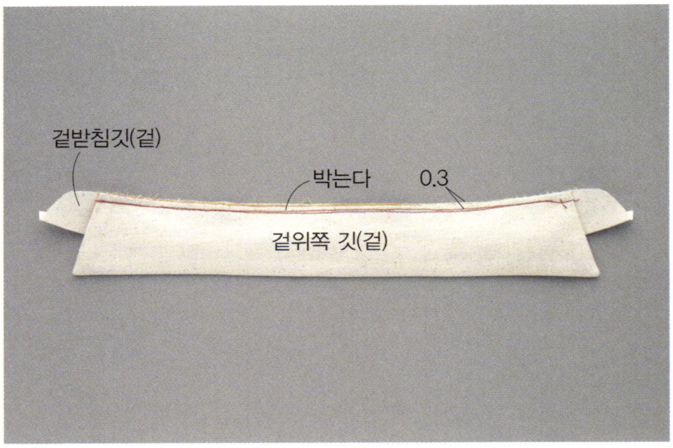

4 겉받침깃 겉과 안위쪽 깃의 겉을 맞대고 박는다.

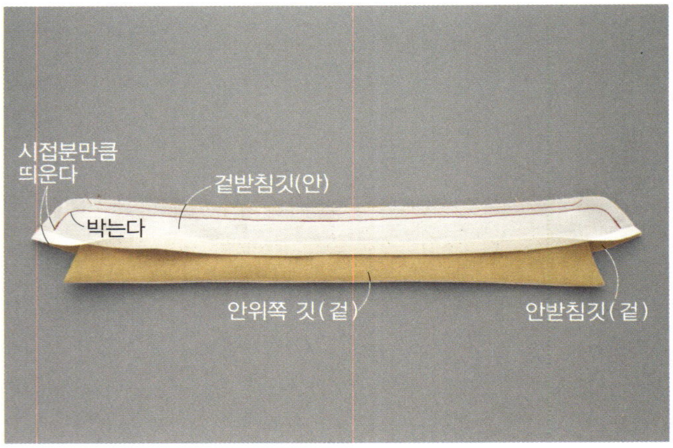

5 안받침깃과 겉받침깃을 겉끼리 맞대고 겉받침깃 솔기를 벌려서 완성선을 박는다.

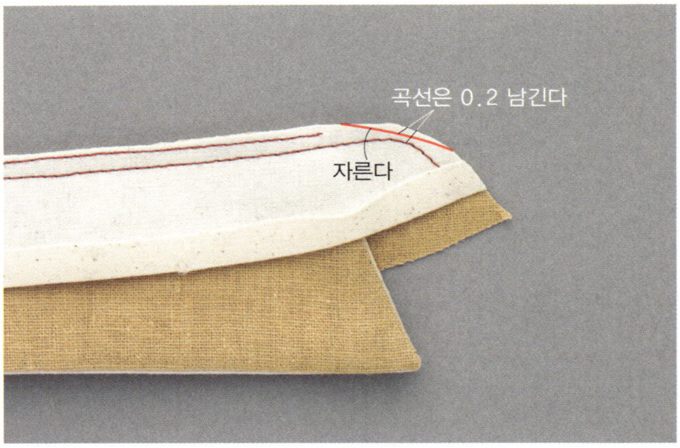

6 곡선 부분 시접을 0.2cm 남기고 자른다.

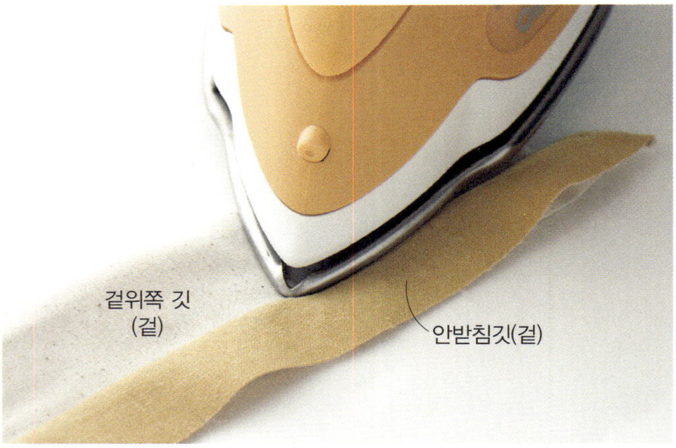

7 받침깃을 겉으로 뒤집어서 시접을 받침깃 쪽으로 넘기고 안받침깃의 솔기, 겉받침깃의 솔기를 다리미 끝으로 누른다.

8 송곳으로 받침깃끼리 이은 솔기 바로 옆을 조심스럽게 찔러서 옷감을 끌어내고, 안깃을 0.1cm 들어가게 하여 다리미를 띄운 느낌으로 다려서 모양을 정리한다.

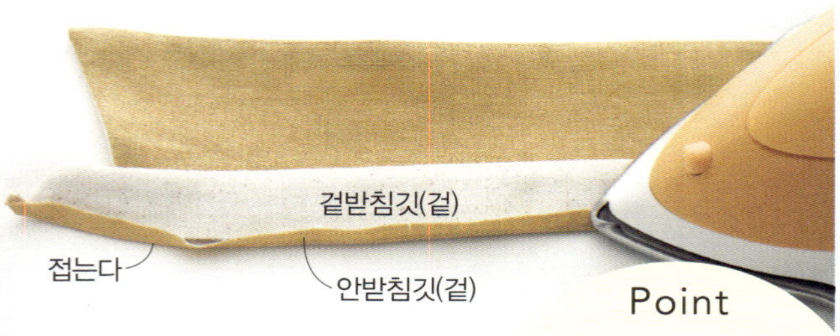

9 안받침깃 가장자리를 겉받침깃 완성선의 접음선을 따라서 접고 다려서 접음선을 낸다.

Point

이 단계에서 접음선을 내 두면, 접기 쉽고 다림질도 쉽다. 겉받침깃을 따라서 접으면 12에서 겉받침깃을 보며 박을 때 안받침깃 쪽의 바늘땀이 잘 빠지지 않는다.

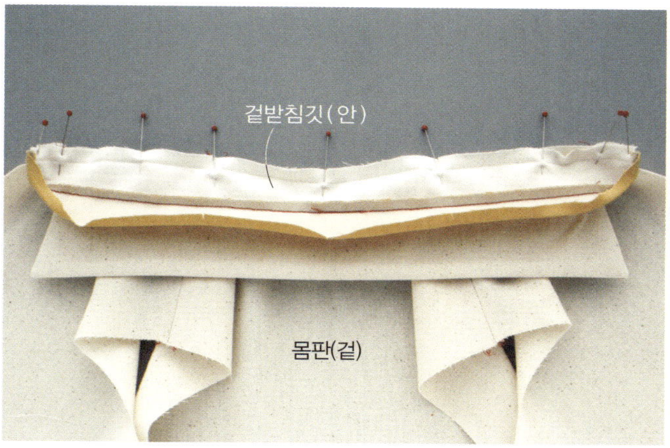

10 몸판과 겉받침깃을 겉끼리 맞대고 시침핀으로 고정한다.

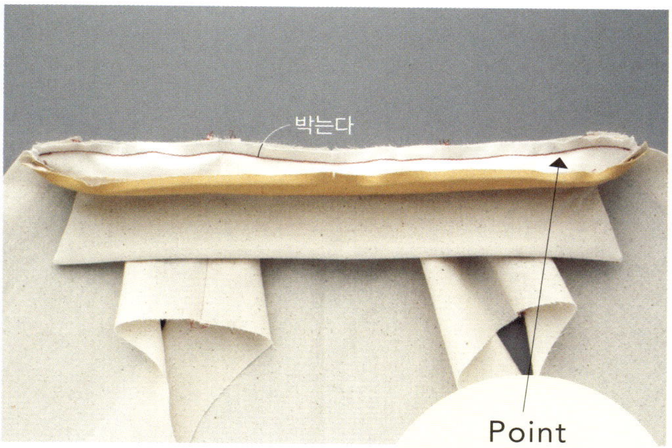

11 완성선보다 0.1cm 옷감 가장자리 쪽을 박는다.

Point

완성선보다 0.1cm 옷감 가장자리 쪽을 박으면 12에서 겉깃을 접을 때 접음선이 확실하게 나와서 깔끔하게 완성된다.

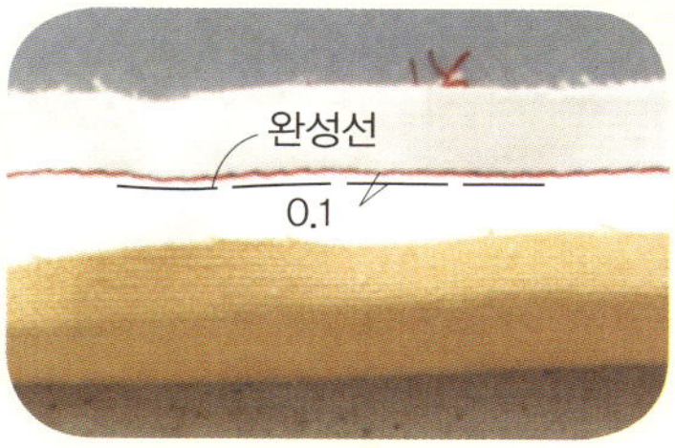

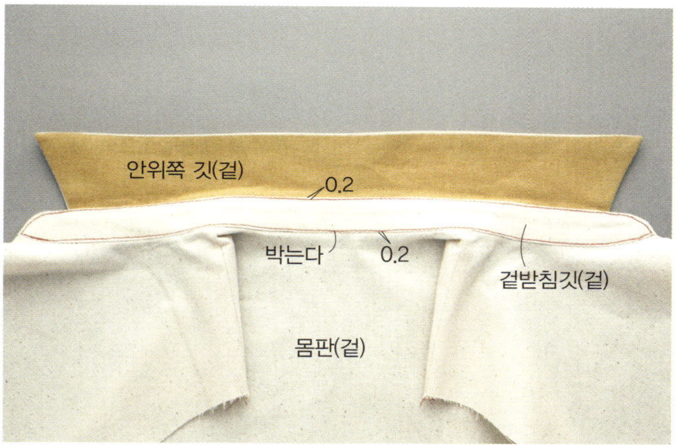

12 받침깃을 겉으로 뒤집는다. 시접을 받침깃 안에 넣고 겉받침깃은 3의 접음선에서, 안받침깃은 9의 접음선에서 접어서 다린다. 받침깃 둘레를 한 바퀴 돌아가며 시침질하고 겉받침깃을 보면서 박는다. 시침질을 푼다.

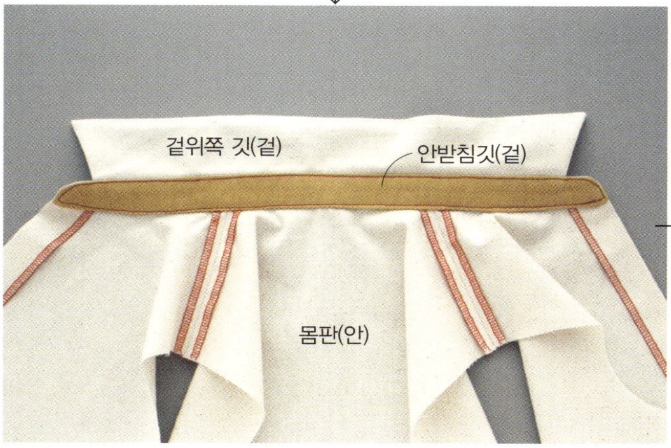

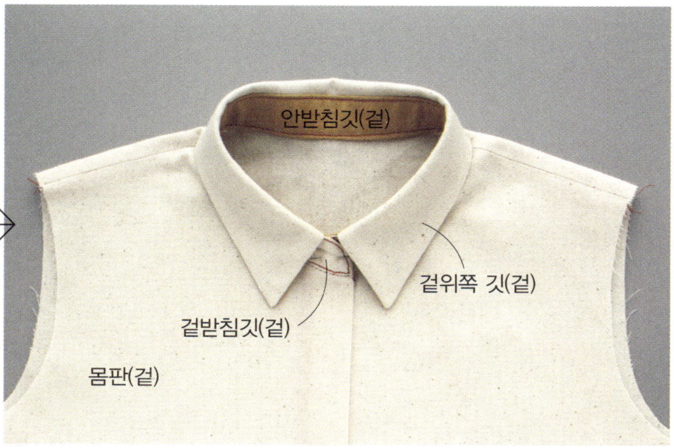

옷깃 달기

플랫칼라

목둘레를 따라서 달고 자연스럽게 접히는 타입.
옷깃을 그대로 몸판에 단다.

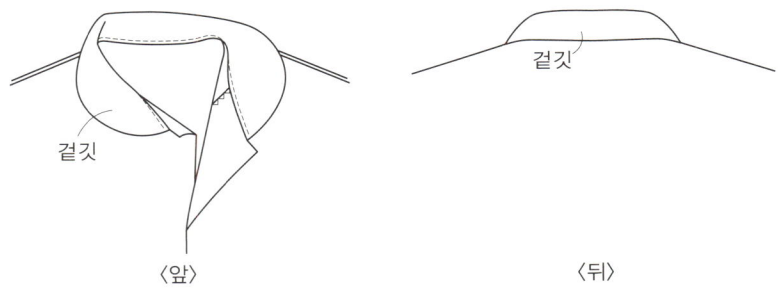

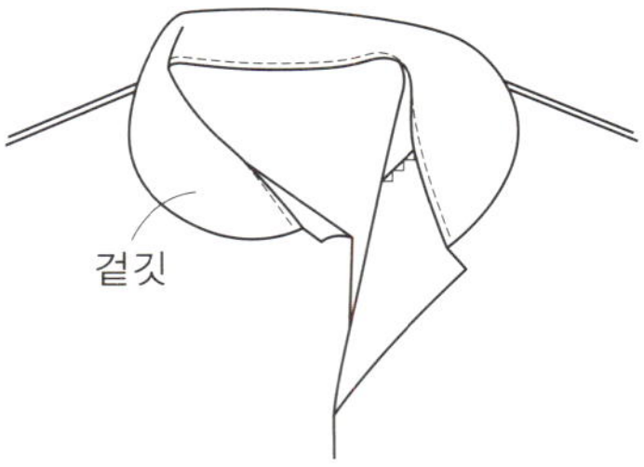

〈앞〉

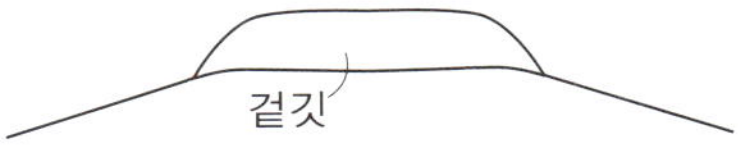

〈뒤〉

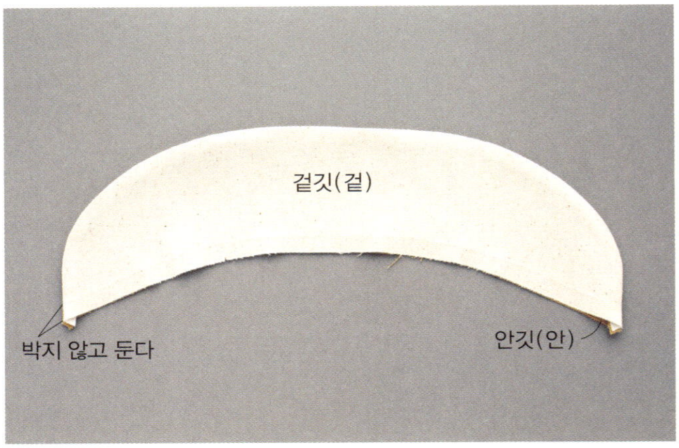

1 옷깃을 만든다. 겉 · 안깃을 겉끼리 맞대고 박을 때 몸판 쪽 가장자리는 완성선에서 박아서 고정한다.
→ 옷깃 만드는 법은 P.32 '옷깃 만들기 / 셔츠칼라(둥근 모양)' 참조.

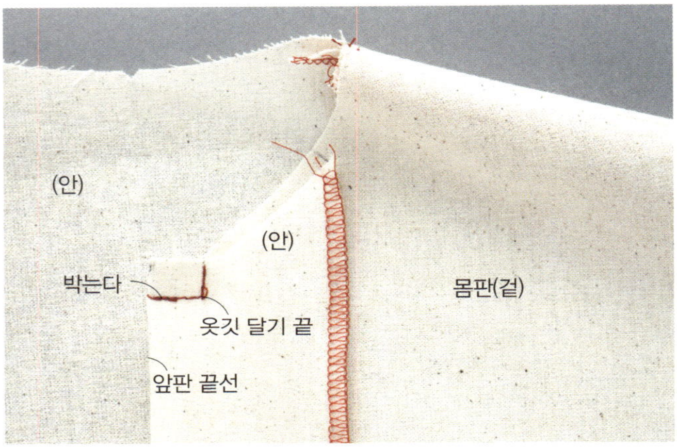

2 몸판을 앞판 끝선에서 겉끼리 맞닿게 접고, 목둘레선을 완성선에서 L자로 박는다.

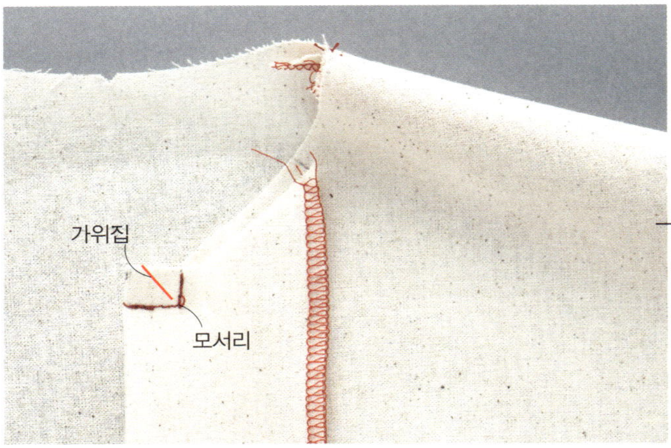

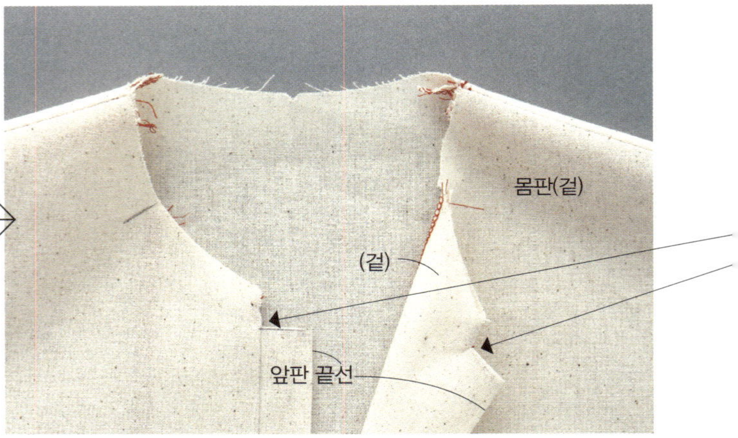

3 모서리 바늘땀에 거의 닿을 정도까지 비스듬하게 가위집을 넣은 뒤 겉으로 뒤집고 다려서 정리한다.
※ 반대쪽도 같은 방법으로 한다.

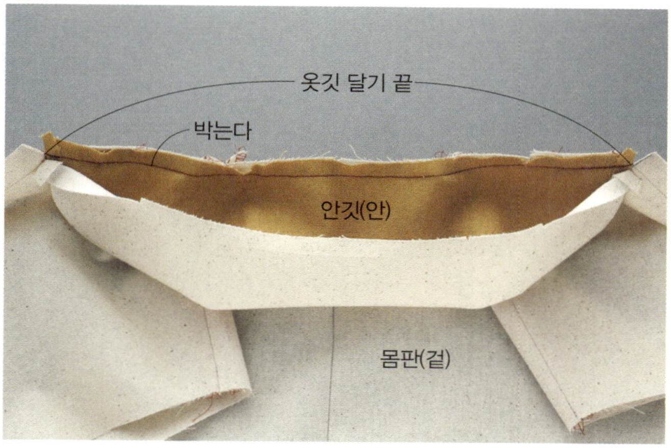

4 몸판과 안깃을 겉끼리 맞대고 완성선을 박는다.
※ 안깃의 좌우 끝 시접은 접은 채로 겉깃을 젖히고 박는다.

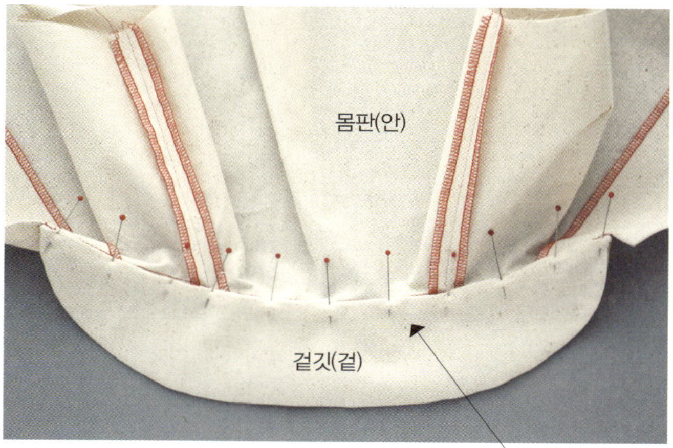

5 옷깃을 겉으로 뒤집고, 시접을 옷깃 안에 넣고 4의 솔기를 가리듯이 겉깃 가장자리를 접어 넣고 다린 뒤에 시침핀으로 고정한다.
※ 겉깃의 시접 폭은 정해진 것보다 좁은 상태가 된다.

Point

몸판에 옷깃을 달아서 입었을 때의 상태가 되도록 옷깃을 살짝 접은 뒤에 시침핀으로 고정하면, 완성했을 때 옷깃이 잘 자리 잡아서 예쁘게 보인다.

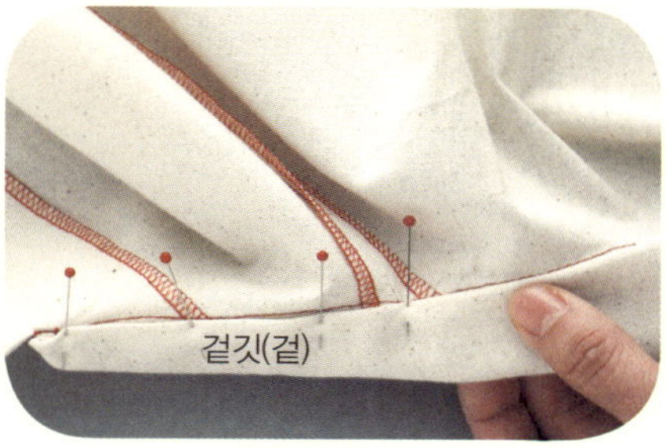

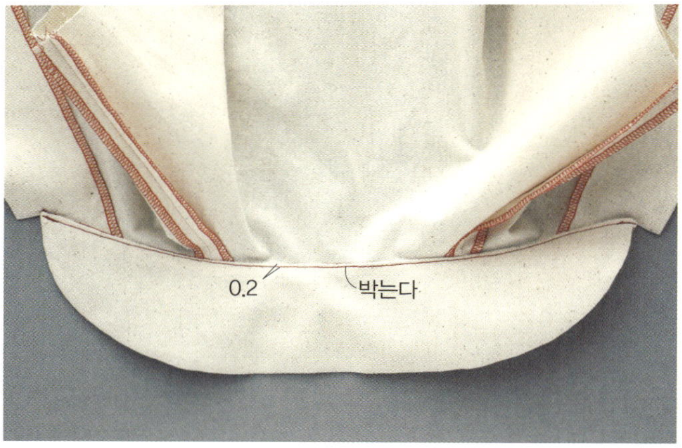

6 박는다.

Point

옷깃을 달기 전에 3처럼 앞판 끝선의 목둘레선 쪽 모서리를 박아 두면 모서리가 풀리지 않고 깔끔하게 완성되고 옷깃도 달기 쉽다.

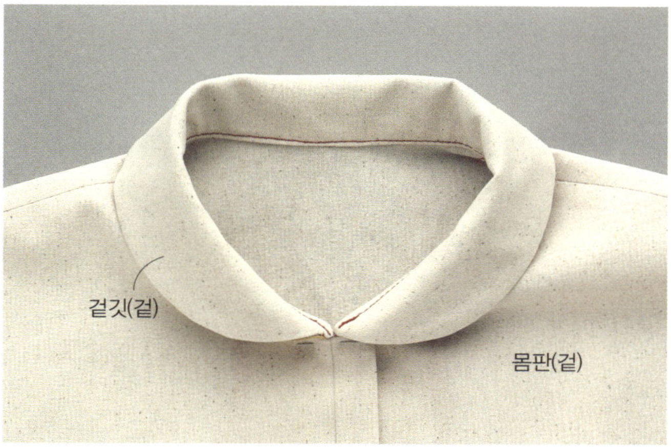

옷깃 달기

스탠드칼라

목을 따라서 세운 옷깃. 여기에서는 옷깃을 앞판 끝선까지 연장하여 앞판 중심에서 겹쳐지는 타입으로 설명하지만, 앞판 중심에서 맞닿는 타입도 만드는 법은 기본적으로 같다.
스탠드칼라는 다른 옷깃과 달리 밖으로 접지 않으므로 안깃을 더 들어가게 하지 않고 만든다.

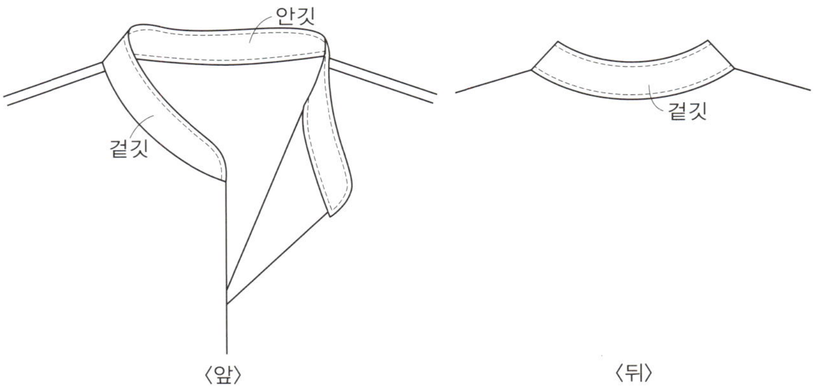

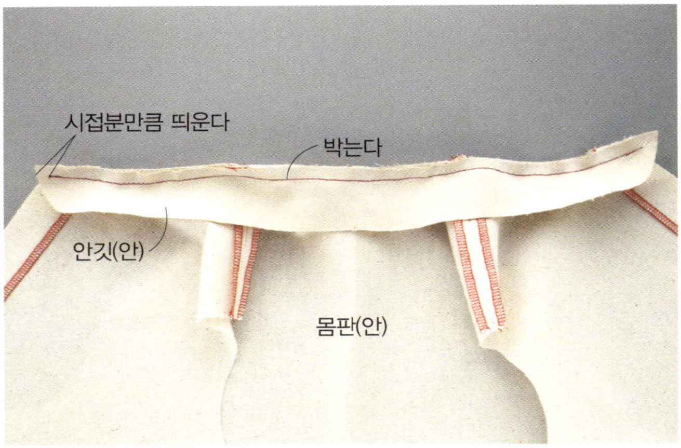

1 몸판의 안과 안깃의 겉을 맞대고 완성선을 박는다.

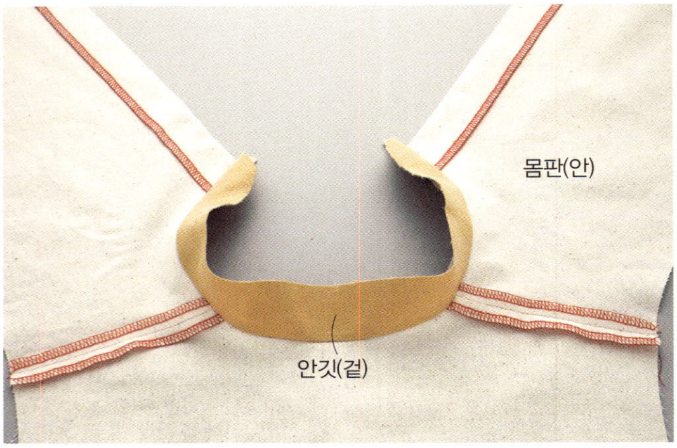

2 시접을 옷깃 쪽으로 넘기고 솔기를 다린다.

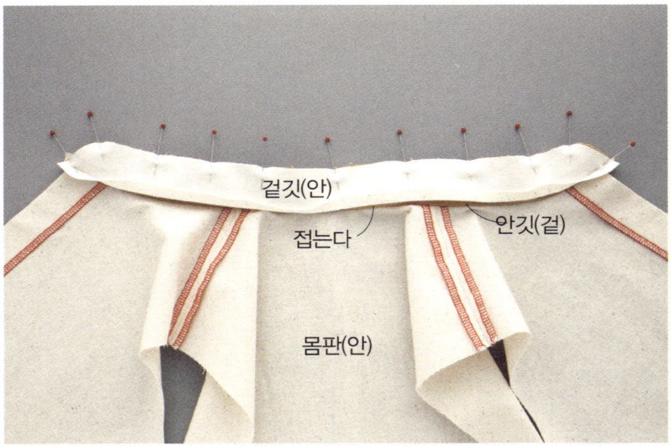

3 겉깃의 몸판 쪽 가장자리를 완성선에서 안쪽으로 접고, 안깃과 겉끼리 맞대어 시침핀으로 고정한다.

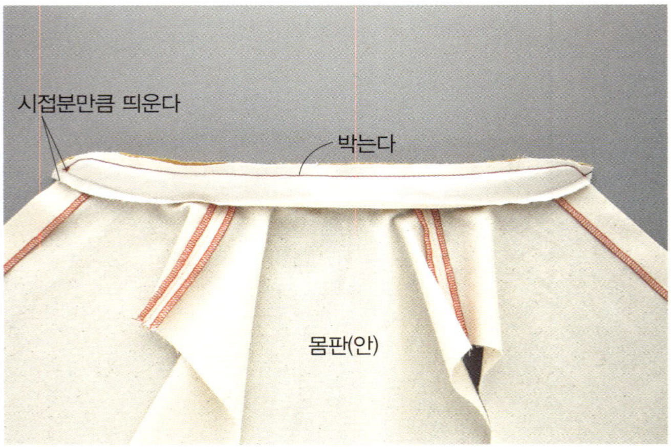

4 완성선을 박는다.

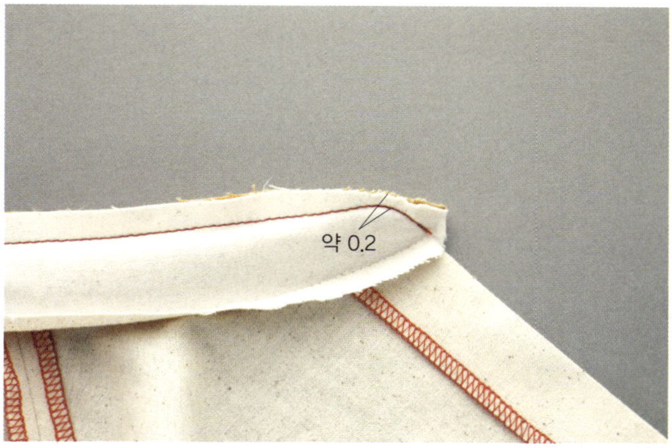

5 곡선 부분 시접을 약 0.2cm 남기고 자른다.

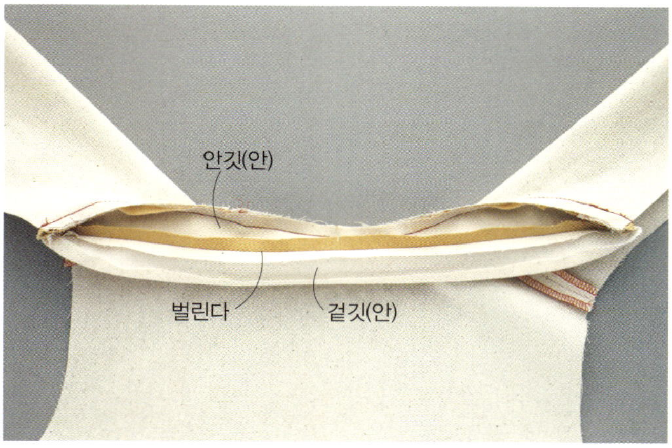

6 시접을 벌린다. 좌우 끝의 시접은 벌릴 수 있는 만큼 벌린다.

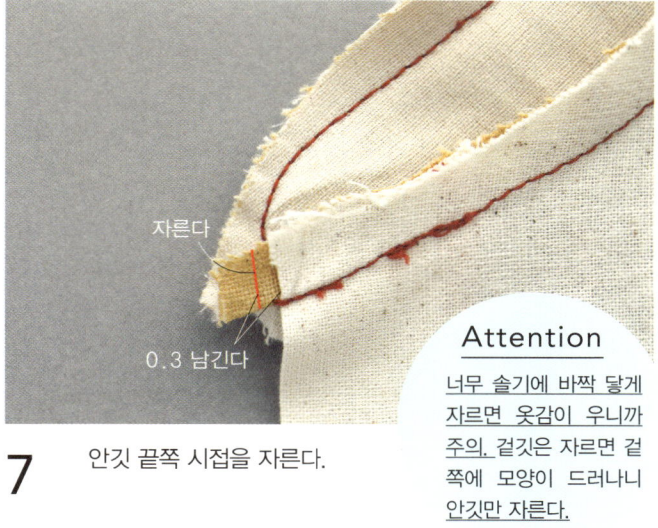

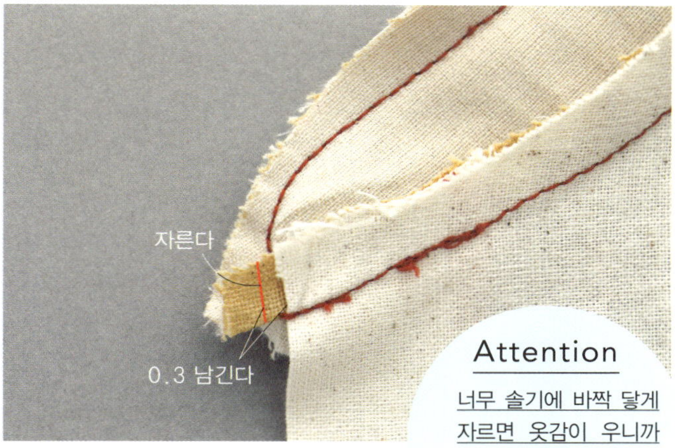

7 안깃 끝쪽 시접을 자른다.

Attention

너무 솔기에 바짝 달게 자르면 옷감이 우니까 주의. 겉깃은 자르면 겉쪽에 모양이 드러나니 안깃만 자른다.

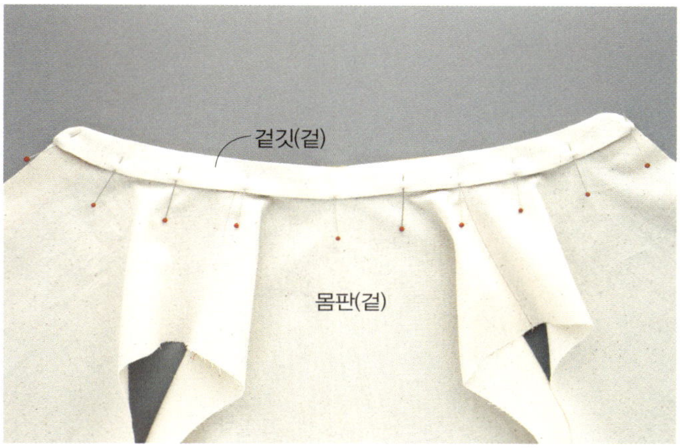

8 옷깃을 겉으로 뒤집고 시접을 옷깃 안에 넣는다. 1의 솔기를 가리듯이 겉깃 가장자리를 3의 접음선에서 접고 다린 뒤에 시침핀으로 고정한다.→ 다리는 법은 P.31 '옷깃 만들기 / 셔츠칼라(각진 모양)' 7 참조.

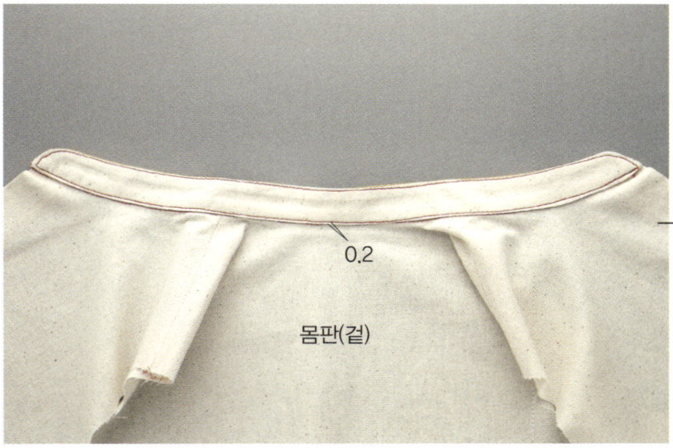

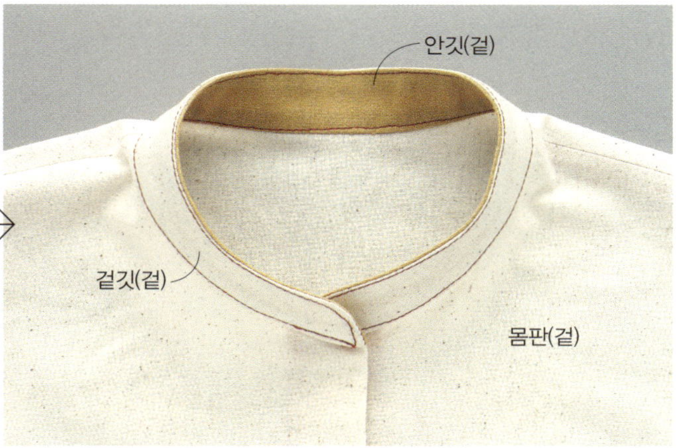

9 옷깃 둘레를 겉깃 쪽에서 박는다.

옷깃 달기

오픈칼라

앞이 벌어진 상태의 옷깃.
시접이 덜 겹치도록 하며 단다.

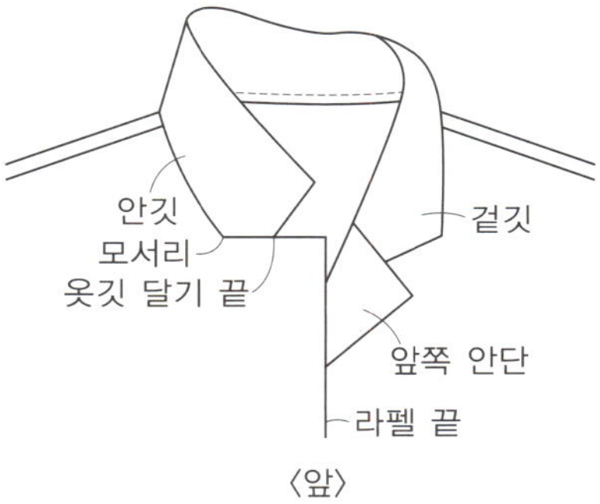

〈앞〉

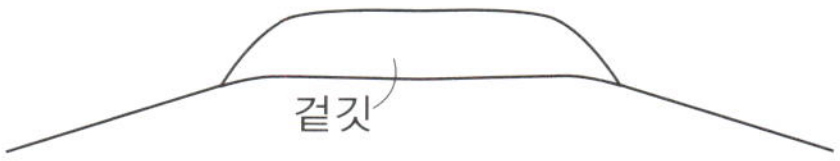

〈뒤〉

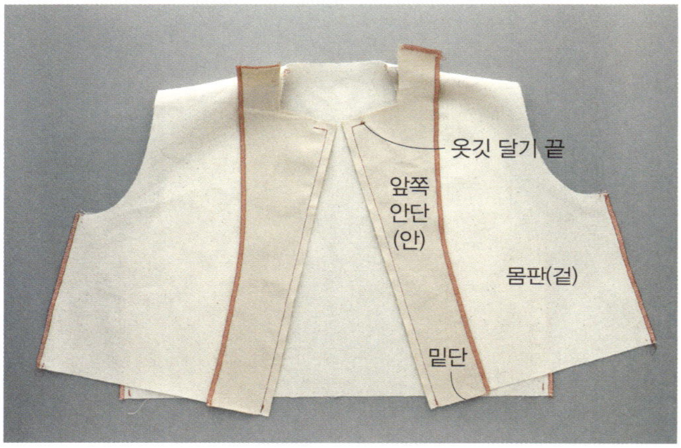

1 몸판과 앞쪽 안단을 겉끼리 맞대고 밑단에서부터 옷깃 달기 끝까지 완성선을 L자로 박는다. 옷깃을 만든다
→ 옷깃 만드는 법은 P.34 '셔츠칼라' 참조.

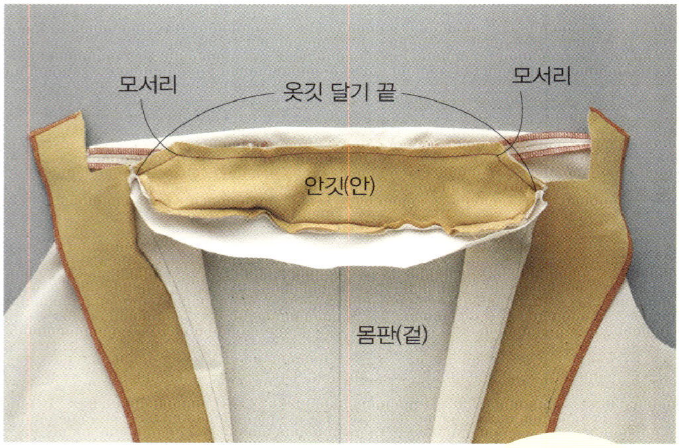

2 안단을 젖히고, 몸판과 안깃을 겉끼리 맞대어 양쪽 옷깃 달기 끝 사이의 완성선을 박는다.
※ 옷깃 달기 끝의 겉깃과 안깃의 시접을 벌린 뒤에 박기 시작한다.

Point

모서리를 박을 때는 아래처럼 몸판에만 가위집을 넣고 박는다.

모서리 박는 법

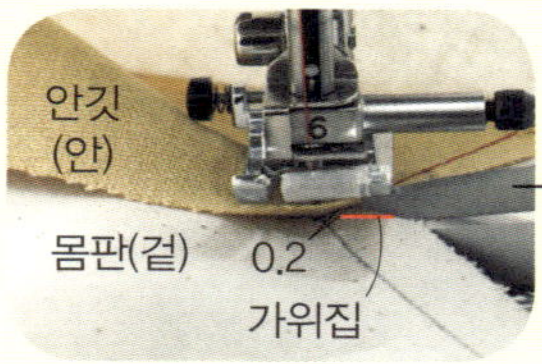

① 모서리에서 바늘을 내린 상태에서 노루발을 올리고, 몸판에만 완성선의 0.2cm앞까지 가위집을 넣는다.

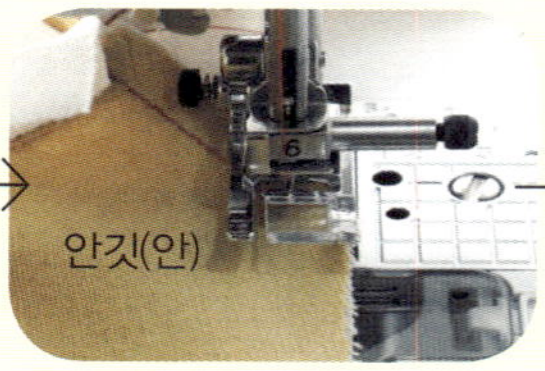

② 가위집을 넣은 부분을 벌려서 각도를 다르게 하여 안깃과 옷감 가장자리를 맞춘다.

③ 노루발을 내리고 계속해서 박는다.

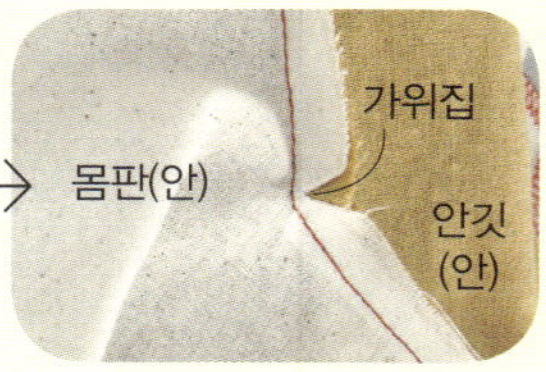

다 박은 몸판 쪽에서 본 모습.

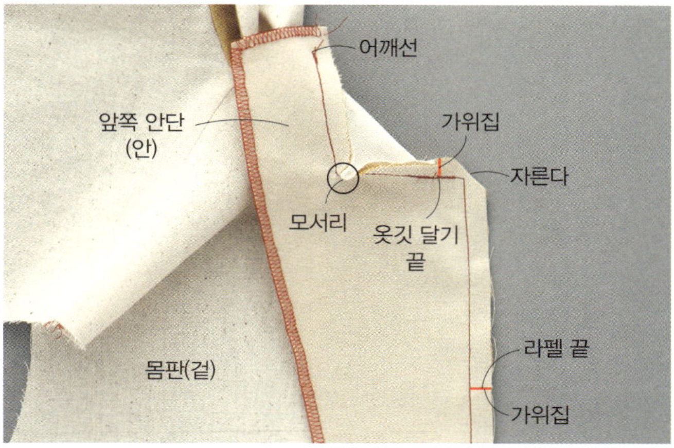

3 겉깃과 앞쪽 안단을 겉끼리 맞대고 옷깃 달기 끝에서부터 어깨선 완성선을 박는다. 이때 모서리는 2와 마찬가지로 안단에만 가위집을 넣고 벌려서 박는다. 라펠 끝, 옷깃 달기 끝에 완성선 바로 앞까지 가위집을 넣고 앞판 끝선 모서리를 자른다.

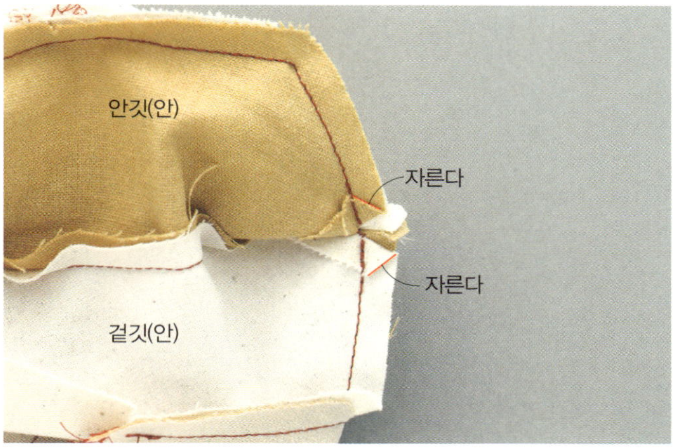

4 겉깃과 안깃 끝의 시접을 세모나게 잘라 낸다.
※ 반대쪽도 같다.

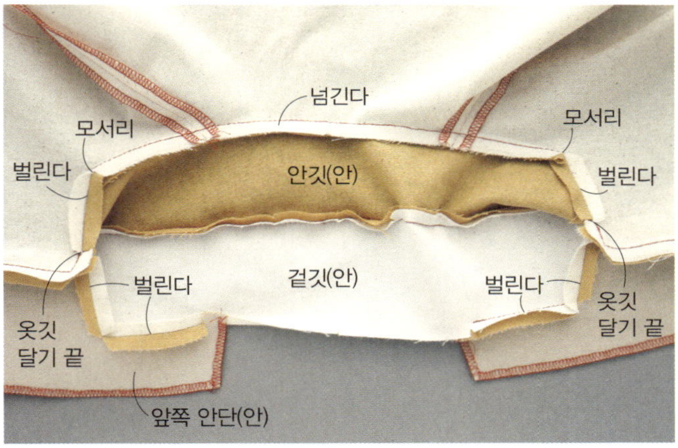

5 앞쪽 안깃과 겉깃 시접을 벌린다. 안깃은 몸판의 옷깃 달기 끝에서부터 모서리까지는 시접을 벌리고 모서리와 반대쪽 모서리 사이에서는 시접을 안깃 쪽으로 넘긴다.

Point

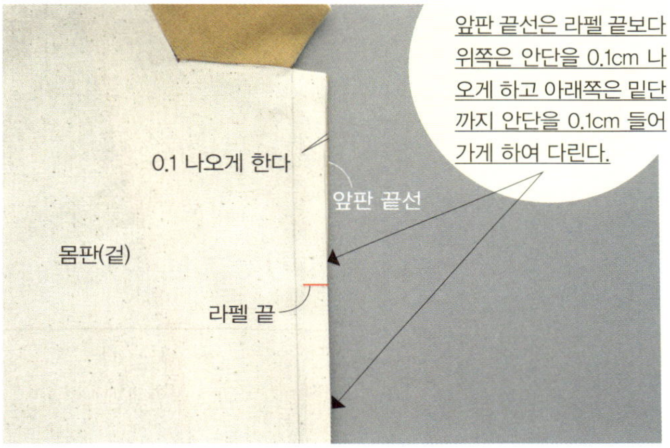

6 안단과 옷깃을 겉으로 뒤집는다. 라펠 끝의 위아래를 나눠서 다리면 7에서 겉에서 봤을 때 안쪽이 되는 옷감이 보이지 않아서 깔끔하다. → 모서리는 P.31 '옷깃 만들기(셔츠칼라 / 각진 모양)' 5~7 참조.

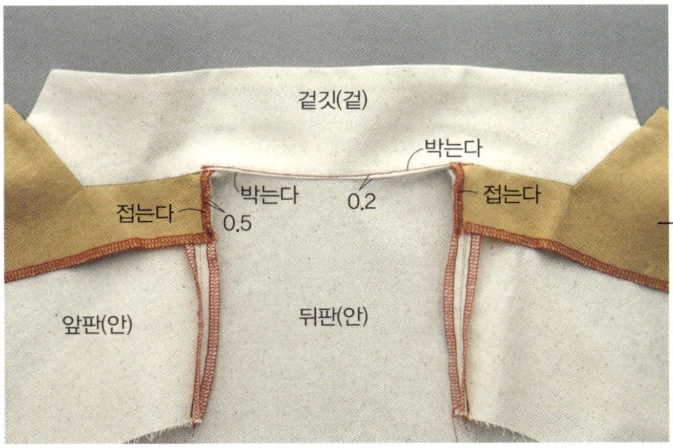

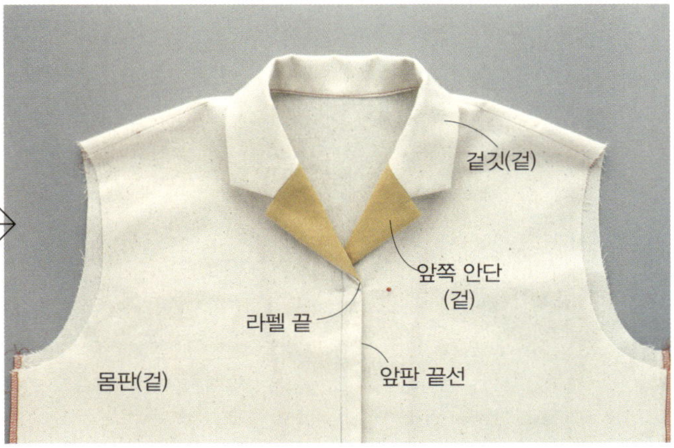

7 안단 어깨선 시접을 몸판 시접에 박아서 고정한다. 겉깃 끝을 완성선에서 접고, 옷깃의 뒤판 쪽을 어깨선에서 반대쪽 어깨선까지 박는다.

목둘레 처리하기

바이어스테이프로 감싸기

바이어스테이프로 옷감 가장자리를 감싸서 처리하는 법.
겉에서 바이어스테이프가 보인다.
※ 목둘레선 쪽은 시접이 필요 없으므로 시접 없이 마름질한다.

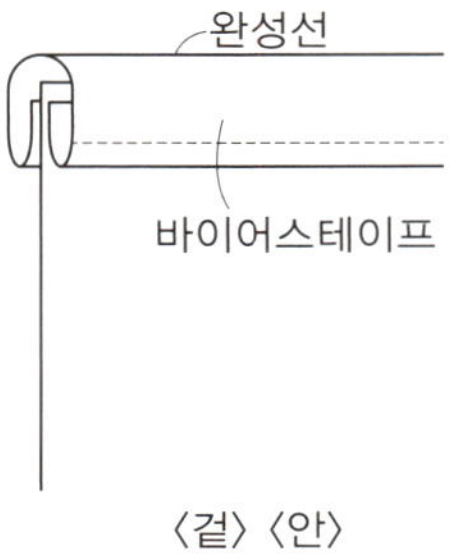

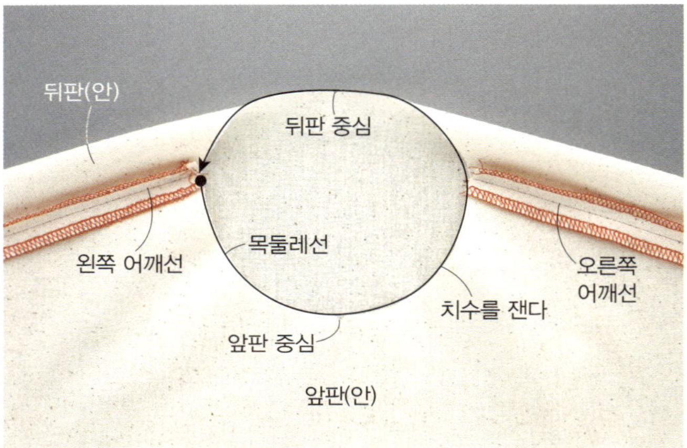

1 몸판의 목둘레선(완성선) 치수를 잰다.
※ 실제로는 옷본의 선 길이를 잰다. 시접분은 넣지 않는다.

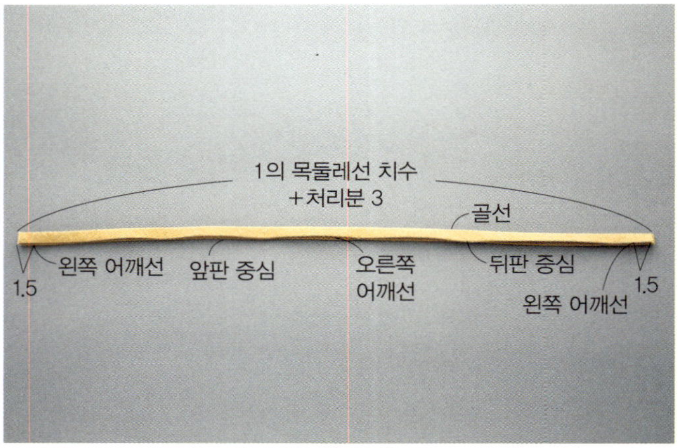

2 1의 목둘레선 치수+처리분(3cm) 길이의 바이어스감을 준비하여 4겹 바이어스테이프를 만든다. 왼쪽 어깨선, 뒤쪽 어깨선, 앞판 중심, 뒤판 중심에 표시한다.
→ P.99 '4겹 바이어스테이프 만들기' 참조.

Point

감싸는 타입은 목둘레선 가장자리=완성선이 되므로 목둘레선 가장자리를 기준으로 테이프를 준비한다. 광폭(15mm 폭 이상) 바이어스테이프를 사용할 때는 목둘레선과 박음질 위치의 중간 지점 길이를 재서 준비하는 것이 좋다.

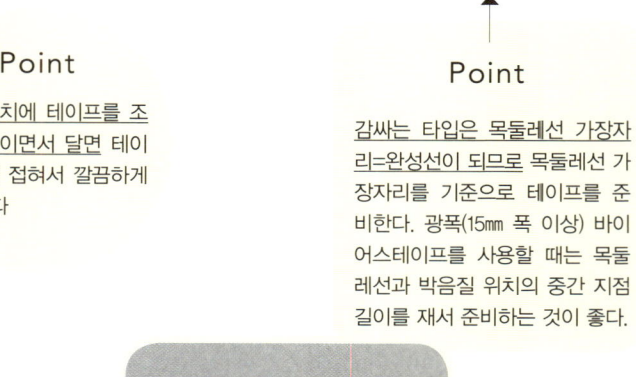

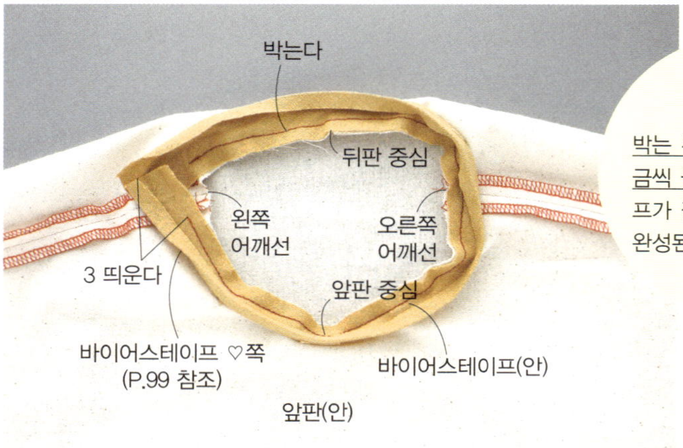

Point

박는 위치에 테이프를 조금씩 늘이면서 달면 테이프가 잘 접혀서 깔끔하게 완성된다

3 바이어스테이프의 한쪽 접음선을 벌려서 몸판 안과 테이프 겉을 맞댄다. 왼쪽 어깨선에서부터 2에서 표시한 부분을 맞춰서 시침핀으로 고정하고, 테이프 끝에서 3cm 띄운 접음선 위를 테이프를 조금만 늘이면서 박는다.
※ 반대쪽도 3cm 띄운다.

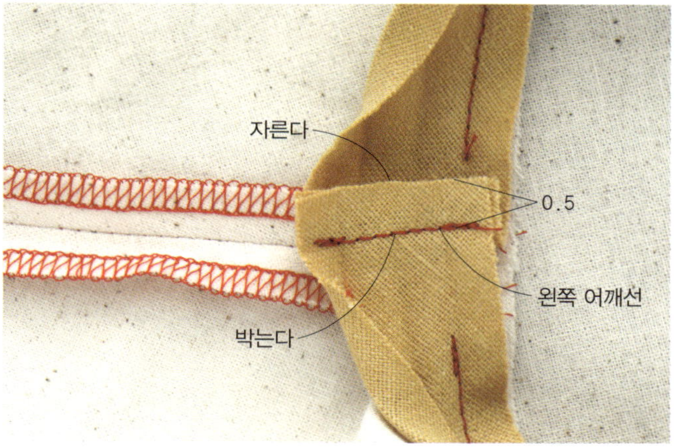

4 바이어스테이프의 왼쪽 어깨선을 겉끼리 맞대어 몸판 왼쪽 어깨선 위치에서 박고, 시접은 0.5cm 남기고 자른다.
※ 몸판과 바이어스테이프의 왼쪽 어깨선 솔기 위치를 맞춘다.

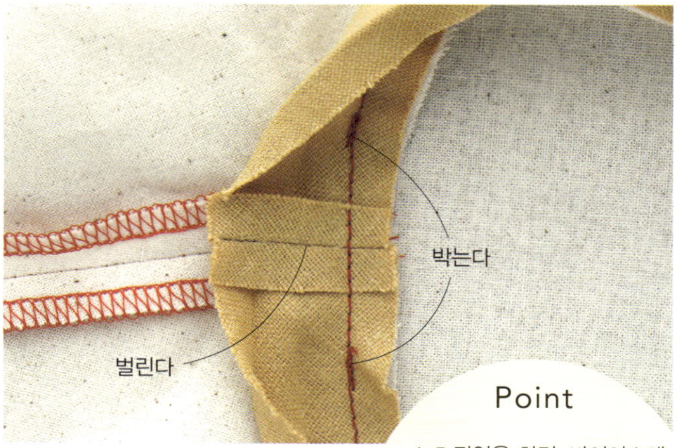

5 시접을 벌리고, 3에서 띄운 부분을 몸판과 함께 박는다.

Point

4, 5 작업을 하면, 바이어스테이프를 겉으로 뒤집을 때 어깨선 부분의 테이프 겹침을 최소한으로 할 수 있다. 어깨선 솔기와 테이프의 어깨선이 딱 맞아서 깔끔하다.

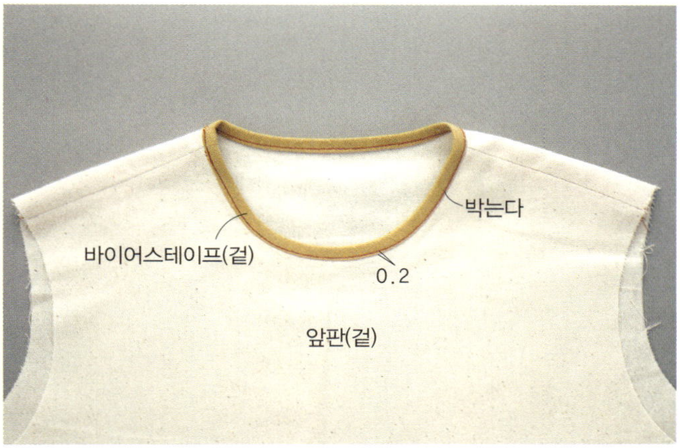

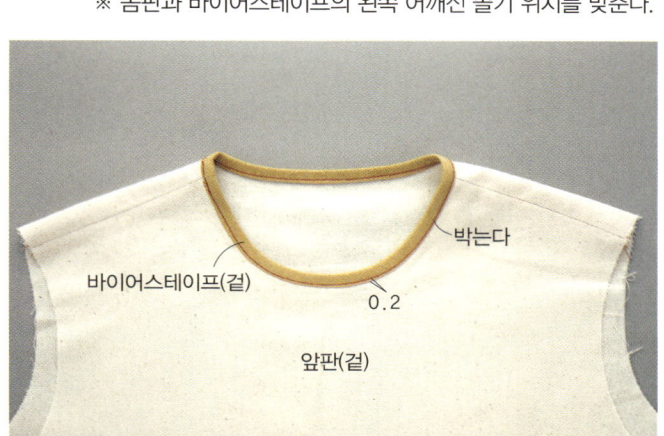

6 바이어스테이프를 겉으로 뒤집고, 3의 솔기를 숨기듯이 몸판 목둘레선을 싼 후 다려서 정리한다. 겉에서 한 바퀴 돌아가며 박는다.

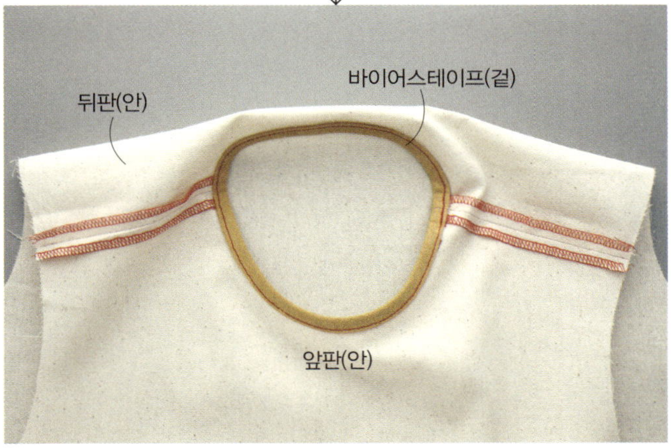

목둘레 처리하기

인바이어스 처리

바이어스테이프를 옷감 가장자리에 박고, 몸판 안쪽으로 바이어스테이프 전체를 접어 넘긴 뒤에 박는다. 겉에서 바이어스테이프가 보이지 않는다. ※ 목둘레선 쪽에 시접이 필요하다.

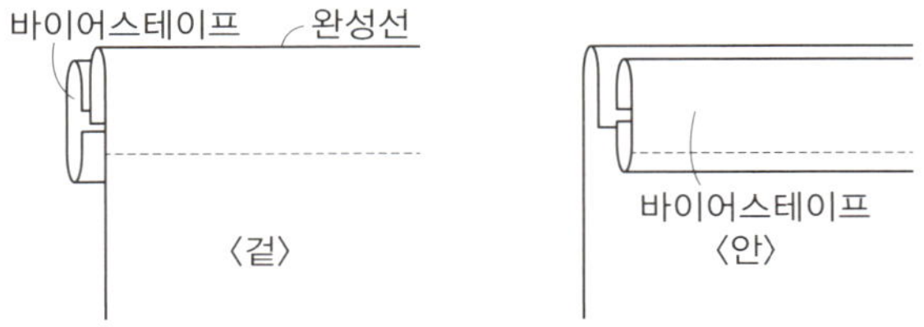

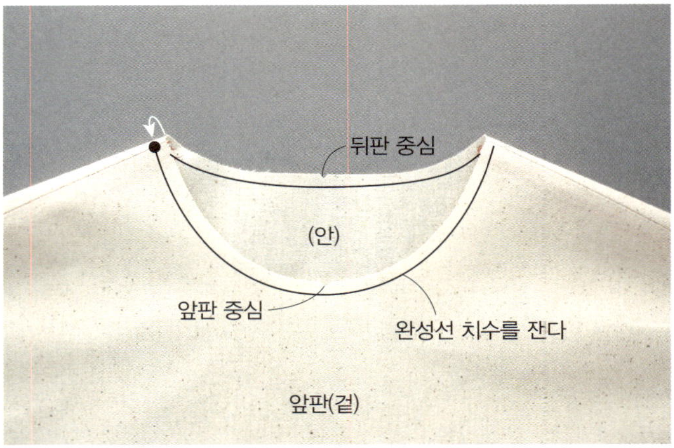

1 몸판 목둘레선(완성선) 치수를 잰다.
※ 실제로는 옷본의 완성선 길이를 잰다.

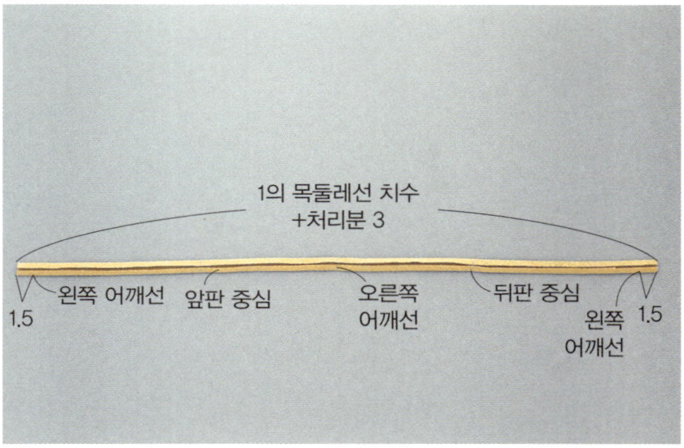

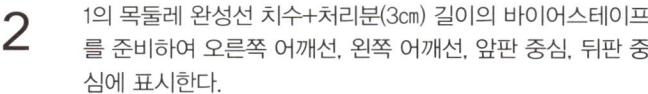

2 1의 목둘레 완성선 치수+처리분(3cm) 길이의 바이어스테이프를 준비하여 오른쪽 어깨선, 왼쪽 어깨선, 앞판 중심, 뒤판 중심에 표시한다.
→ P.99 '양쪽이 접힌 바이어스테이프 만들기' 참조.

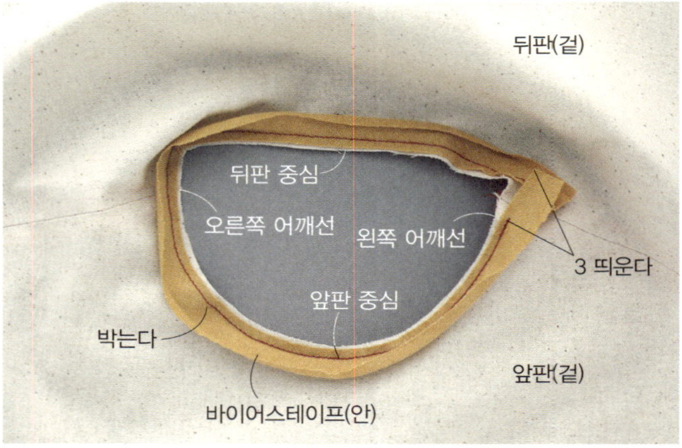

3 바이어스테이프의 한쪽 접음선을 벌려서 몸판의 겉과 테이프의 겉을 맞댄다. 왼쪽 어깨선에서부터 2에서 표시한 곳을 맞춰서 시침핀으로 고정한다. 테이프 끝에서 3cm 띄운 접음선 위(=완성선)를 박는다. ※ 반대쪽도 3cm 띄운다.

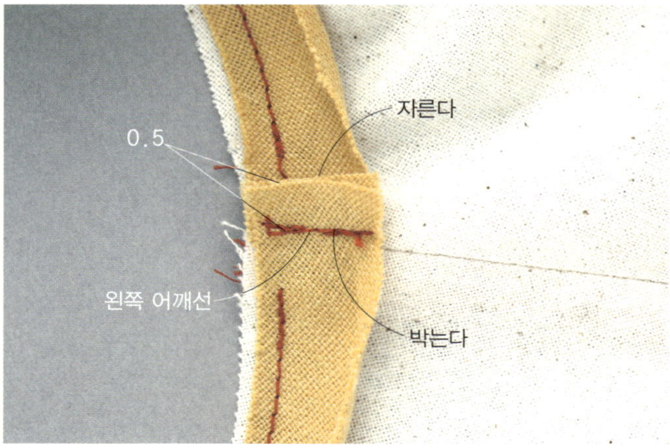

4 P.45의 4, 5와 같은 방법으로 한다.

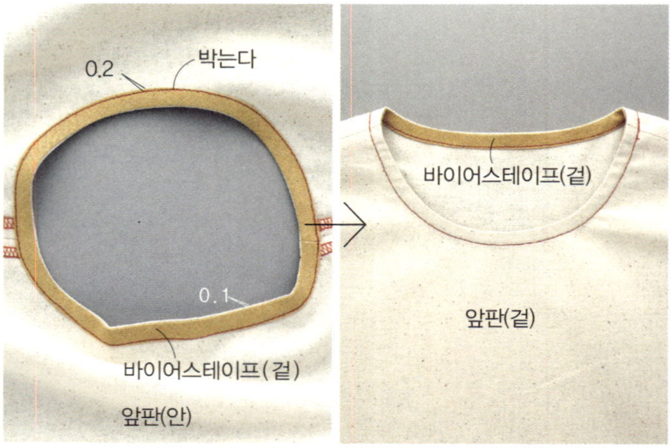

5 바이어스테이프 전체를 완성선에서 몸판 안쪽으로 접어 넘기고, 겉에서 바이어스테이프가 보이지 않도록 바이어스테이프를 0.1cm 들어가게 하여 다린 뒤에 한 바퀴 돌아가며 박는다.

목둘레 처리하기

안단 처리 / 브이 트임

앞·뒤쪽 안단을 이은 뒤에 몸판과 박는다. 가위집은 최소한으로 넣어서 겉쪽에 비치지 않게 한다. 초보자일 경우 바이어스 처리보다 안단 처리를 하면 더 깔끔하게 마무리하기 쉽다.

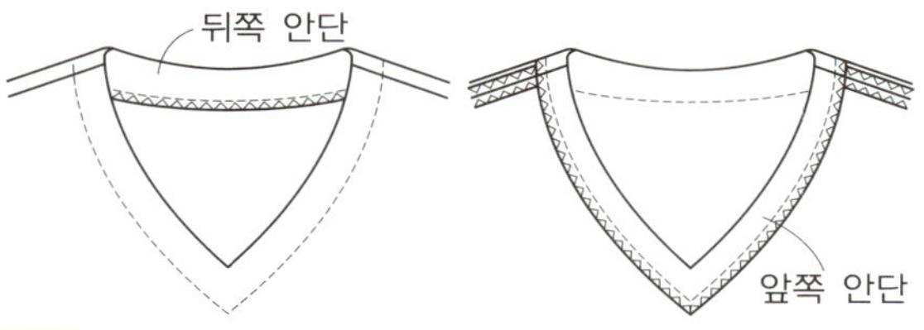

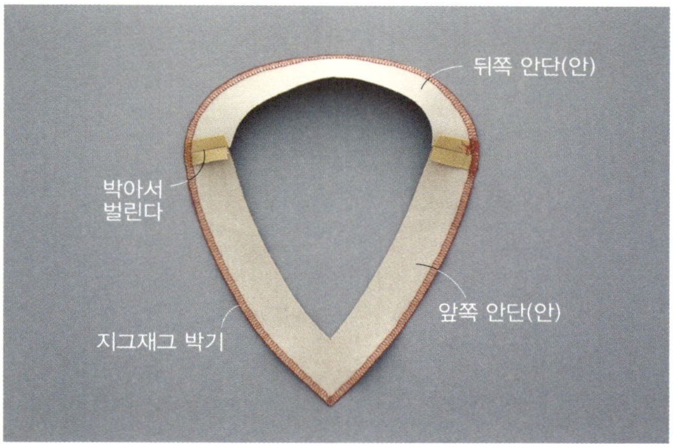

1 앞·뒤쪽 안단을 겉끼리 맞대어 어깨선을 박고, 시접을 벌린 뒤에 안단 둘레를 지그재그로 박는다.
→ 박는 법은 P.23 '어깨선 박기(안단)'를 참조.

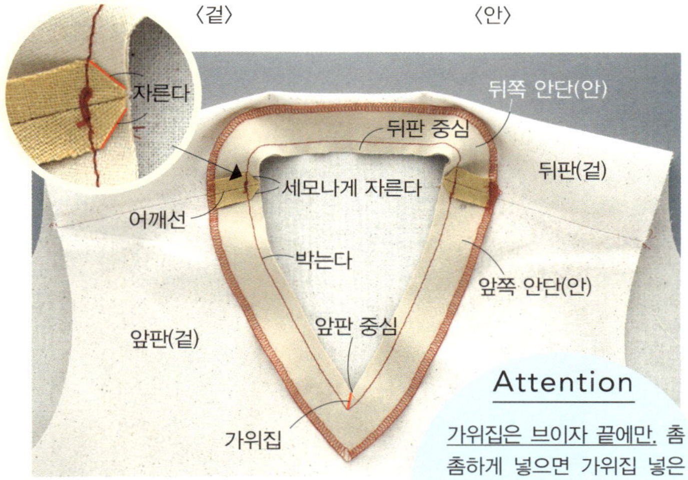

2 몸판과 안단을 겉끼리 맞대고 앞·뒤판 중심, 어깨선을 맞춰 완성선을 박는다. 안단 어깨선의 시접만 세모나게 자른다. 앞판 중심에 가위집을 넣는다.

Attention

가위집은 브이자 끝에만. 촘촘하게 넣으면 가위집 넣은 부분이 겉에 비친다(얇은 옷감은 특히 영향을 많이 받는다). 두꺼운 옷감일 때는 P.50의 2, 3을 참조.

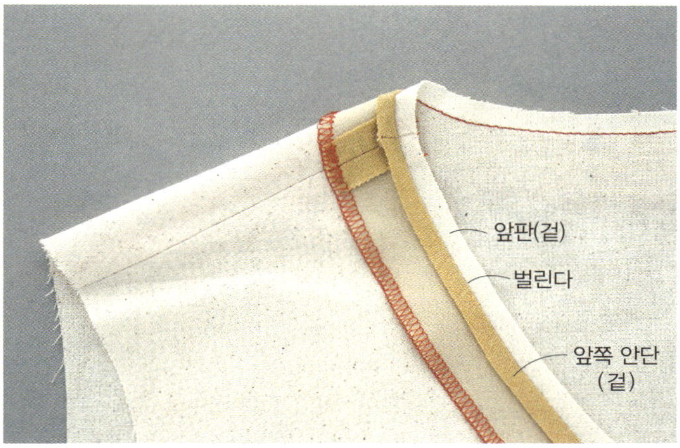

3 안단 시접을 벌린다.

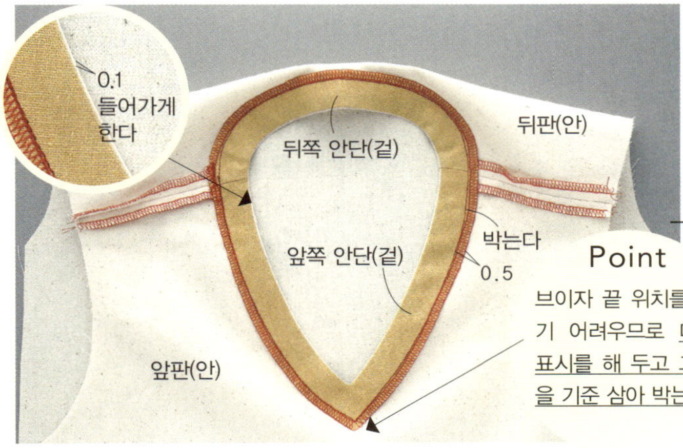

Point

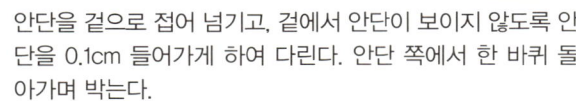

브이자 끝 위치를 알기 어려우므로 미리 표시를 해 두고 그것을 기준 삼아 박는다.

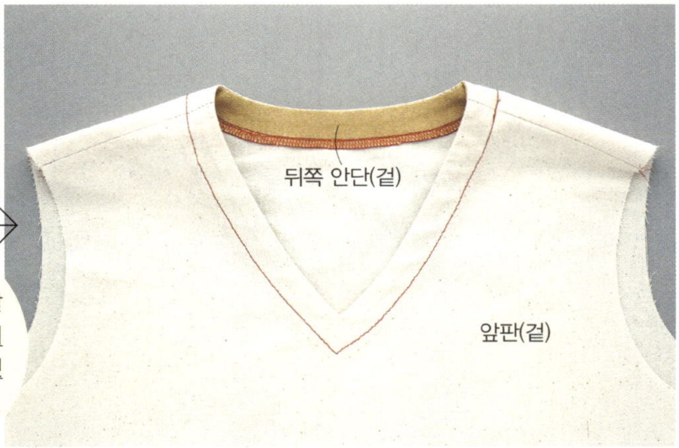

4 안단을 겉으로 접어 넘기고, 겉에서 안단이 보이지 않도록 안단을 0.1cm 들어가게 하여 다린다. 안단 쪽에서 한 바퀴 돌아가며 박는다.

목둘레 처리하기

안단 처리 / 슬래시 트임

몸판과 안단을 이은 뒤에 가위집을 넣어서 트임을 만든다.

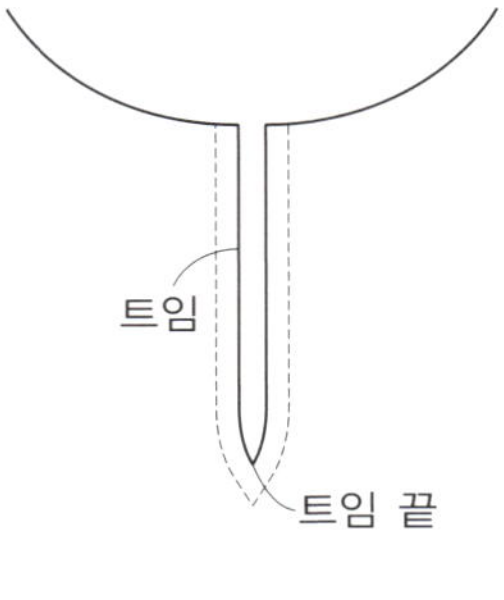

〈겉〉

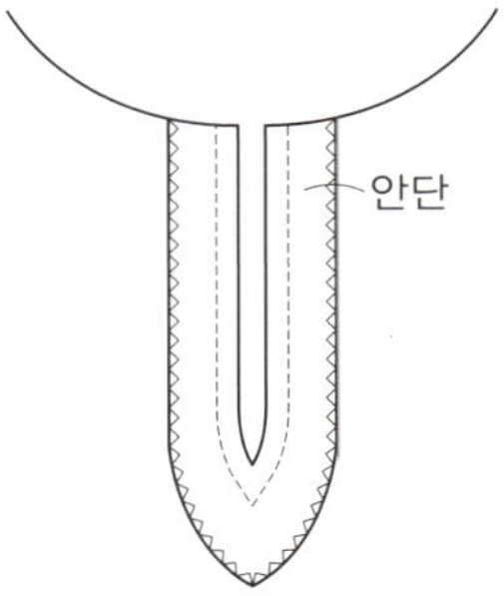

〈안〉

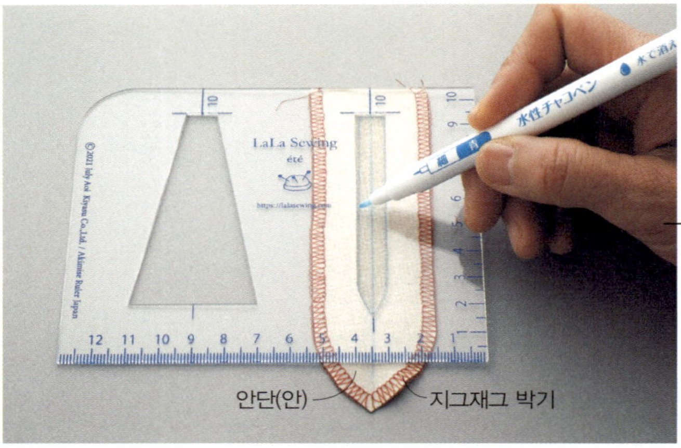

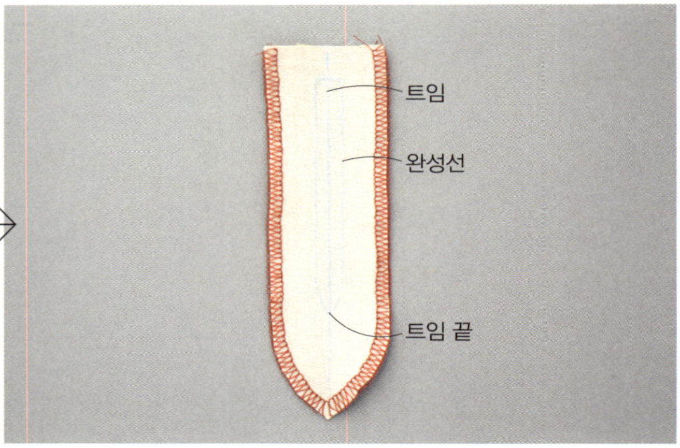

1 안단 둘레를 지그재그로 박는다. 책의 옷본대로 트임과 완성선 부분에 선을 그린다.

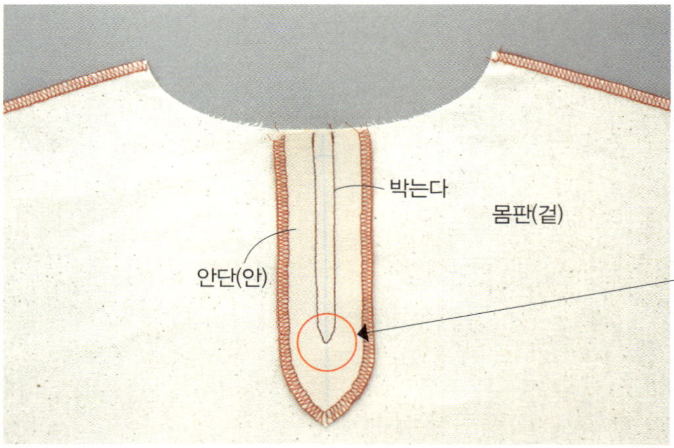

2 몸판과 안단을 겉끼리 맞대고 완성선을 박는다. 트임 끝의 앞뒤 약 1cm는 바늘땀을 1.5mm로 한다.

Point

<u>트임 끝 부분의 앞뒤는 바늘땀을 촘촘하게 해서 박으면 곡선을 박기 쉽다.</u> 또 3에서 넣는 가위집에서 옷감이 찢어지는 것도 막아 준다.

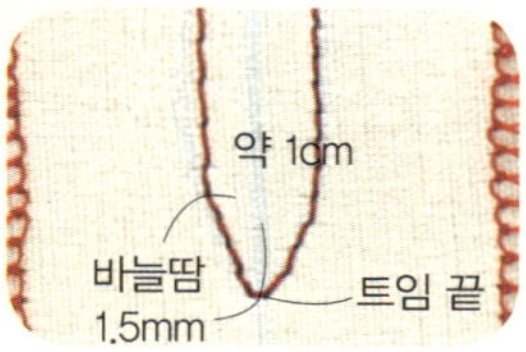

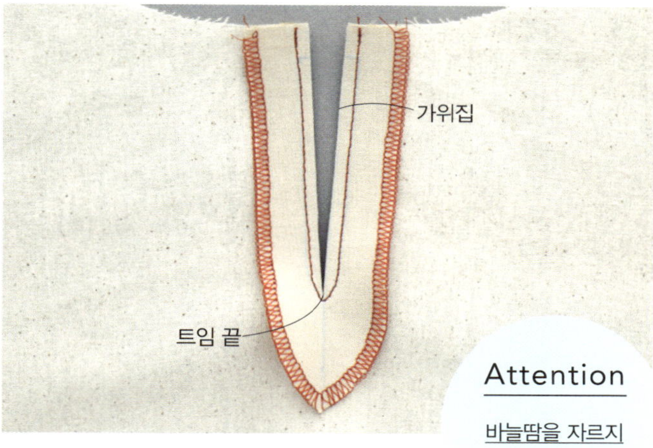

3 트임 부분에 트임 끝에 거의 닿도록 가위집을 넣는다.

Attention

바늘땀을 자르지 않도록 주의.

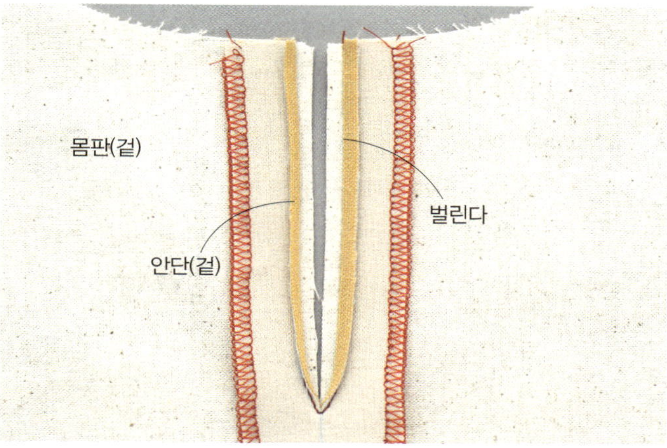

4 안단 시접을 솔기에서 벌린다.

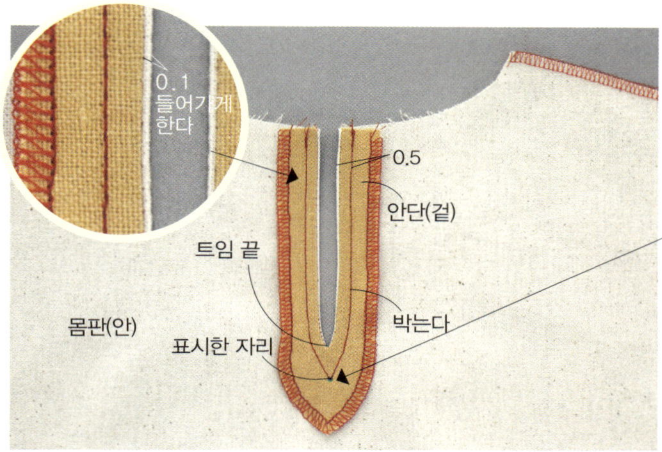

5 안단을 겉으로 접어서 넘기고, 겉에서 안단이 보이지 않도록 안단을 0.1cm 들어가게 해서 다려서 박는다.

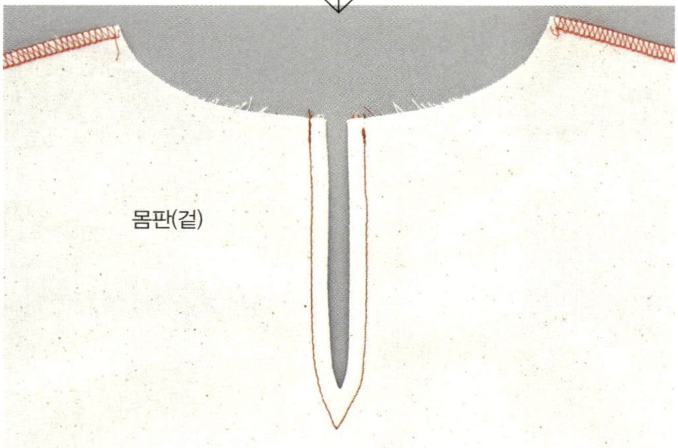

Point

트임 끝 쪽을 어디까지 박으면 될지 알아보기 어려우므로 박음질 끝 위치에 표시를 하고 그것을 기준으로 하여 박는다.

목둘레 처리하기

안단 처리 / 라운드

기본적으로는 P.47 '목둘레 처리하기(안단 처리 / 브이 트임)'과 같다. 두꺼운 옷감으로 만드는 법을 소개한다.

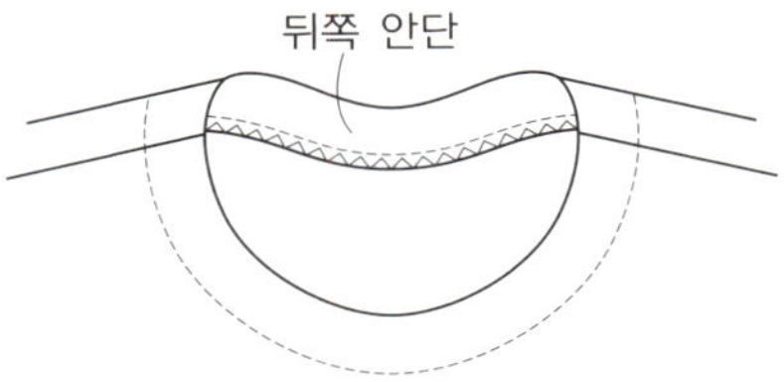

〈겉〉

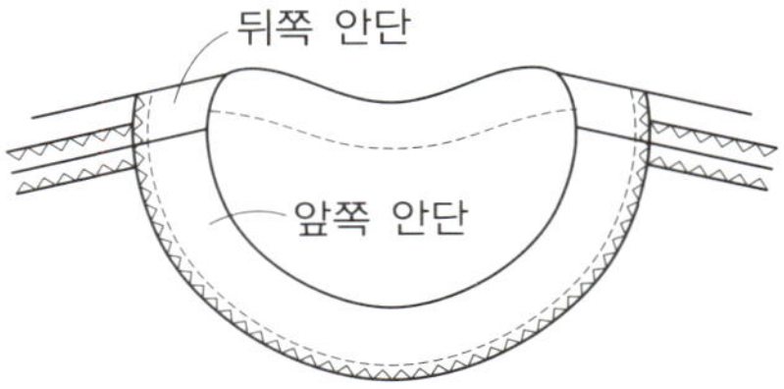

〈안〉

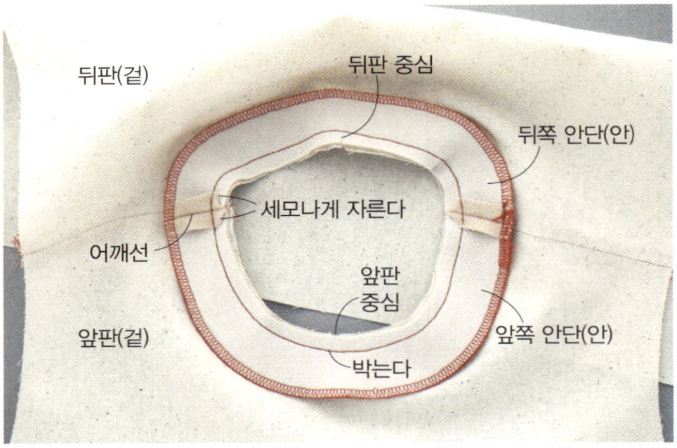

1 P.47의 1, 2와 같은 방법으로 한다. 안단의 어깨선 시접만 세모나게 자르고 가위집은 넣지 않는다.

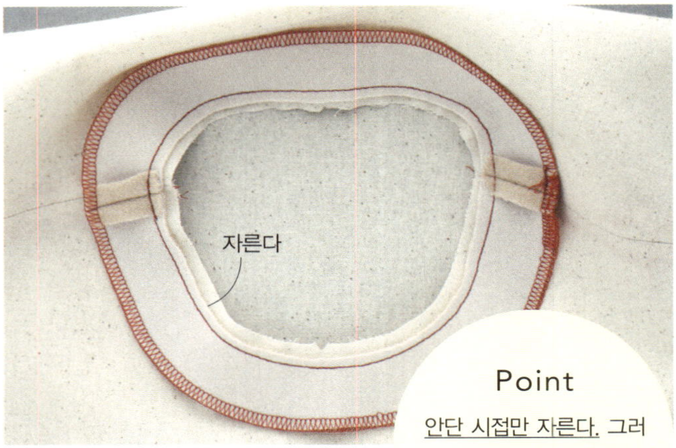

2 두꺼운 옷감일 때만 안단 시접을 반으로 자른다.

Point

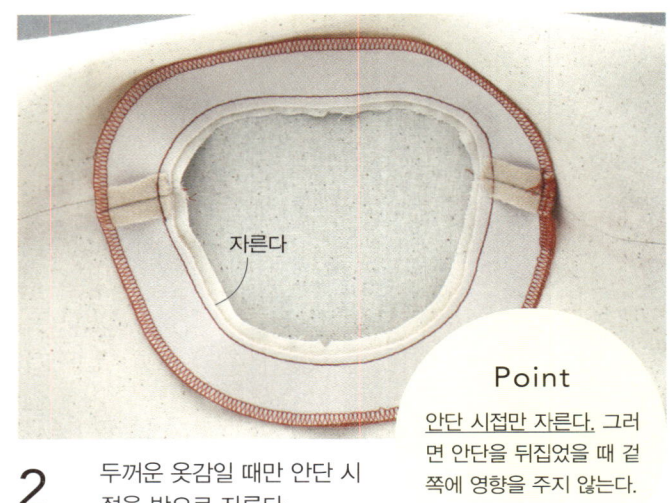

안단 시접만 자른다. 그러면 안단을 뒤집었을 때 겉쪽에 영향을 주지 않는다.

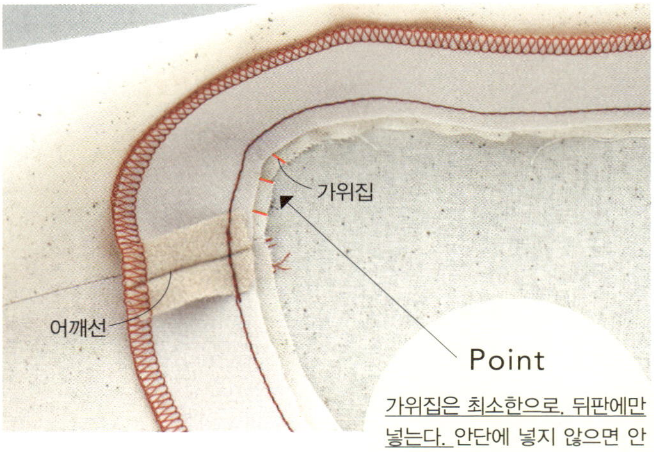

3 두꺼운 옷감일 때만 뒤판 어깨선 바로 옆의 좌우에 있는 곡선이 급한 부분에 완성선보다 0.2cm 앞까지 1cm 간격으로 가위집을 넣는다.

Point

가위집은 최소한으로, 뒤판에만 넣는다. 안단에 넣지 않으면 안단을 겉으로 뒤집었을 때 겉쪽에 영향을 주지 않는다.

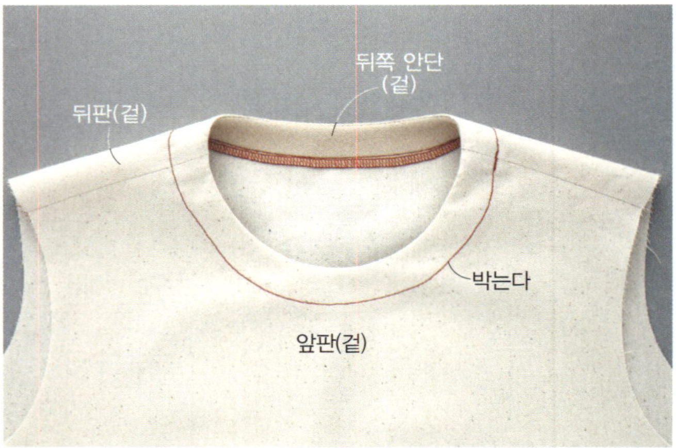

4 P.47의 3, 4와 같은 방법으로 한다.

소매 만들어서 달기
소매 달기
옆선 박기

소매 만들어서 달기

세트인 슬리브

몸판 어깨선에서 소매 옆선을 향해 거의 수직으로 진동둘레가 있는 스타일이 세트인 슬리브. 소매 옆선을 박아서 소매를 만든 후에 어깨선과 옆선 박음질이 끝난 몸판과 잇는다.

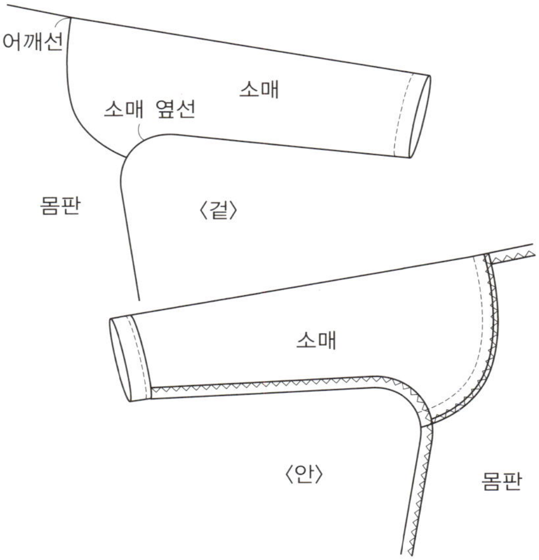

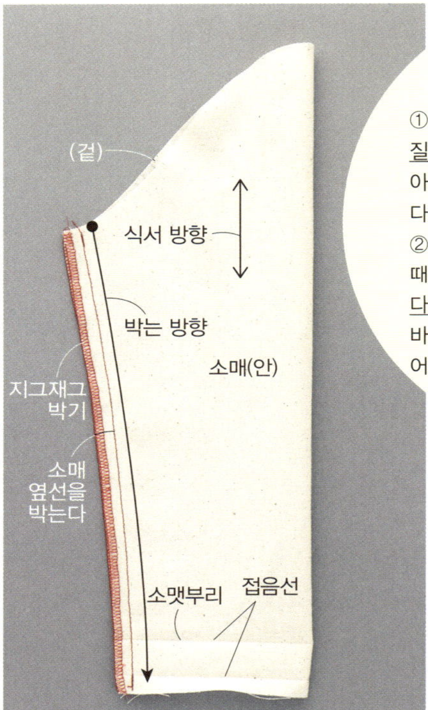

Point

① 소매 옆선을 박기 전에 소맷부리를 다림질해서 접음선을 내 두면, 소매 옆선을 박아서 통 모양이 된 후에 접어 다리는 것보다 편하고 깔끔하게 작업할 수 있다.
② 지그재그로 박을 때, 소매 옆선을 박을 때는 어깨선 쪽에서 소맷부리를 향해 박는다. 소맷부리에서 어깨선 쪽을 향해 박으면 바이어스 방향으로 박는 것이라 옷감이 늘어나서 어긋나기 쉽다.

1 소매 옆선 쪽을 지그재그로 박는다. 소매의 소맷부리 쪽을 완성선에서 접고 다려서 접음선을 낸다(사진은 두 번 접은 것). 접음선을 벌려서 소매 옆선을 겉끼리 맞닿게 접어 완성선을 박고 시접은 벌린다.

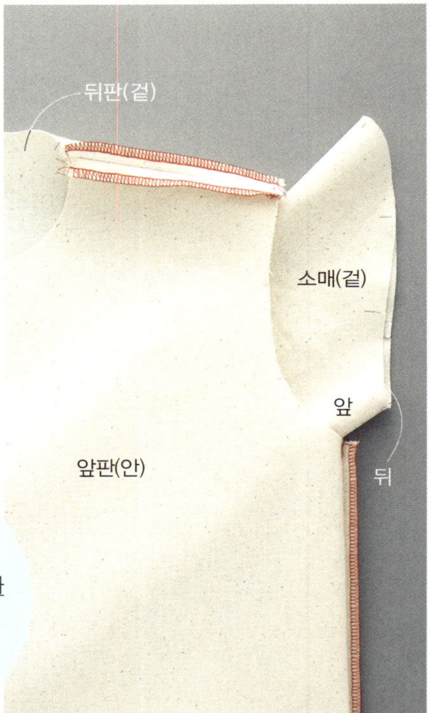

Attention

앞판과 소매 앞쪽, 뒤판과 소매 뒤쪽을 맞춘다.

2 소매를 겉으로 뒤집고, 몸판과 소매를 겉으로 맞대듯이 하여 몸판 속에 소매를 넣는다.
※ 옆선은 P.58 '옆선 박기'를 참조하여 박아 둔다.

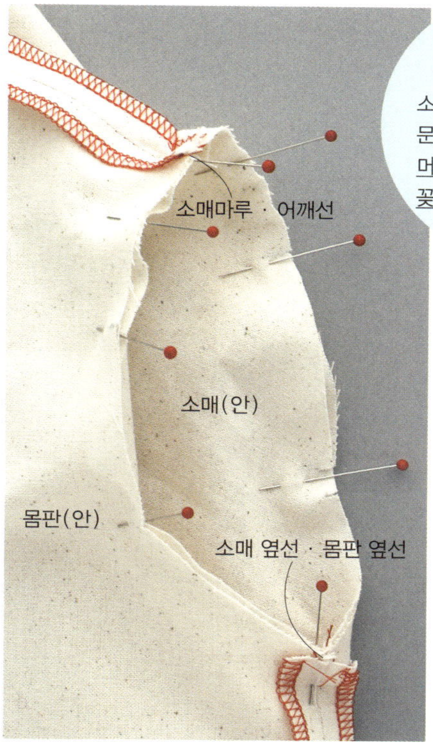

Attention

소매를 위로 하여 박기 때문에 소매를 보며 시침핀 머리가 바깥쪽에 오도록 꽂는다.

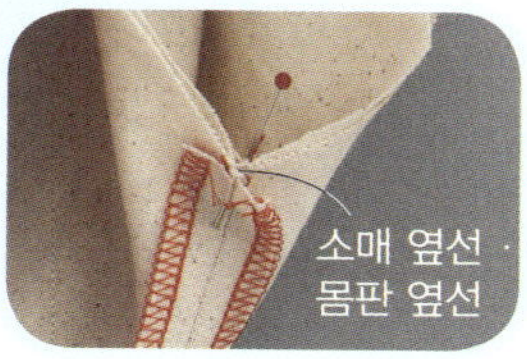

3 소매마루와 어깨선, 소매 옆선과 몸판 옆선, 맞춤 표시를 맞춰서 시침핀으로 고정한다. 그 뒤에 시침핀과 시침핀 사이를 다시 고정한다.

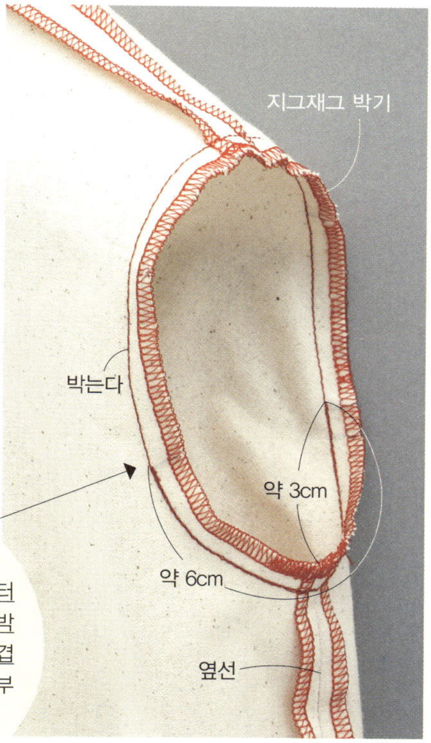

Point

옆선의 약 3cm 앞에서부터 박기 시작하고, 끝낼 때는 박기 시작한 부분과 약 6cm 겹친다. 제일 힘을 많이 받는 부분을 겹쳐서 박는다.

4 완성선을 한 바퀴 돌아가며 박는다. 시접은 2장을 같이 지그재그로 박아서 몸판 쪽으로 넘긴다.

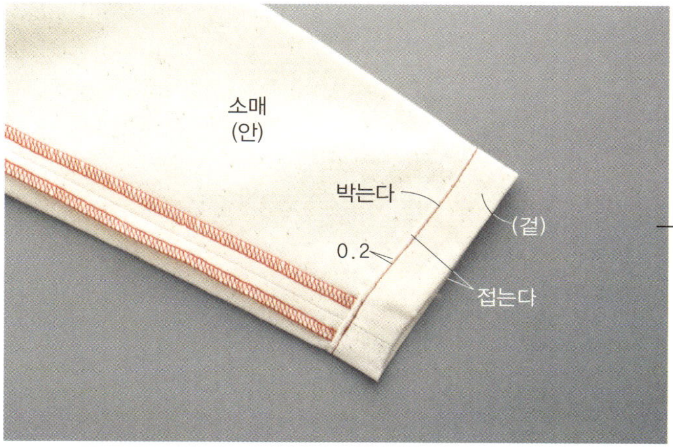

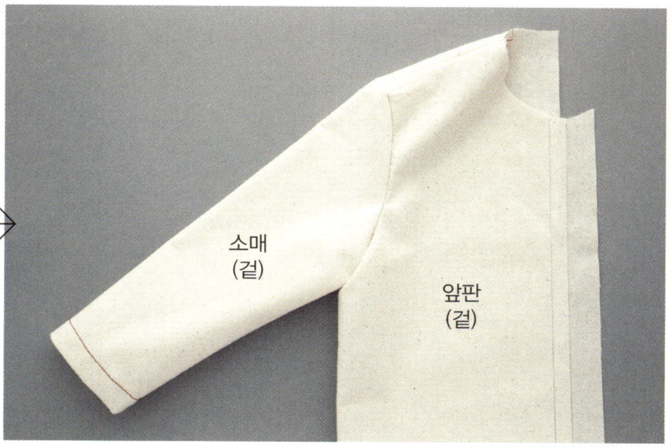

5 1의 접음선에서 소맷부리를 두 번 접어서 박는다.
→ P.70 '소맷부리 박기(두 번 또는 한 번 접어 박기)' 참조.

겉으로 뒤집는다.

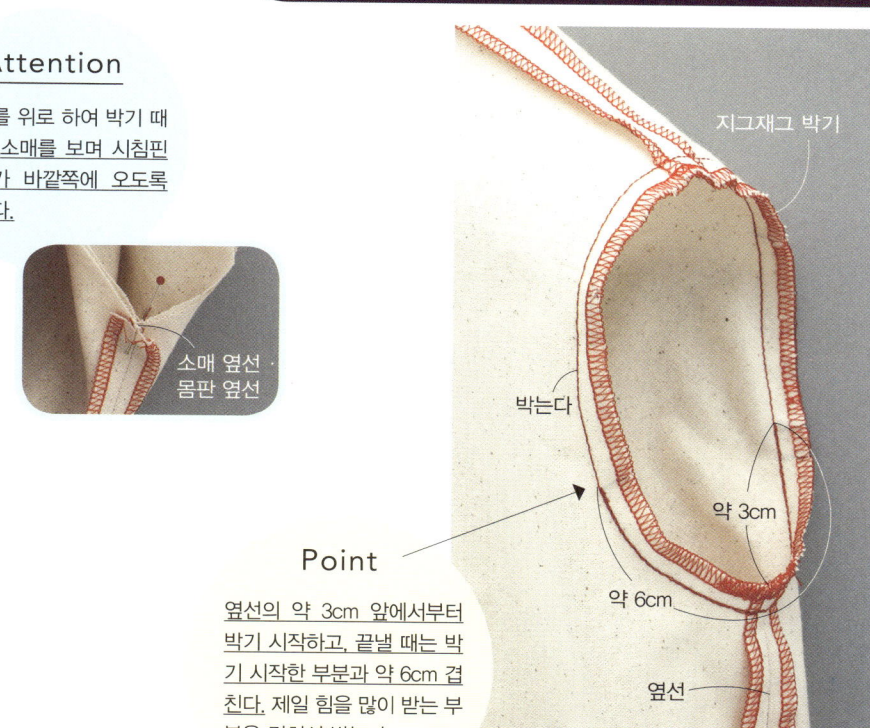

소매 만들어서 달기

세트인 슬리브 / 개더 소매

P.52와 다는 법은 같고, 소매마루 쪽에 개더를 잡아서 봉긋하게 만든 소매.

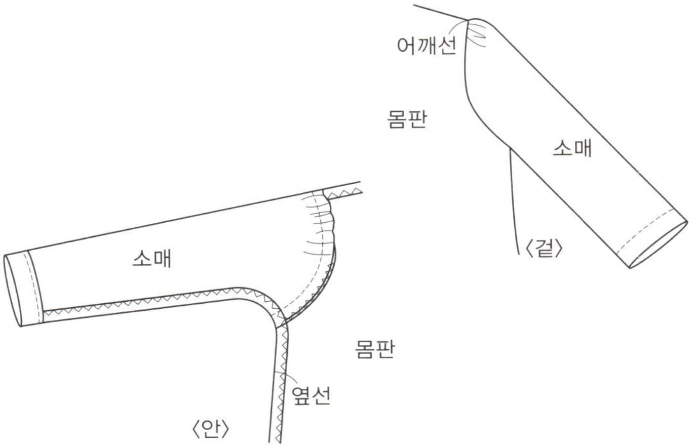

Point

<u>소매 옆선을 박기 전에 소맷부리를 다림질해서 접음선을 내 두면,</u> 소매 옆선을 박아서 통 모양이 된 후에 접어 다리는 것보다 편하고 깔끔하게 작업할 수 있다.

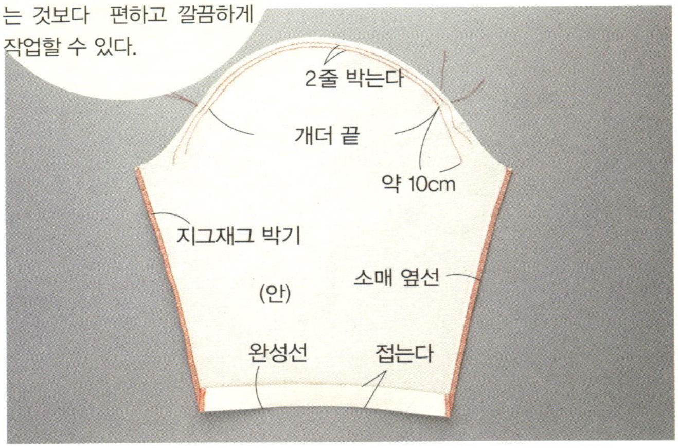

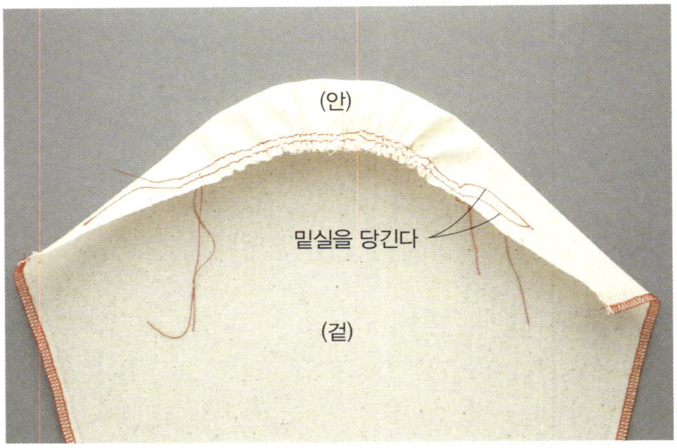

1 소매 옆선 쪽을 지그재그로 박는다. 소맷부리 쪽을 완성선에서 접고 다려서 접음선을 낸다(사진은 두 번 접은 것). 소매마루에 겉쪽에서 큰 땀으로 성기게 2줄 박는다. 실 끝은 약 10cm 남긴다. → P.98 '개더 잡는 법' 참조.

2 소매 안쪽을 보면서 소매마루 쪽이 몸판 진동둘레보다 짧아지도록 밑실을 당겨서 개더를 넉넉하게 잡는다.

Point

<u>옷감 가장자리에서 안쪽 바늘땀까지 다린다.</u> 몸판과 이을 때 작업하기 쉽도록 꽉 눌러 준다.

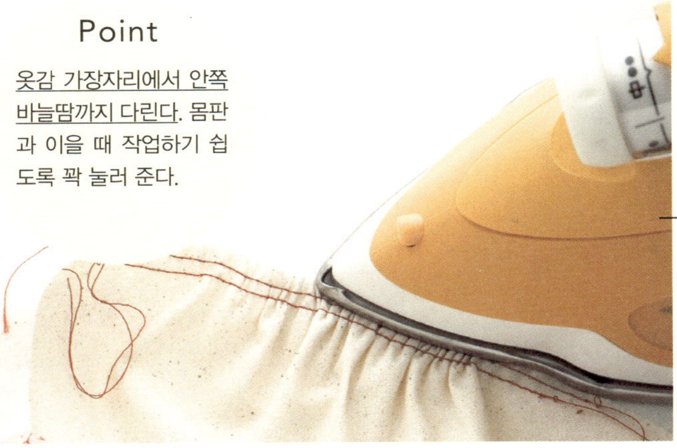

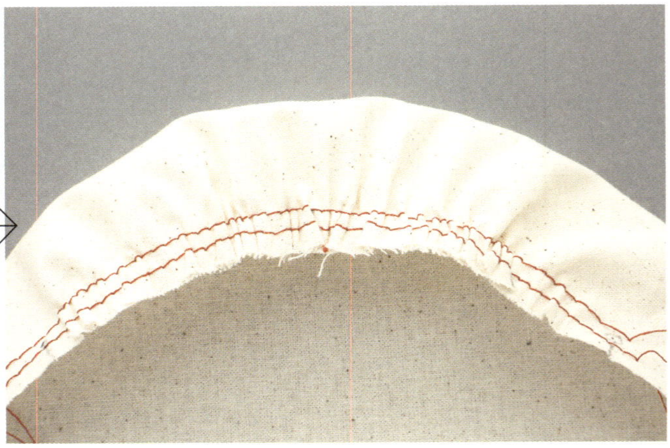

3 다리미로 주름산을 눌러서 평평하게 만든다.

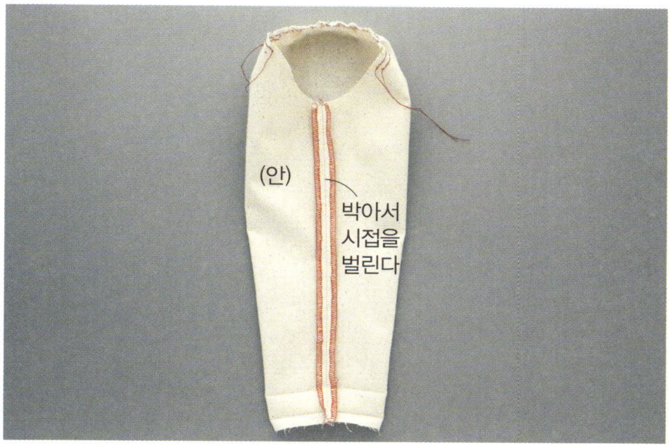

4 소맷부리의 접음선을 벌려서 소매 옆선을 겉끼리 맞닿게 접은 뒤에 완성선을 박고 시접을 벌린다.

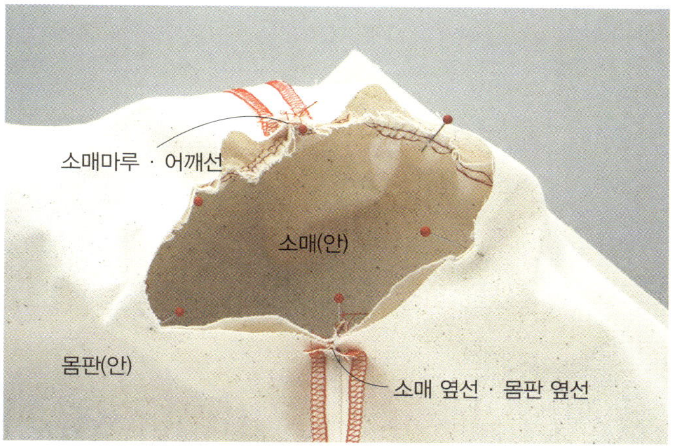

5 P.52의 2, 3과 같은 방법으로 소매마루와 어깨선, 소매 옆선과 몸판 옆선, 맞춤 표시를 맞춰서 시침핀으로 고정한다.

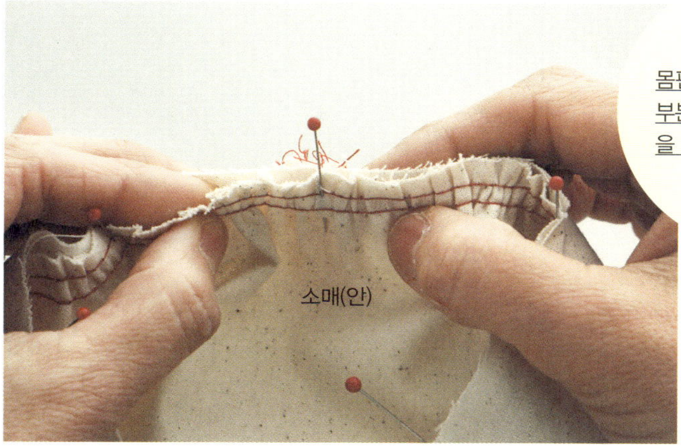

6 소매의 개더를 손가락으로 훑어서 조심스럽게 펴면서 진동 둘레와 길이를 맞춘다.

Point

몸판과 소매 사이에 뜬 부분이 없도록 옷감 2장을 잘 붙인다.

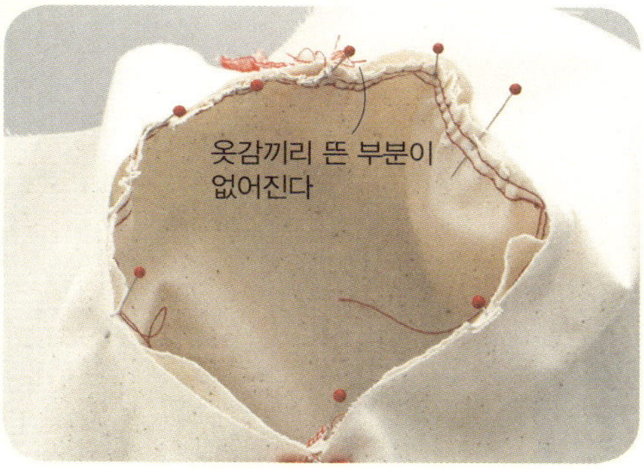

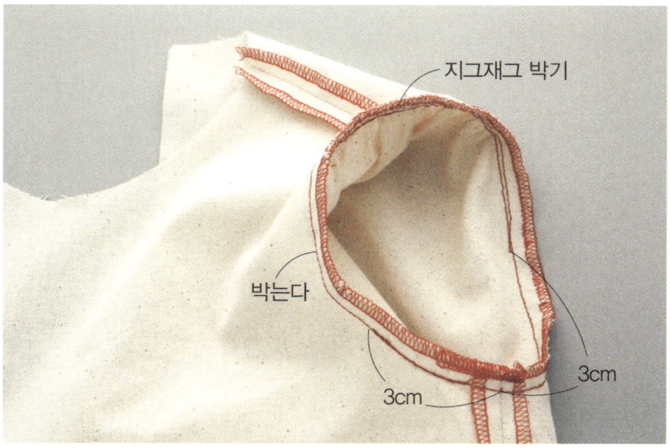

7 P.53의 4, 5와 같은 방법으로 한다.

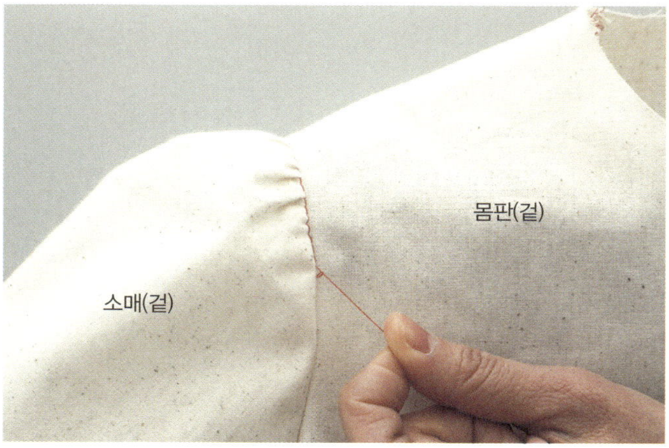

8 겉쪽에 나온 쪽의 1의 실 1가닥을 뽑는다.

소매 달기

드롭트 숄더 슬리브

소매 다는 선이 어깨선보다 팔 쪽으로 내려간 타입의 소매.
소매마루 곡선이 세트인 슬리브에 비해 완만해서 소매를 달기 쉽다. 소매를 단 뒤에 몸판 옆선과 소매 옆선을 한 번에 박는다.

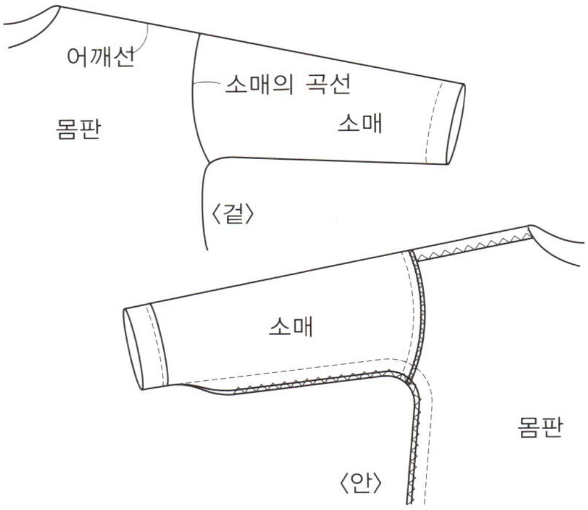

Point

소매 옆선을 박기 전에 소맷부리를 다림질해서 접음선을 내두면 소매 옆선을 박아서 통 모양이 된 후에 접어 다리는 것보다 편하고 깔끔하게 작업할 수 있다.

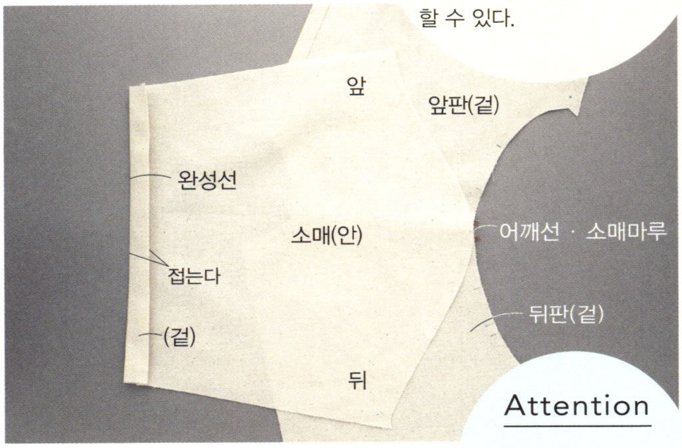

Attention

앞판과 소매 앞쪽 뒤판과 소매 뒤쪽이 맞도록 한다.

1 소맷부리 쪽을 완성선에서 접고 다려서 접음선을 낸다. 몸판과 소매를 겉끼리 맞대고 어깨선과 소매마루를 시침핀으로 고정한다.

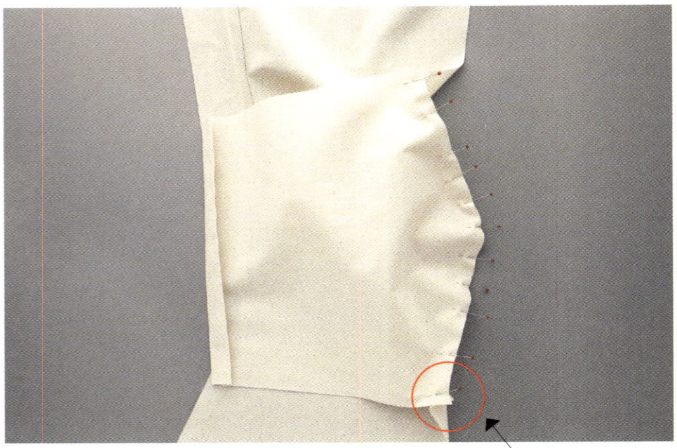

2 소매 옆선, 맞춤 표시를 시침핀으로 고정한 뒤에 시침핀과 시침핀 사이를 같은 간격으로 다시 고정한다.

Point

소매 옆선에는 진동둘레에 맞춘 시접이 달렸을 때가 많으므로, 소매 옆선 모서리의 완성선에 표시를 해 두면 시침핀으로 고정하기 쉽다.

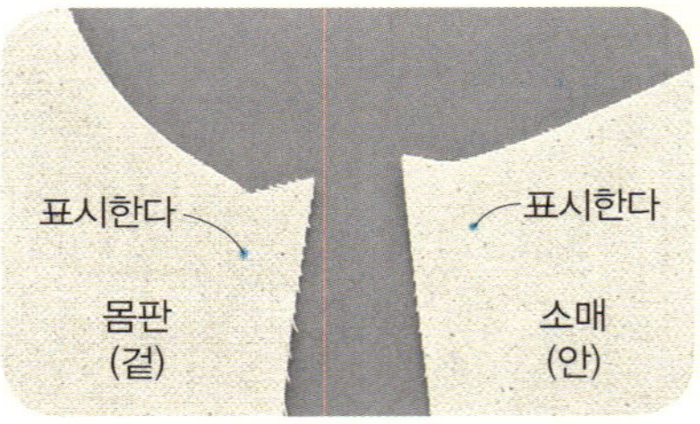

3 진동둘레를 완성선에서 박는다. 시접은 2장을 같이 지그재그로 박아서 몸판 쪽으로 넘긴다.

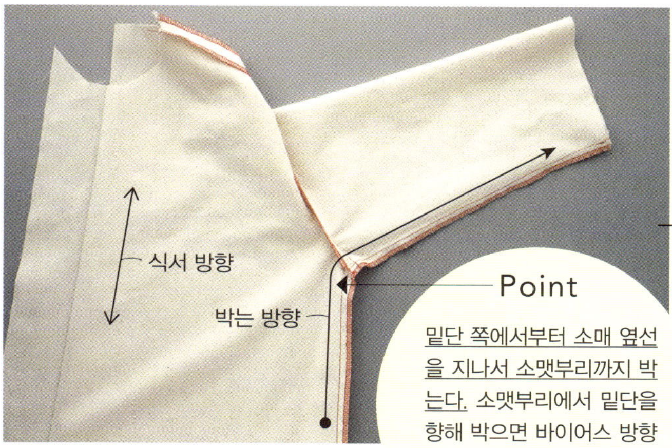

식서 방향
박는 방향
Point
밑단 쪽에서부터 소매 옆선을 지나서 소맷부리까지 박는다. 소맷부리에서 밑단을 향해 박으면 바이어스 방향으로 박는 것이라 옷감이 늘어나서 어긋나기 쉽다.

4 몸판 옆선과 소매 옆선을 계속하여 완성선에서 박는다. 시접은 2장을 같이 지그재그로 박아서 뒤쪽으로 넘기고 다린다.

5 P.53의 5와 같은 방법으로 한다.

개더 소매일 때

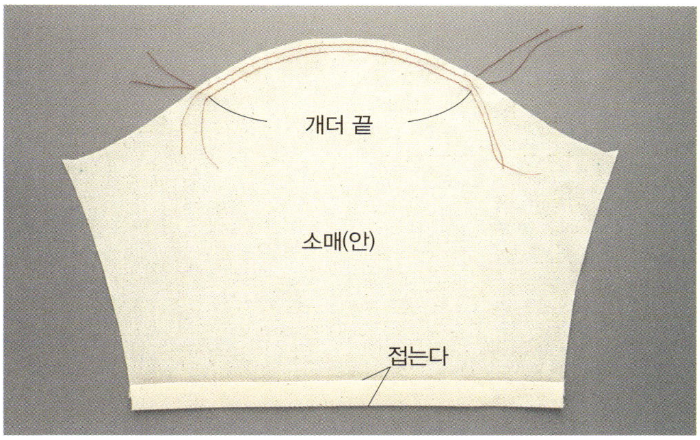

1 P.56의 1을 참조하여 소맷부리를 접고, 소매마루에 겉쪽에서 큰 땀으로 성기게 2줄을 박는다. 실 끝은 약 10cm 남긴다.→ P.98 '개더 잡는 법' 참조.

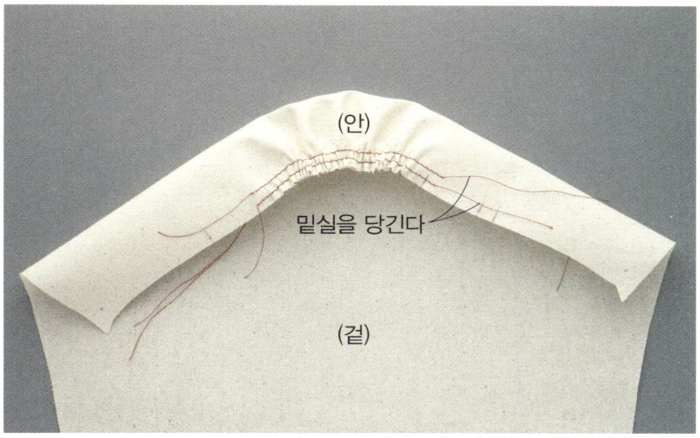

2 옷감 안쪽을 보면서 소매마루 쪽이 몸판 진동둘레보다 짧아지도록 밑실을 당겨서 개더를 넉넉히 잡는다.

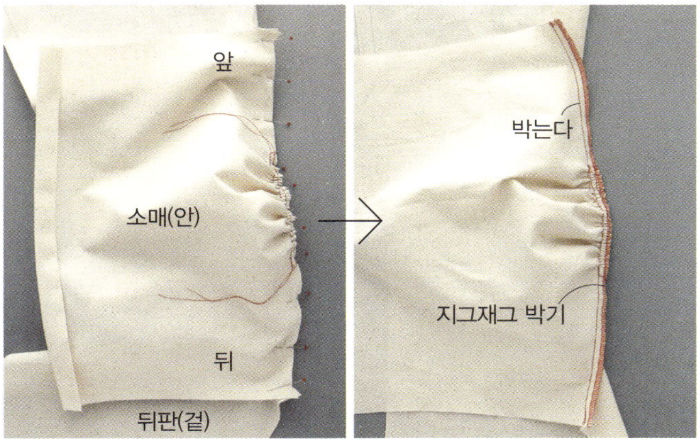

3 P.54의 3과 같은 방법으로 다려서 개더의 주름산을 누른다. P.56의 1~3, 위의 4~5, P.55의 8과 같은 방법으로 한다.

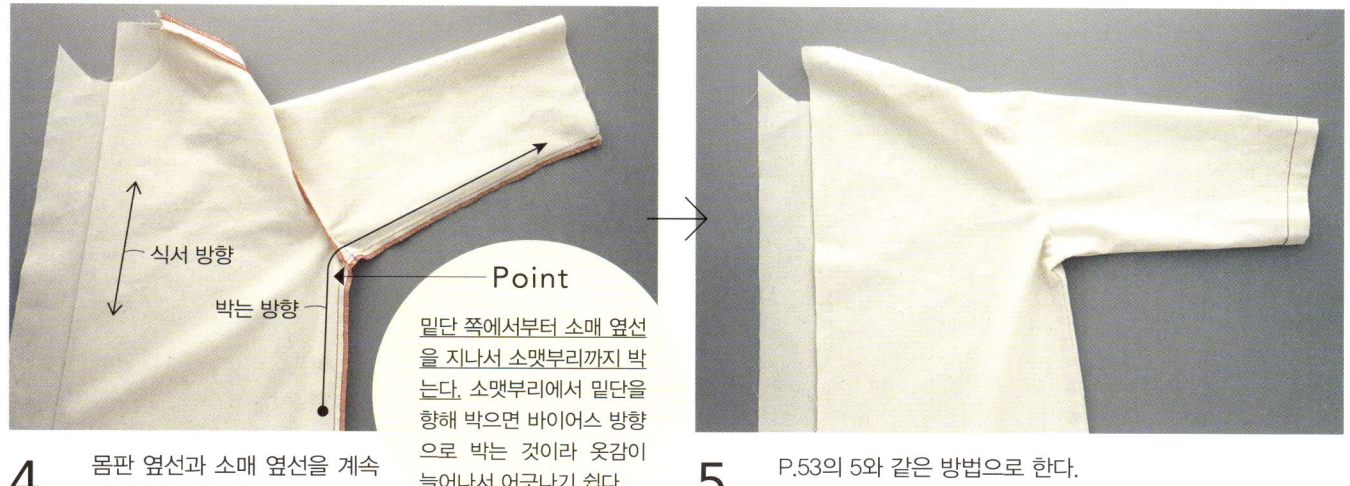

옆선 박기

몸판, 팬츠, 스커트, 원피스 등 어느 부분에도
옆선을 박는 과정이 있다. 박는 방향이 포인트.

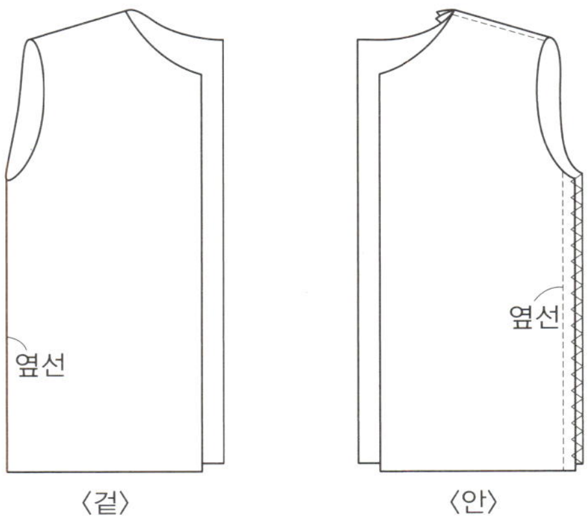

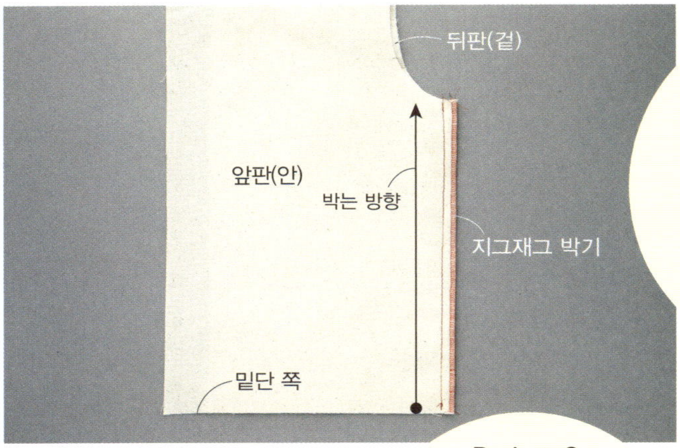

앞 · 뒤판을 겉끼리 맞대고 완성선을 박는다. 시접은 2장을 같이 지그재그로 박는다.

Point 1

밑단 쪽에서부터 소매 옆선 쪽(팬츠나 스커트는 밑단 쪽에서부터 허리선 쪽)을 향해서 박는다. 소매 옆선 쪽에서부터 밑단을 향해서 박으면 바이어스 방향으로 박게 되므로, 옷감이 늘어나서 어긋나기 쉽다.

Point 2

두꺼운 옷감을 사용할 때는 옆선을 박기 전에 지그재그로 박아 두고, 옆선을 박은 뒤에 시접을 벌리는 편이 시접 두께가 분산되어 깔끔하게 완성된다.

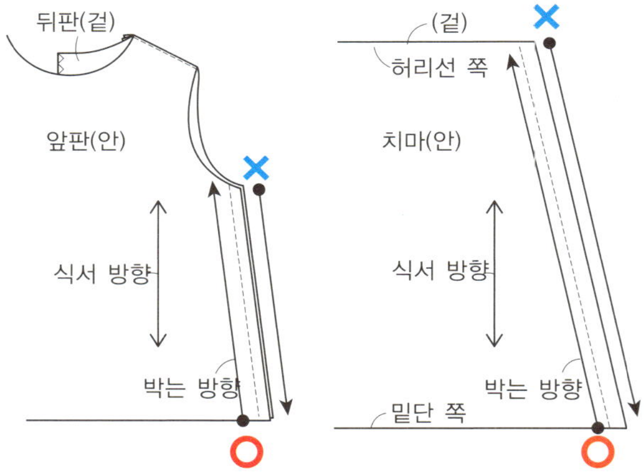

지퍼 달기

지퍼 달기

에프론 지퍼
플랫 니트 지퍼

자주 쓰는 일반적인 지퍼 다는 법이다.
두 지퍼 모두 얇고 부드러운 것이 매력.
원하는 길이만큼 가위로 자를 수 있다.

※ 뒤트임이고, 시접은 1.5cm로 해설.

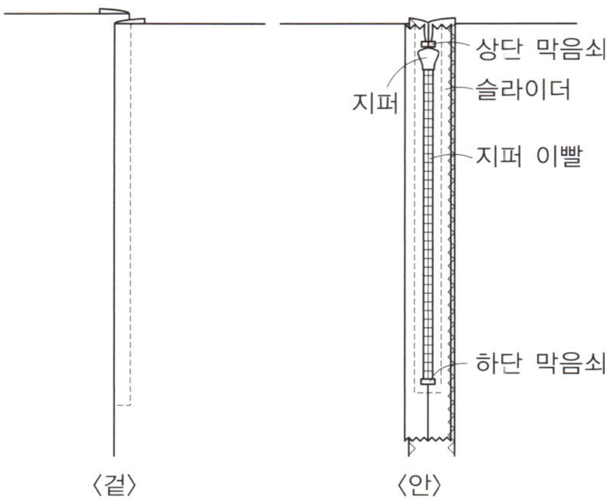

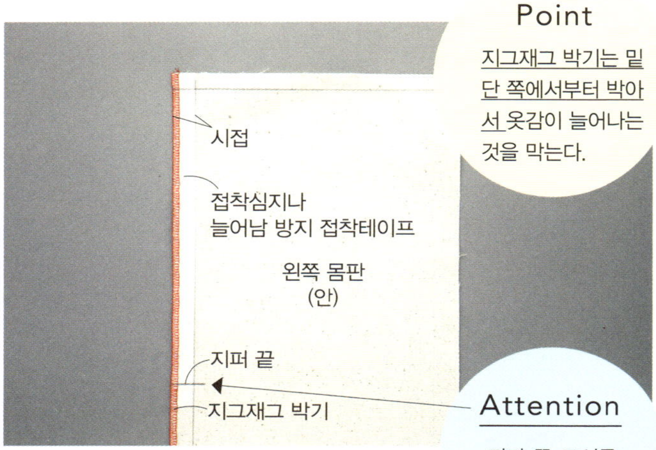

Point

지그재그 박기는 밑단 쪽에서부터 박아서 옷감이 늘어나는 것을 막는다.

Attention

지퍼 끝 표시를 확실하게 한다.

1 왼쪽·오른쪽 몸판 안쪽의 지퍼 다는 위치 쪽 시접에 접착심지나 늘어남 방지 접착테이프를 붙인다(지퍼 끝의 1~1.5cm 아래까지). 옆선을 지그재그로 박는다.

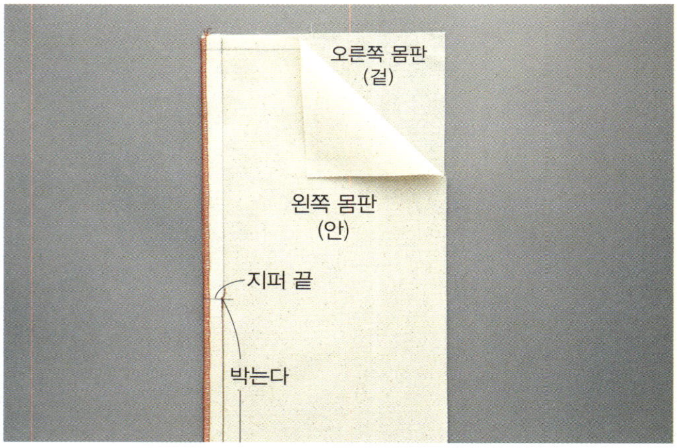

2 왼쪽 · 오른쪽 몸판을 겉끼리 맞대고 밑단에서부터 지퍼 끝까지 완성선을 박는다.

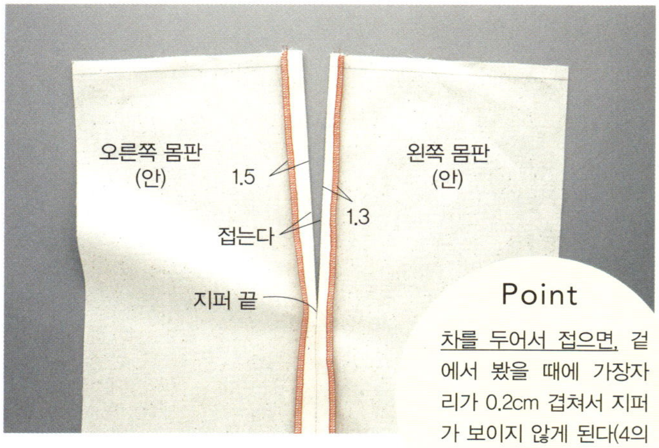

Point

차를 두어서 접으면, 겉에서 봤을 때에 가장자리가 0.2cm 겹쳐서 지퍼가 보이지 않게 된다(4의 Attention 사진 참조).

3 시접을 벌려서 지퍼 끝보다 위(지퍼를 다는 위치)의 시접을 오른쪽은 1.5cm, 왼쪽은 1.3cm로 접는다.

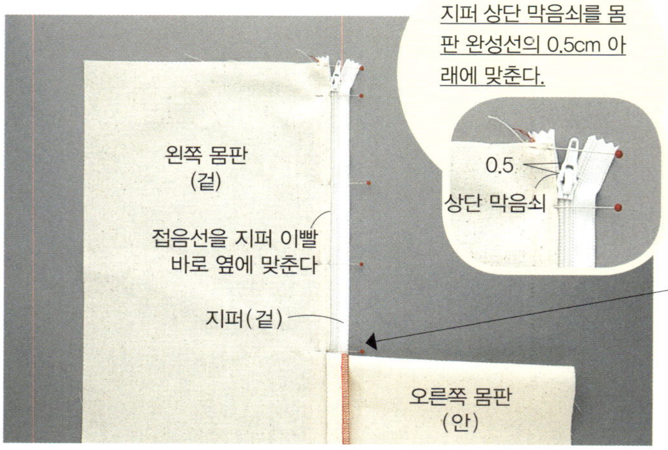

Point

지퍼 상단 막음쇠를 몸판 완성선의 0.5cm 아래에 맞춘다.

4 지퍼에 몸판을 올리고 시침핀으로 고정한다.

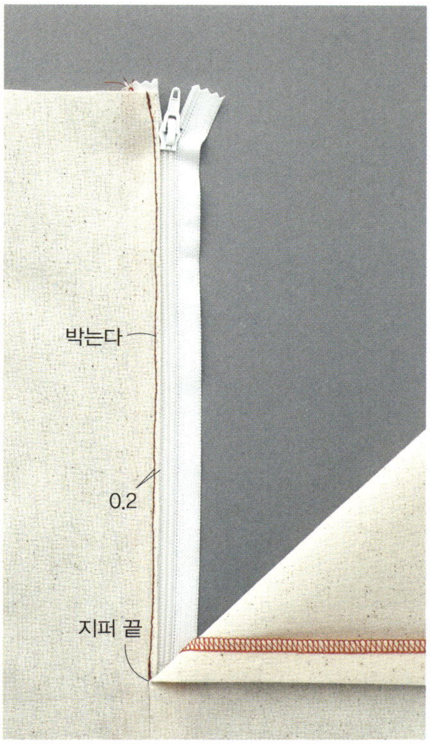

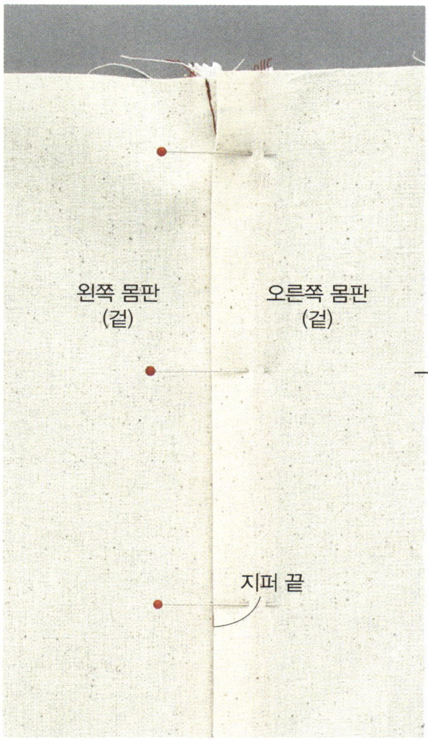

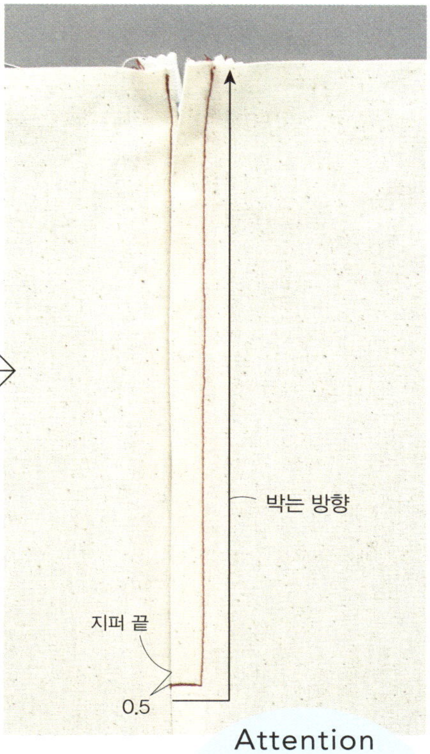

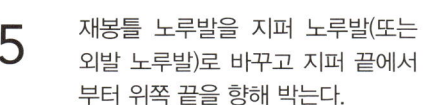

5 재봉틀 노루발을 지퍼 노루발(또는 외발 노루발)로 바꾸고 지퍼 끝에서부터 위쪽 끝을 향해 박는다.

6 앞쪽을 지퍼에 겹치듯이 하여 시침핀으로 고정하고, 박을 때 지퍼 이빨이 말려들지 않도록 손가락으로 확인하며 L자로 박는다.

Attention

지퍼 노루발 위치를 바꾸고, 지퍼 끝 쪽에서부터 위쪽 끝을 향해 지퍼 끝의 0.5cm 아래에서부터 L자로 박는다. 지퍼 이빨까지 박지 않도록 주의.

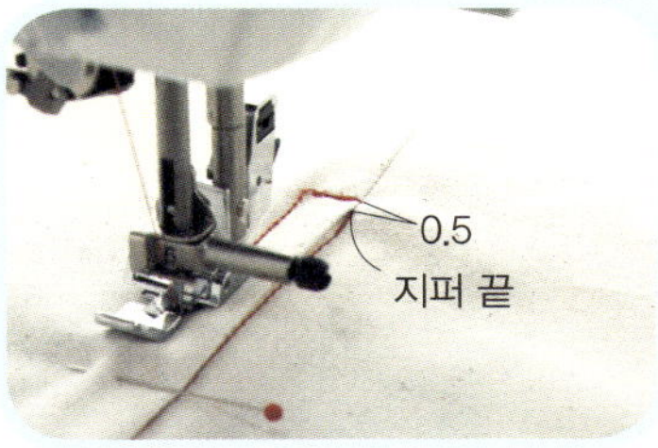

Point

지퍼 끝을 고정하고 있기 때문에 지퍼 끝에서부터 박는다. 박는 단계에서 어긋나도 위쪽 끝 쪽에서 피할 수가 있어서 복구하기 쉽다.

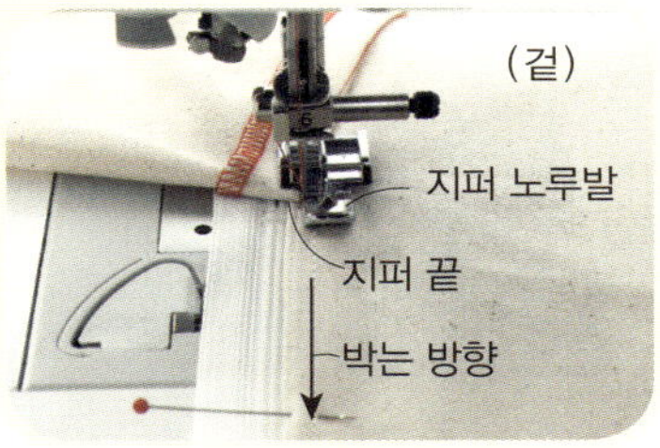

Attention

이빨 부분에 걸리지 않도록 옷감의 접음선을 얹는다.

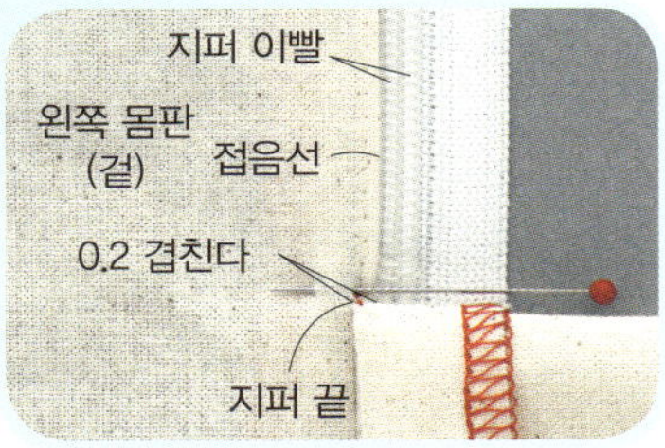

지퍼 달기

콘실 지퍼

지퍼를 잠갔을 때 지퍼 이빨이 보이지 않기 때문에
지퍼를 눈에 띄지 않게 달고 싶을 때 사용한다.

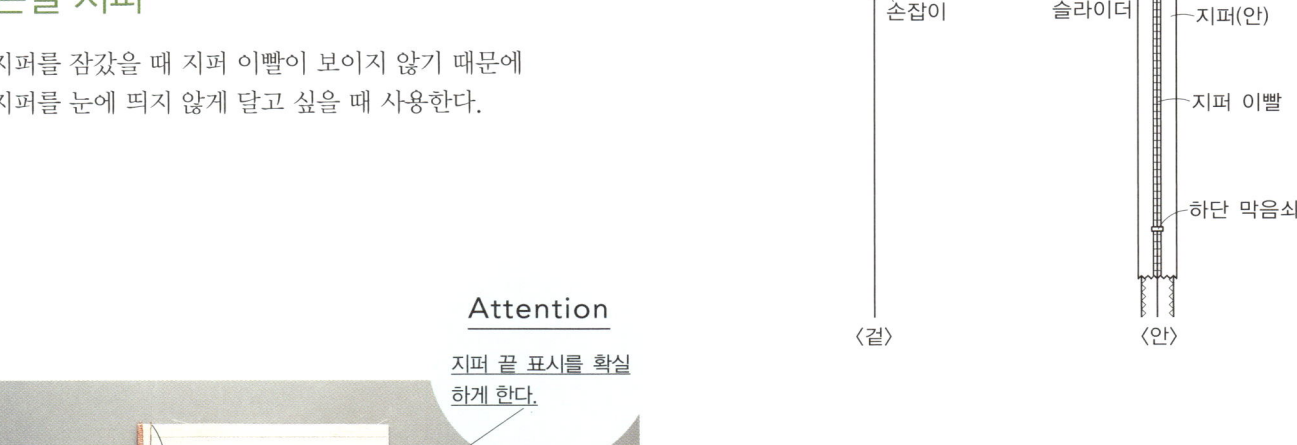

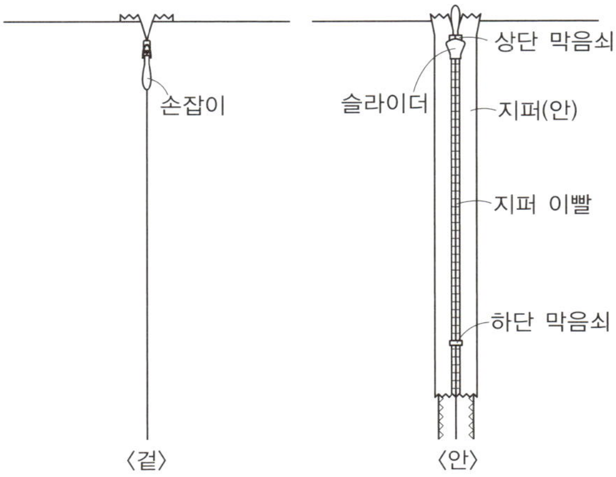

Attention

지퍼 끝 표시를 확실하게 한다.

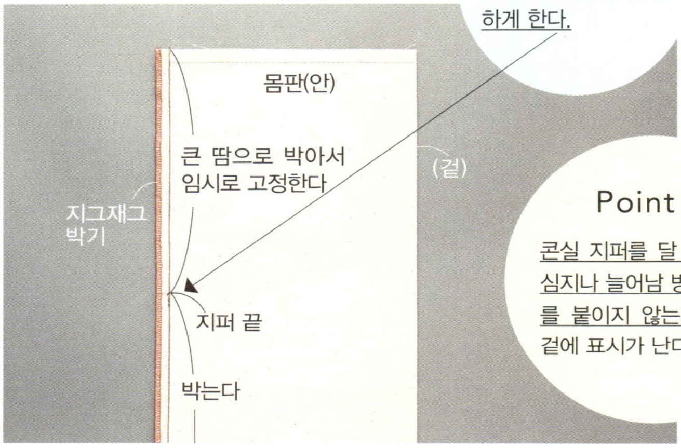

Point 1

콘실 지퍼를 달 때는 접착심지나 늘어남 방지 테이프를 붙이지 않는다. 붙이면 겉에 표시가 난다.

Point 2

지그재그 박기는 밑단 쪽에서부터 박아서 옷감이 늘어나는 것을 막는다.

1 앞·뒤 몸판의 지퍼 다는 위치 쪽 가장자리를 지그재그로 박는다. 몸판 2장을 겉끼리 맞대고 밑단에서부터 지퍼 끝까지 박는다. 지퍼 끝에서부터 위쪽 끝까지는 큰 땀으로 성기게 박아서 임시로 고정한다. → P.96 '성긴 땀' 참조.

Point

지퍼 상단 막음쇠를 몸판 완성선의 0.5cm 아래에 맞춘다. 반드시 시접에만 박는다.

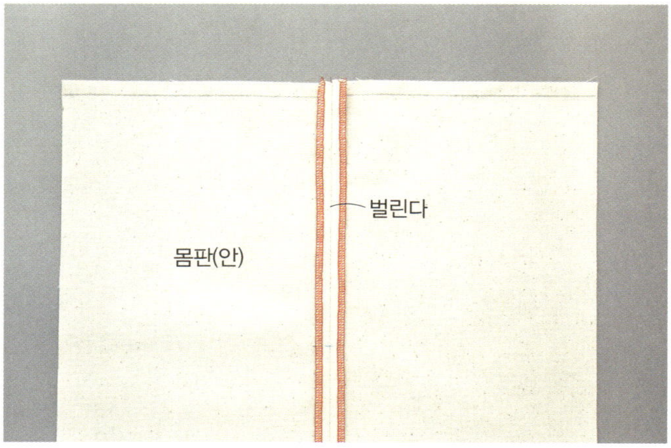

2 시접을 벌린다.

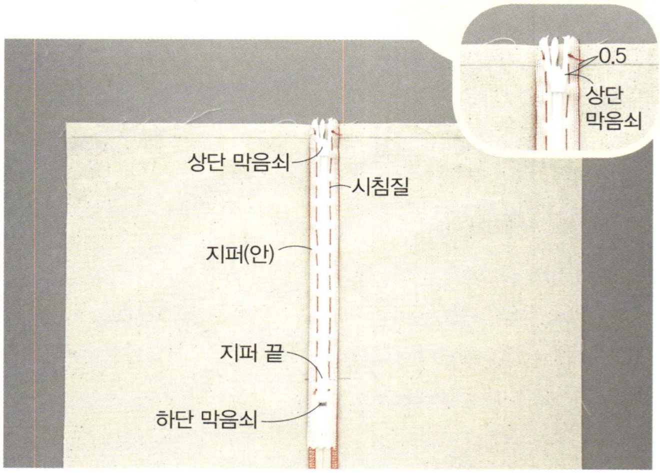

3 2의 솔기와 지퍼 중심을 맞추고 지퍼 이빨에 걸리지 않도록 시침질한다. 하단 막음쇠는 지퍼 끝보다 아래로 내려 둔다. 1의 굵은 땀으로 박은 실을 지퍼 끝까지 푼다.

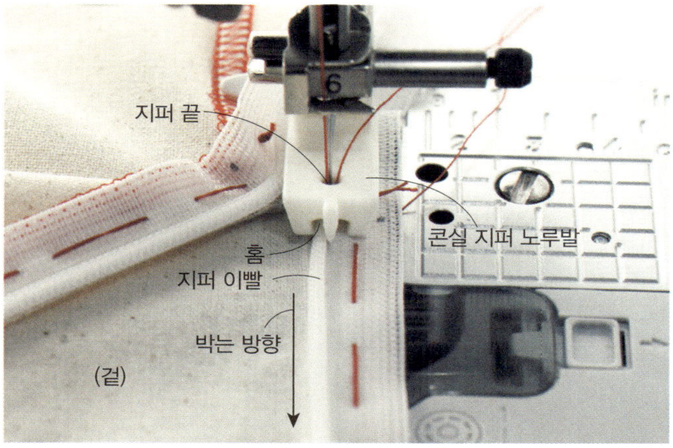

4 노루발을 콘실 지퍼 노루발로 바꾸고, 슬라이더를 지퍼 끝보다 아래로 내린다. 노루발 홈에 지퍼 이빨을 끼우고 지퍼 끝에서부터 위쪽 끝을 향해 박는다.

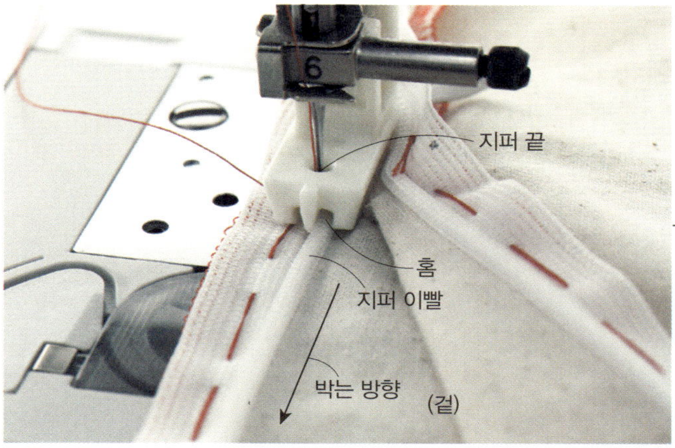

5 반대쪽도 4와 반대쪽의 노루발 홈에 지퍼 이빨을 끼우고 지퍼 끝에서부터 위쪽 끝까지 박는다.

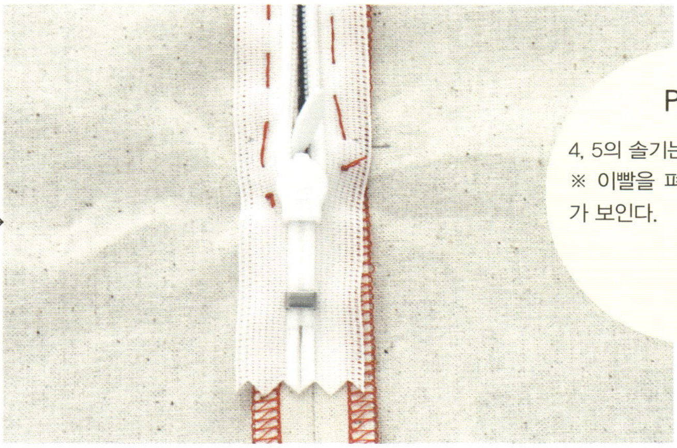

Point

4, 5의 솔기는 보이지 않는다.
※ 이빨을 펴면 사진처럼 솔기가 보인다.

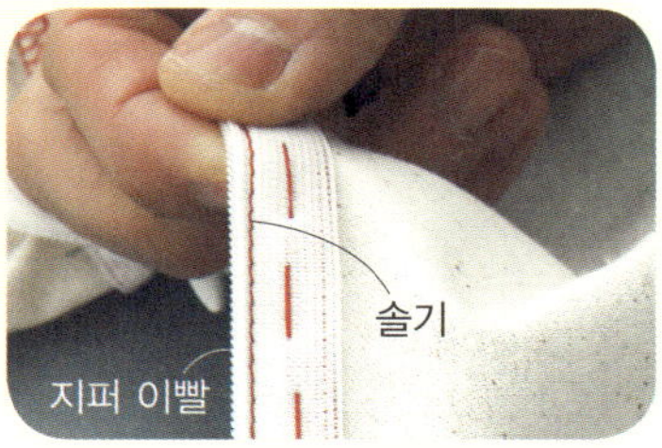

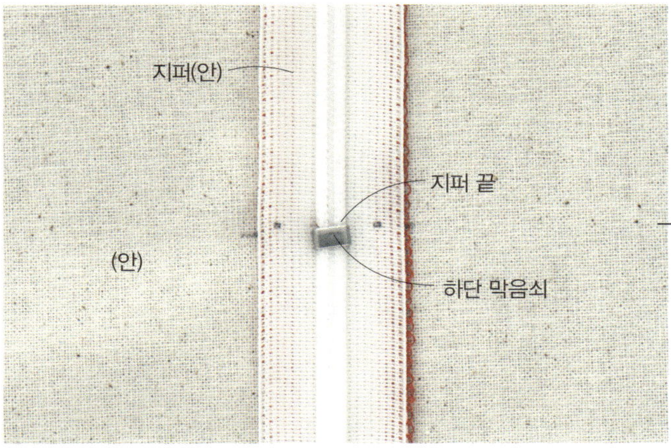

6 슬라이더를 지퍼 끝에서 위로 꺼내서 잘 오르내리는지 확인한 후 시침실을 푼다. 하단 막음쇠를 지퍼 끝까지 올리고 펜치로 눌러서 고정한다.

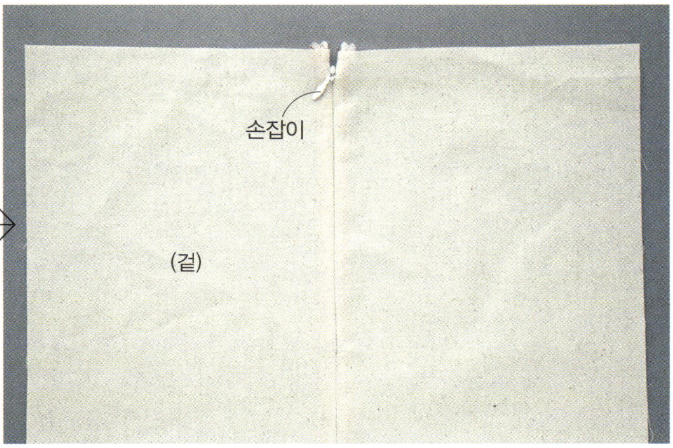

Q & A 2

옷 만들기 교실 LaLa Sewing été에서 수강생들이 자주 묻거나 궁금해하는 내용을 정리했습니다.

Q 옷감의 겉과 안이 구별되지 않습니다. 그럴 땐 어떻게 해야 할까요?

A 눈으로 봐서 옷감의 겉과 안이 구별되지 않을 때는 다른 사람이 봐도 당연히 구별되지 않습니다. 그렇다면 어느 쪽을 사용해도 괜찮습니다. 더 마음에 드는 쪽을 겉으로 사용하세요.

Q 박기 시작할 때 되박음질을 하는데, 박음질을 마치고 옷감 안쪽을 보면 언제나 실이 엉켜서 엉망이 되어 있어요.

A 윗실과 밑실을 10~15cm 정도 잡아당겨서 노루발 뒤쪽에 가지런히 펴 놓은 다음에 박기 시작하세요. 그러면 실 끝이 엉키지 않습니다.

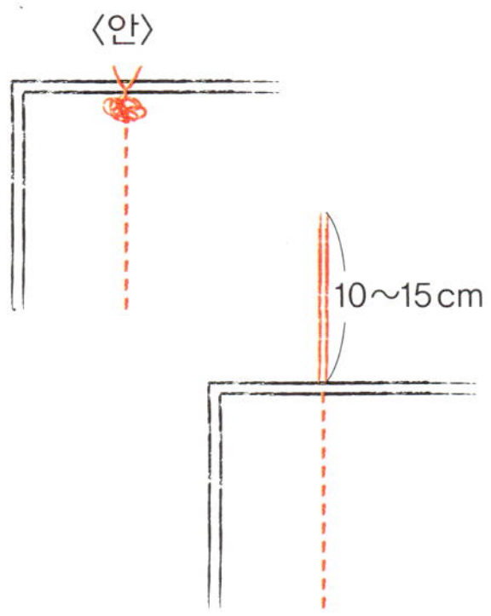

Q 옷깃에 접착심지를 붙일 때는 겉깃에만 붙이면 되나요? 아니면 겉깃과 안깃에 모두 붙여야 할까요?

A 겉깃과 안깃 양쪽에 붙이세요. 특히 셔츠칼라는 모양을 확실하게 유지해야 하므로 반드시 양쪽에 붙입니다.

Q 옷깃을 마름질할 때 주의해야 할 점이 있을까요?

A 겉깃은 식서 방향으로, 안깃은 바이어스 방향으로 마름질하는 것을 추천합니다. 안깃은 안쪽으로 들어가기 때문에 신축성이 있어야 더 편하답니다. 이때는 접착심지도 안깃용은 바이어스 방향으로 마름질하세요.

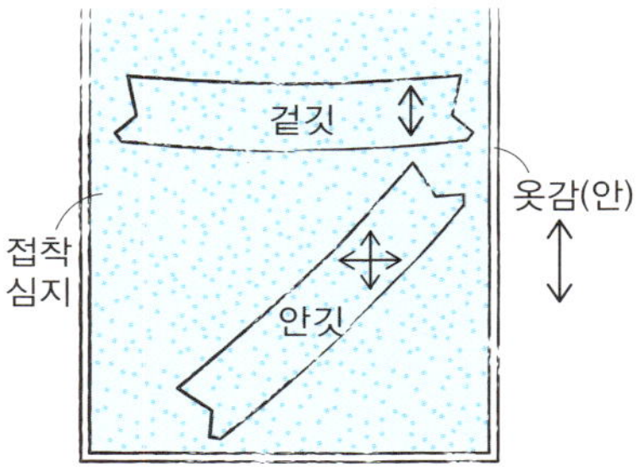

Q 옷깃 모양으로 자른 옷감과 접착심지를 붙이기가 어려워요.

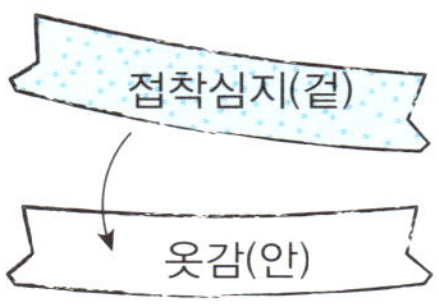

A 옷깃 모양은 모서리가 둥글거나 곡선이 있는 등 다양하므로, 같은 모양으로 잘라도 옷감과 접착심지를 붙일 때는 가장자리가 맞지 않는 경우가 당연히 생깁니다. 먼저 조금 넉넉하게 자른 옷감에 접착심지를 붙이고 그 위에 옷본을 올려놓고 마름질하면 어긋나지 않고 깔끔하게 작업할 수 있습니다.

Q 책에는 145cm 폭 옷감을 사용할 때 마름질하는 법이 실려 있지만, 같은 작품을 110cm 폭 옷감을 사용해서 만들 때의 옷감 길이 계산법을 알고 싶습니다.

A 옷본을 만들었으면, 사용할 옷감에 옷본을 배치해 보는 것이 가장 정확한 방법입니다. 옷본 매수에 주의해서 배치할 때 빠뜨리지 않도록 하세요.
옷감을 살 때 가게에 옷본을 가지고 가서 그 자리에서 놓아 보면 낭비 없이 살 수 있습니다. 단, 리넨 등은 선세탁을 하면 줄어드니 조금 넉넉하게 준비합니다.

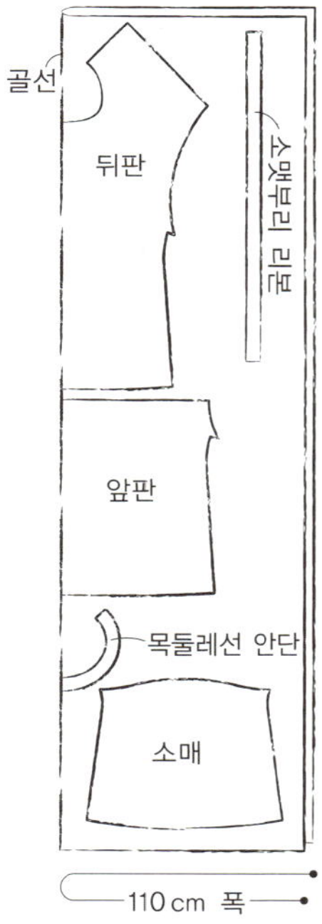

밑단 박기
소맷부리 박기

밑단 박기

직선

완성선에서 한 번 또는 두 번 접어서 박는다.
이것이 마지막 과정일 때가 많다.

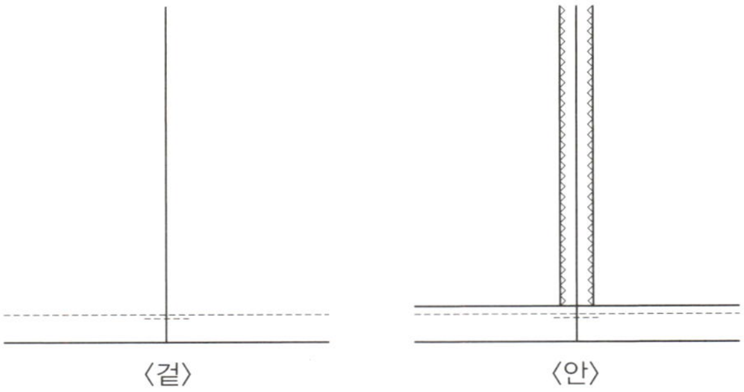

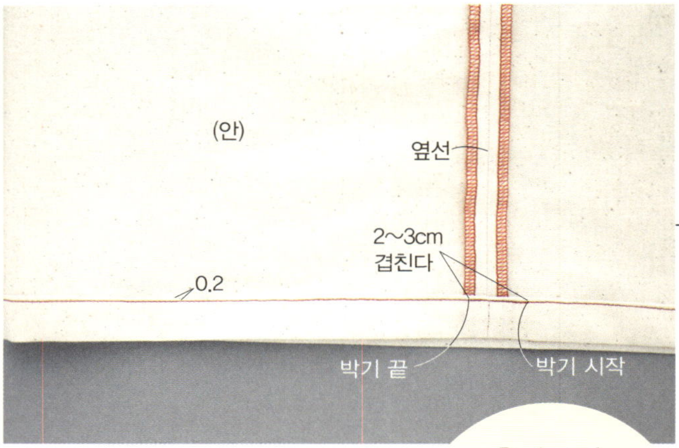

1 밑단 시접을 두 번 또는 한 번 접고 다려서 접음선을 낸다.
※ 사진은 두 번 접은 모습.

2 옆선에서부터 되박음질을 하지 않고 박기 시작하여, 박음질을 마칠 때는 박기 시작한 부분에 2~3cm 겹쳐서 박는다.

Point 1

옆선에서부터 박기 시작하면 완성하고 앞 · 뒤판에서 봤을 때 솔기가 겹친 부분이 눈에 띄지 않는다.

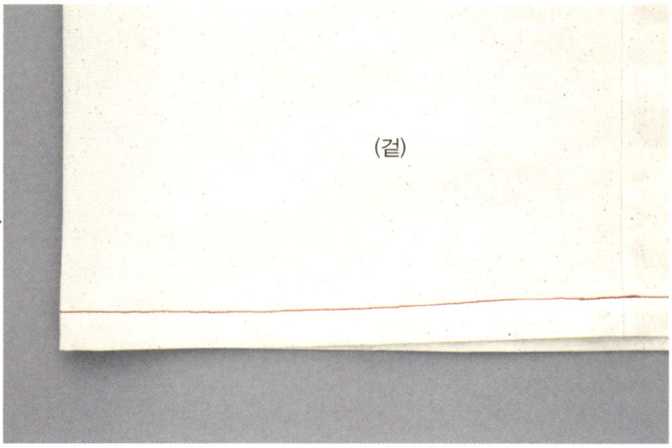

Point 2

옆선은 시접이 특히 겹치는 부분이다. 시접이 겹쳐 턱이 져서 박기 어려울 때는 두께 있는 쪽(사진에서는 두 번 접은 쪽)에 두꺼운 종이를 두고 더 높게 만들어서 반대쪽 노루발을 띄우면 턱이 있어도 쉽게 박을 수 있다.

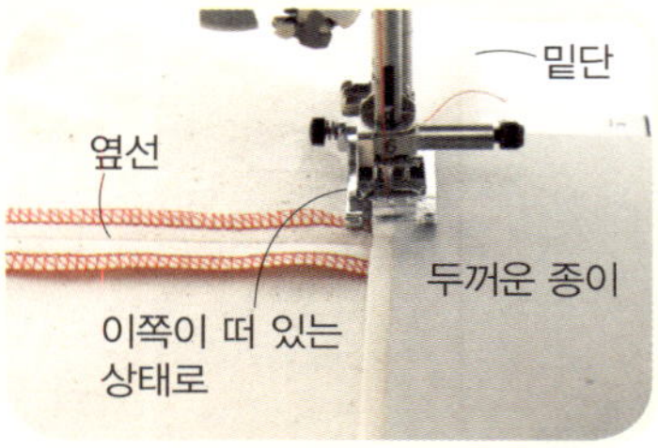

밑단 박기

곡선 / 두 번 접기

곡선의 정도에 따라서 다르지만, 두 번 접기로 한다면 폭은 0.8cm 이하까지로 좁은 폭을 박을 때 좋다. 그 이상의 폭으로 할 때는 P.69 '밑단 박기(곡선 / 한 번 접기)'로 하는 것이 깔끔하다.

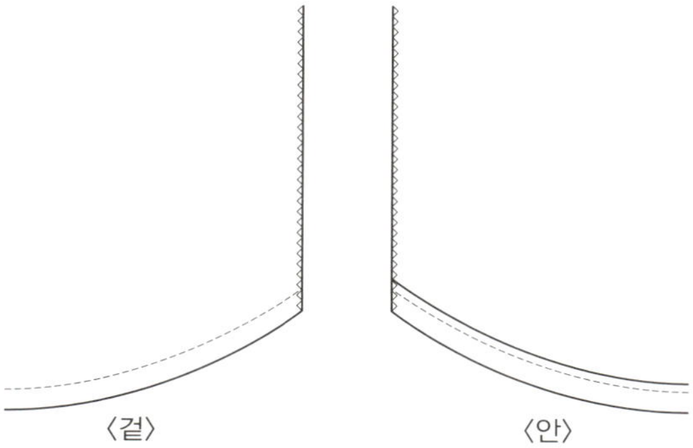

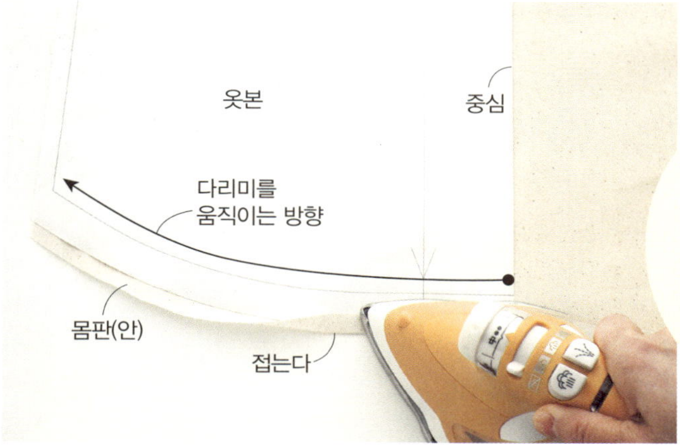

Point

옆선 쪽은 곡선이 들어가 있어서 늘어나기 쉽다. 잘 늘어나지 않는 중심에서부터 옆선을 향해 다려서 되도록 늘어나지 않도록 한다. 반대쪽도 똑같이 중심에서부터 옆선을 향해서 누른다.

1 옷본을 준비하여 밑단 위에 놓는다. 옷본을 따라서 앞 · 뒤판 중심에서부터 옆선을 향해서 밑단 시접을 두 번 접고 다려서 접음선을 낸다.

Point

지그재그 박기는 밑단 쪽에서부터 해서 옷감이 늘어나는 것을 막는다.

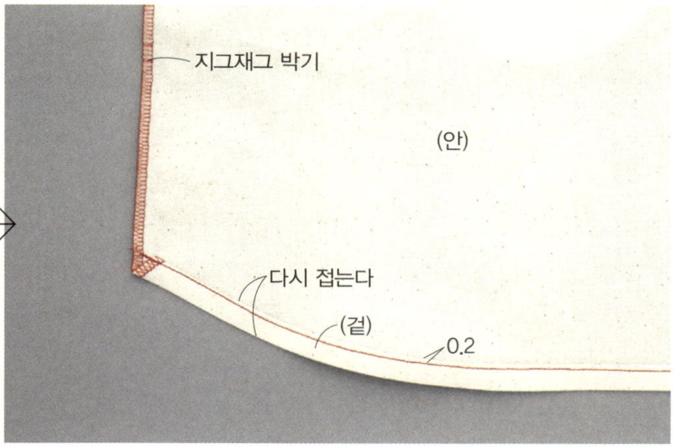

2 두 번 접을 때는 한 번 더 접고 다려서 접음선을 낸다. 이때도 1과 같이 중심에서부터 옆선을 향해 다린다.

3 접음선을 한 번 벌리고 옆선을 지그재그로 박은 뒤에 밑단을 1 · 2의 접음선에서 다시 접은 뒤에 옆선에서부터 박는다.

밑단 박기

곡선 / 한 번 접기

곡선이 급할 때나 밑단 폭이 0.8cm 넘을 경우는 두 번 접지 않고 한 번 접는 것을 추천.
시접의 겉을 보고 작업하기 때문에 굵은 땀으로 박을 때는 옷감 안쪽에서 박아서 밑실을 당기듯이 하면 효율적이다.

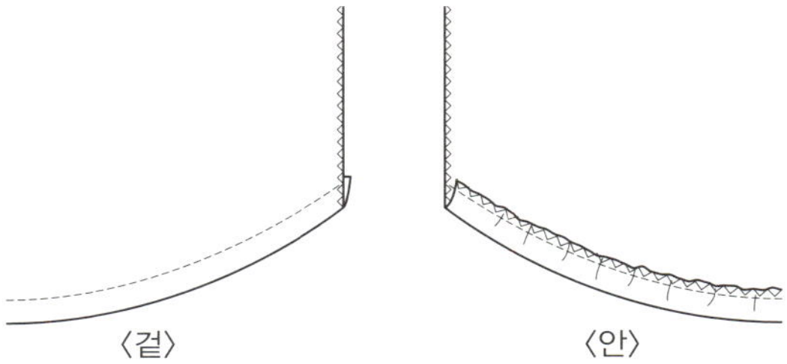

Point

옆선의 지그재그 박기는 밑단 쪽에서부터 박아서 옷감이 늘어나는 것을 막는다.

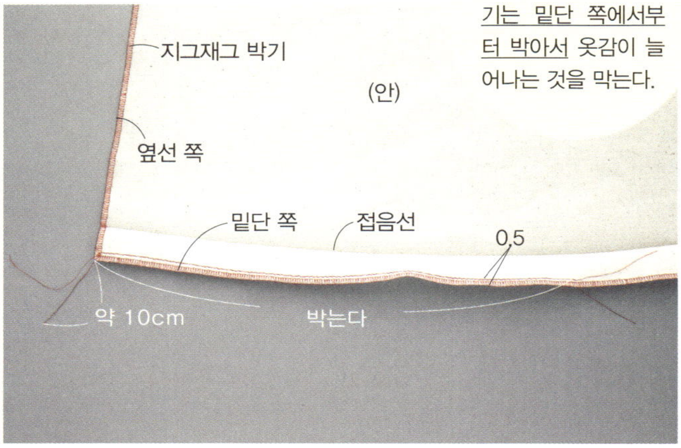

1 옆선 · 밑단 쪽을 지그재그로 박는다. 밑단을 완성선에서 한 번 접고 다려서 접음선을 낸다. 곡선 부분에 옷감 안쪽에서 큰 땀으로 성기게(P.96 참조) 1줄 박는다. 실 끝은 약 10cm 남겨 둔다.

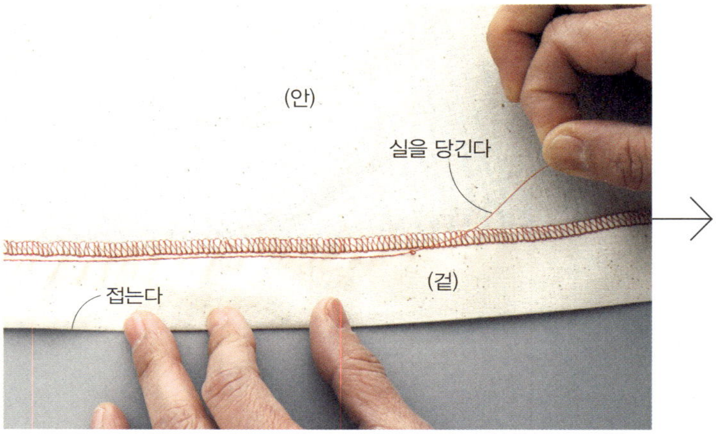

2 1의 접음선에서 한 번 접고 1에서 박은 밑실을 옷감 가장자리가 아래쪽 옷감에 밀착되어 뜨지 않을 때까지 당긴다.

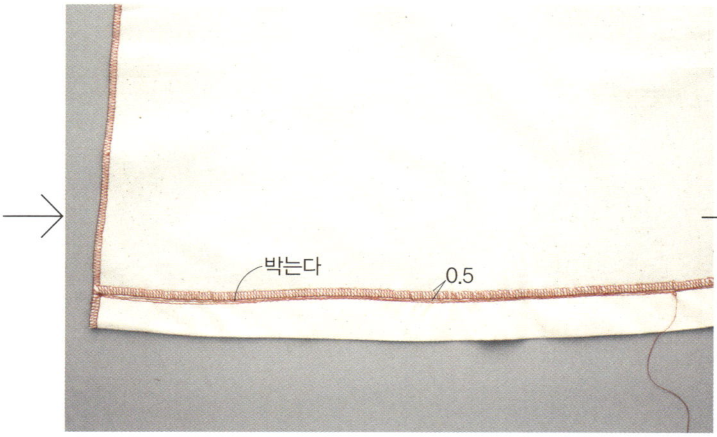

3 시침핀으로 고정하고 옆선에서부터 박는다.

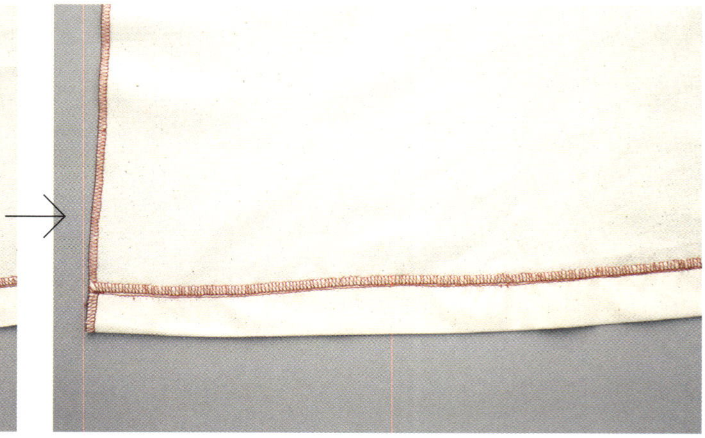

2의 재봉실을 뽑는다.

밑단 슬릿 박기

밑단 쪽의 모서리 시접을 깔끔하게 처리하는 법.

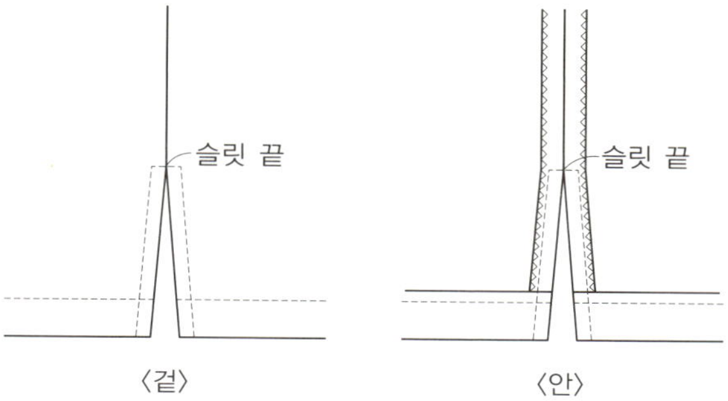

Point

지그재그 박기는 밑단 쪽에서부터 하고, 옆선은 슬릿 끝에서부터 박아서 옷감이 늘어나는 것을 막는다.

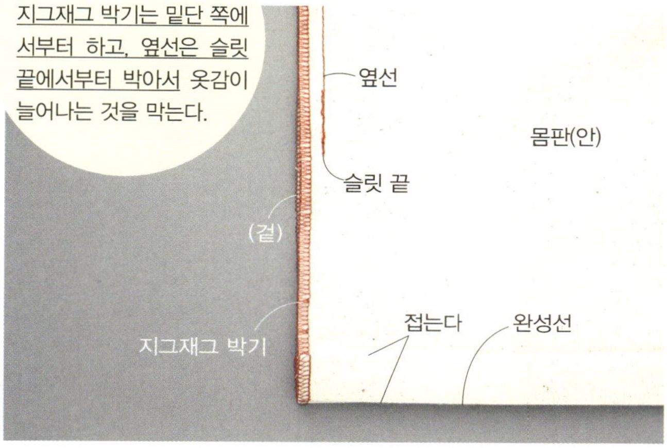

1 몸판 2장의 옆선을 각각 지그재그로 박고, 겉끼리 맞대서 옆선을 슬릿 끝에서부터 허리선까지 박는다. 밑단 시접을 두 번이나 한 번 접고 다려서 접음선을 낸다.
※ 사진은 두 번 접은 모습.

Point

밑단을 박기 전에 모서리 부분을 박는다. 3에서 겉으로 뒤집었을 때 시접이 튀어나오지 않아 깔끔하게 마무리된다.

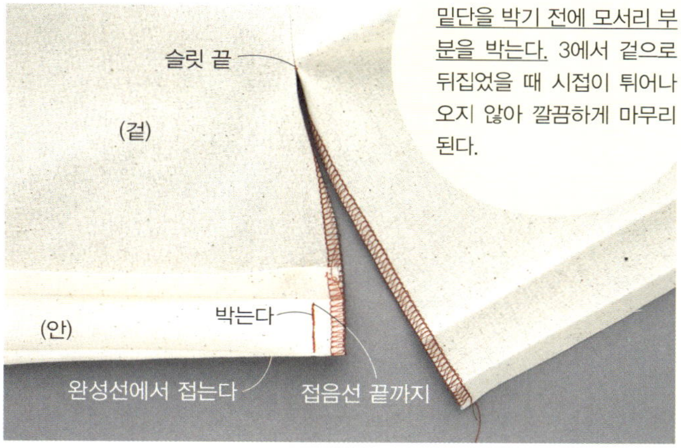

2 밑단을 벌려서 완성선에서 겉끼리 맞닿게 접고 접음선 끝까지 박는다. 다른 한쪽도 같은 방법으로 한다.
※ 밑단을 한 번 접는 경우에는 옷감 끝까지 박는다.

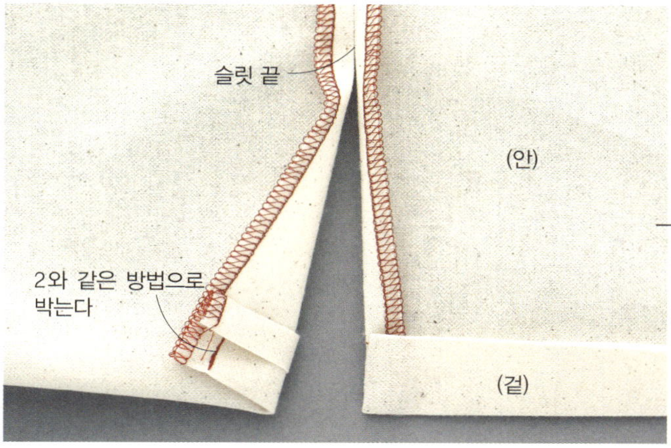

3 2에서 박은 부분을 겉으로 뒤집는다. 다른 한쪽도 같은 방법으로 한다.→ 뒤집는 법은 P.31 '옷깃 만들기(셔츠칼라 / 각진 모양)' 5~7 참조.

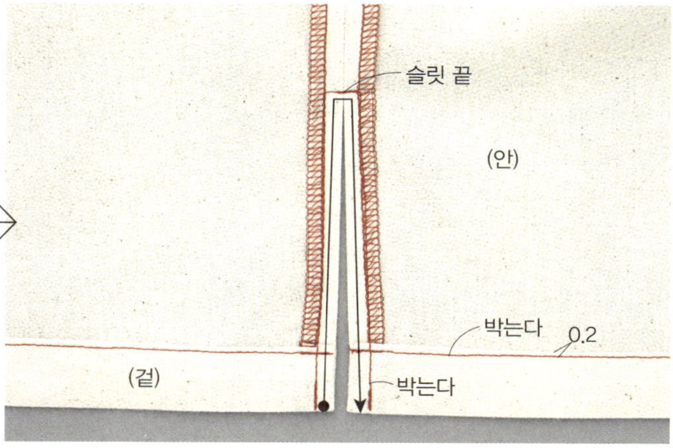

4 밑단을 박는다. 슬릿을 밑단에서부터 슬릿 끝까지 ㄷ자로 박는다.

소맷부리 박기

두 번 또는 한 번 접어 박기

소맷부리를 박을 때 사용하는 일반적인 방법.

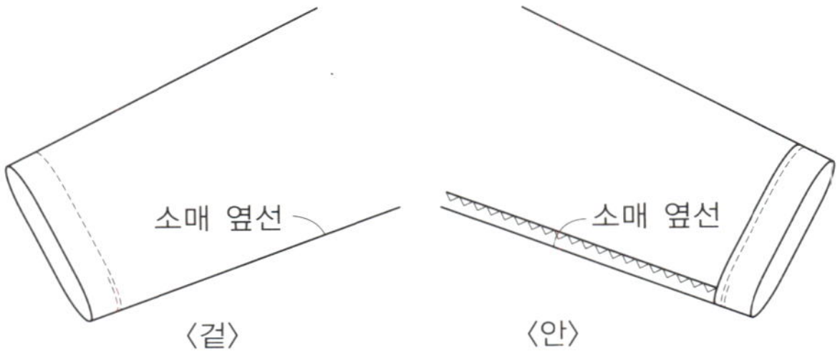

Point

소매 옆선을 박기 전에 소맷부리를 다림질해서 접음선을 내 두면, 소매 옆선을 박아서 통 모양이 된 후에 접어 다리는 것보다 편하고 깔끔하게 작업할 수 있다.

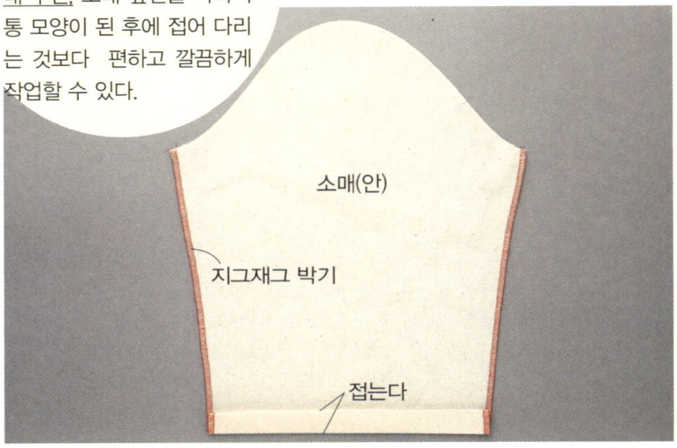

1 소매 옆선을 지그재그로 박는다. 소맷부리 시접을 두 번 또는 한 번 접고 다려서 접음선을 낸다.

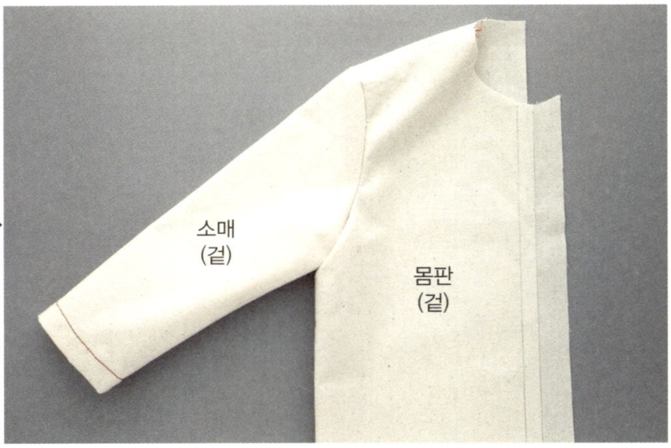

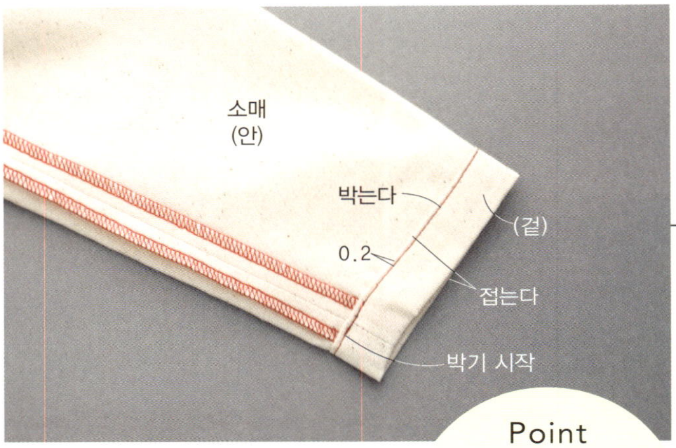

2 소매 옆선을 박고 몸판에 소매를 단 뒤에 소맷부리를 1의 접음선에서 접어서 한 바퀴 돌아가며 박는다. 소매 옆선에서부터 되박음질을 하지 않고 박기 시작하여, 박음질을 마칠 때는 박기 시작한 부분에 2~3cm 겹쳐서 박는다. 겉으로 뒤집는다.

→ 소매 다는 법은 P.52~57 참조.

Point

소매 옆선에서부터 박기 시작하면, 완성하고 앞·뒤에서 봤을 때 솔기가 겹친 것이 눈에 띄지 않는다.

소맷부리 박기

커프스 달기 / 트임 있는 타입

P.74의 파이핑 트임·슬래시 트임, P.76의 덧단 트임을 했을 때는 이 타입의 커프스를 달 때가 많다. 시접을 커프스 안에 넣기 때문에 커프스를 밖으로 접었을 때도 깔끔하다.

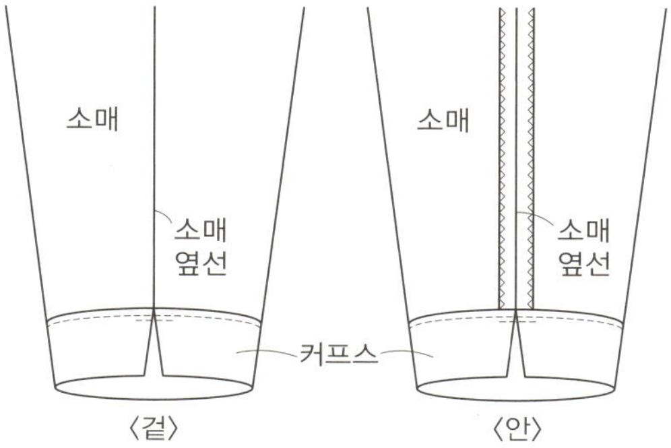

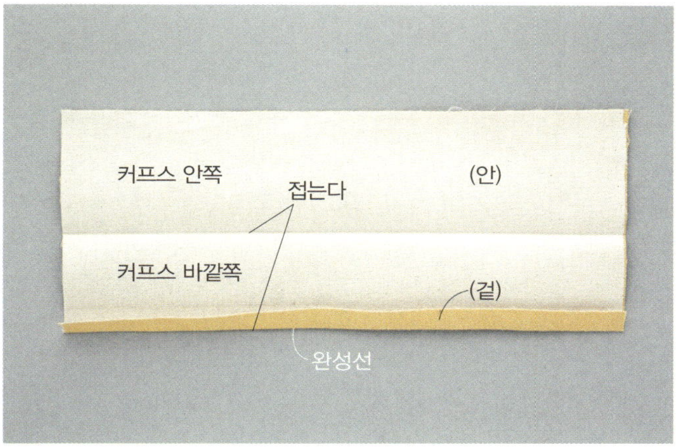

1 커프스를 반으로 접고 다려서 접음선을 낸다. 한쪽만 완성선에서 접고 다린다. 접은 쪽이 커프스 바깥쪽이 된다.

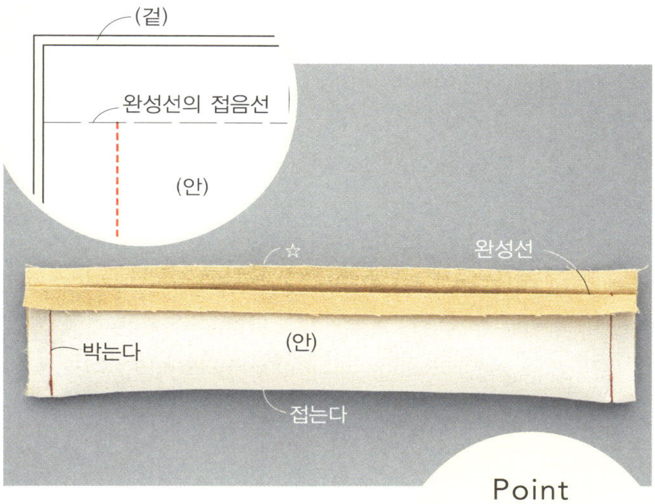

2 겉끼리 맞닿게 반으로 접어서 좌우 끝을 완성선까지 박는다(접은 부분은 박지 않고 둔다).

Point
완성선에서 접고 나서 박으면 3에서 겉으로 뒤집었을 때 시접이 튀어나오는 것을 막을 수 있다.

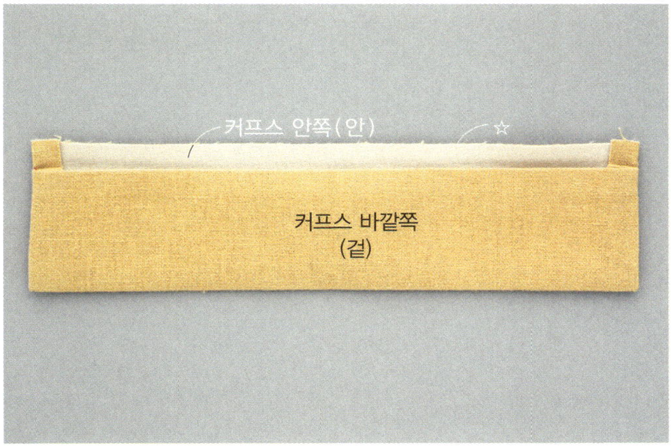

3 겉으로 뒤집고 다려서 정리한다.→ 뒤집는 법은 P.31 '옷깃 만들기(셔츠칼라 / 각진 모양)' 5~7 참조.

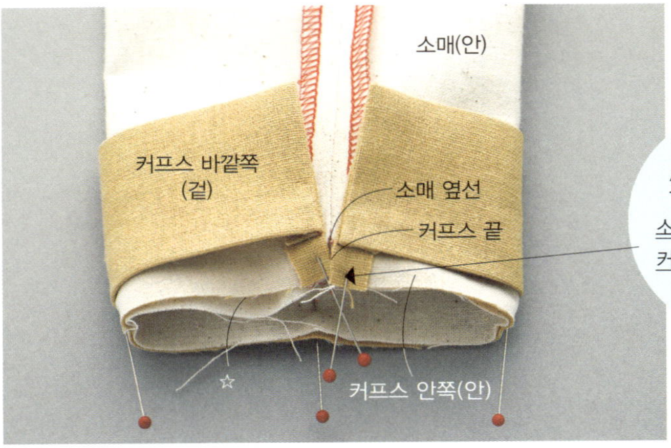

Attention

소매 옆선과
커프스 끝을 맞춘다.

4 소매 안과 커프스 안쪽의 겉을 맞대고 시침핀으로 고정한다.

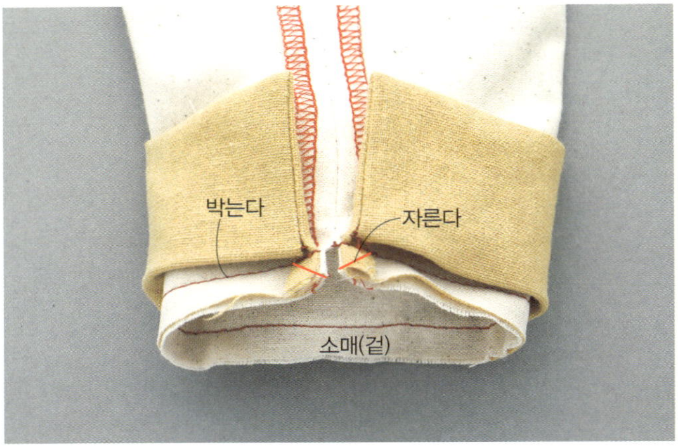

5 소매 겉을 보면서 소맷부리를 한 바퀴 돌아가며 완성선에서 박는다. 커프스 모서리 시접만 세모나게 자른다.

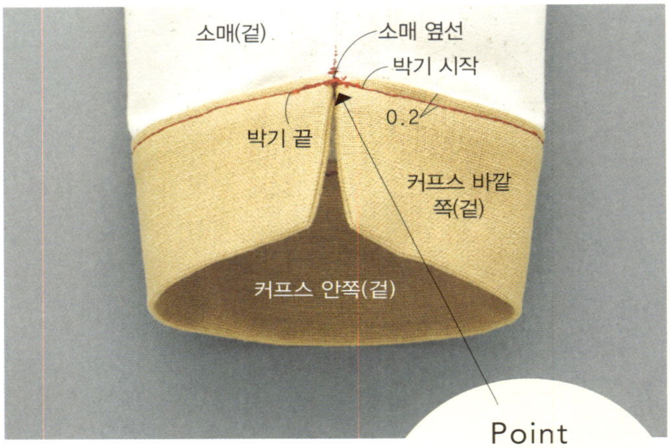

6 겉으로 뒤집어서 커프스를 아래로 내리고, 시접을 커프스 안에 넣고 겉에서 박는다.

Point

소매 옆선에서부터 박기 시작하면 솔기가 겹친 것이 눈에 띄지 않아서 깔끔하다. 박음질을 끝낼 때는 박기 시작한 부분에 약 2㎝ 겹친다.

Point 1

박기 어려울 때는 소매 겉쪽이 바깥으로 나오게 접고, 커프스를 소매 안에 넣어서 소매 안쪽과 커프스 안쪽의 겉을 맞대고 시침핀을 다시 꽂은 뒤에 커프스를 보며 박는다.
→ P.73 '커프스 달기 / 트임 없는 타입' 2 참조.

Point 2

모서리 시접을 자르는 것은 커프스만. 시접이 잘 자리 잡아서 겉에 영향을 주지 않는다.

소맷부리 박기

커프스 달기 / 트임 없는 타입

트임이 없는 만큼 P.72의 4처럼 커프스를 바깥쪽으로 하면 박기 어려우므로, 커프스를 소매 안에 넣고 커프스를 보며 박는다. 시접을 커프스 안에 넣기 때문에 커프스를 밖으로 접었을 때도 깔끔하다.

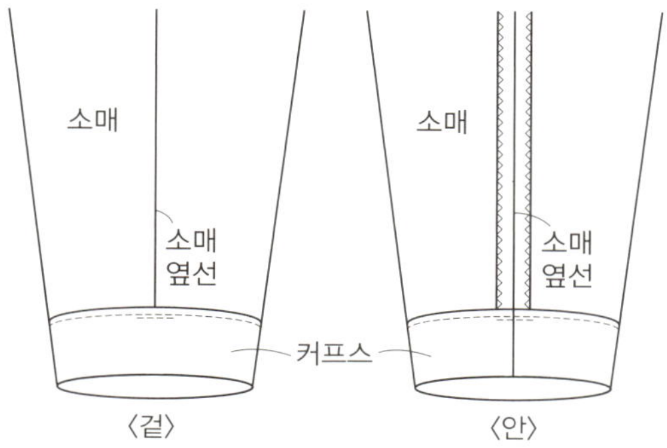

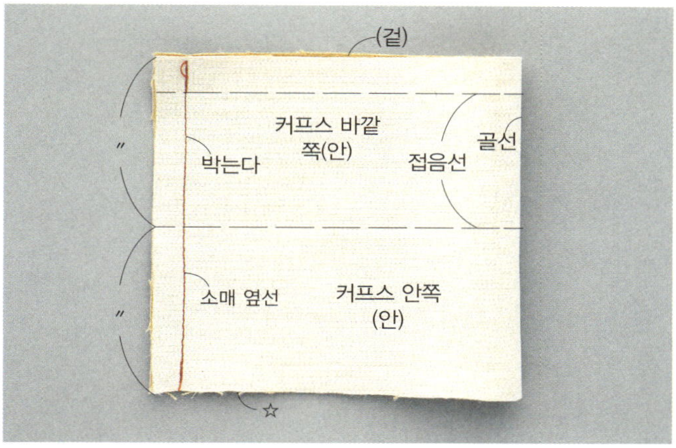

1 P.71의 1과 같은 방법으로 접음선을 낸다. 접음선을 벌리고 겉끼리 맞닿게 접어서 소매 옆선을 완성선에서 박고 시접을 벌린다. 겉으로 뒤집는다.

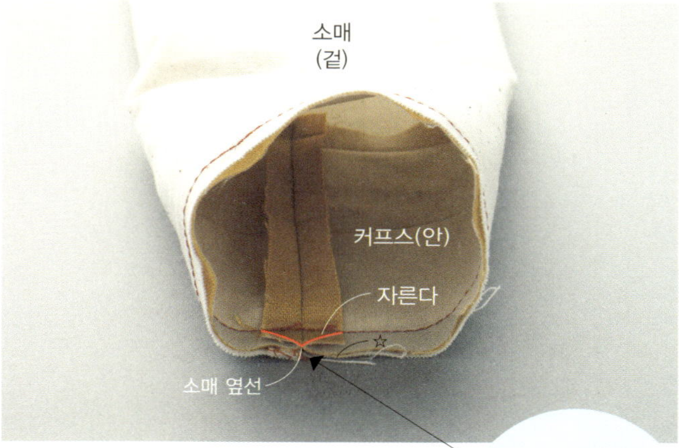

2 소매 안쪽과 커프스 겉을 맞대고 시침핀으로 고정한 뒤에 커프스를 보며 완성선을 박는다. 커프스 1장의 모서리 시접만 세모나게 자른다.

Attention

소매 옆선끼리 맞춘다.

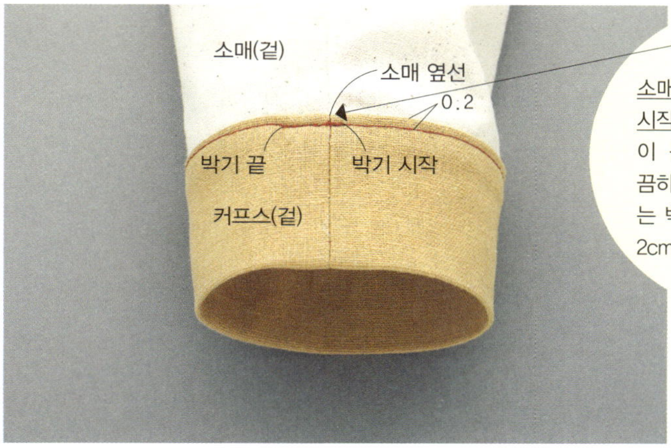

Point

소매 옆선에서부터 박기 시작하면 솔기가 겹친 것이 눈에 띄지 않아서 깔끔하다. 박음질을 끝낼 때는 박기 시작한 부분에 약 2cm 겹친다.

3 커프스를 겉으로 뒤집어 아래로 내려서 반으로 접고, 시접을 커프스 안에 넣고 겉에서 박는다.

소맷부리 박기

파이핑 트임 · 슬래시 트임

소맷부리에 가위집을 넣고 바이어스테이프로 감싸는 트임. 트임을 완성한 뒤에 커프스를 단다. 목둘레에 뒤트임을 만들 때 바이어스테이프를 사용한다면 이 방법으로 한다.

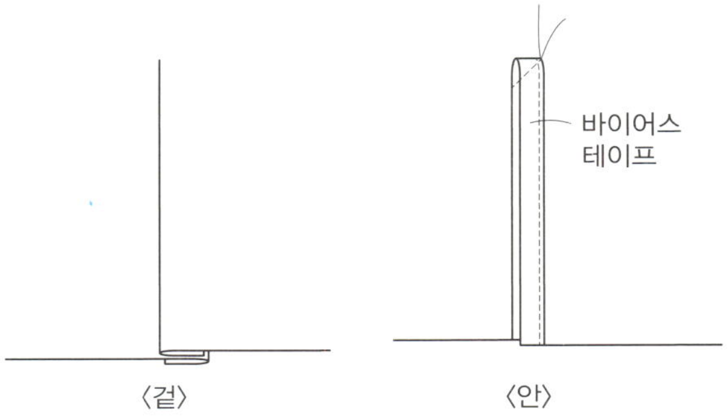

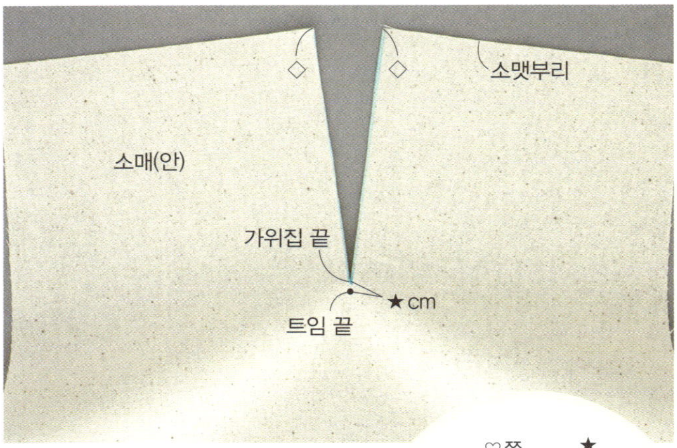

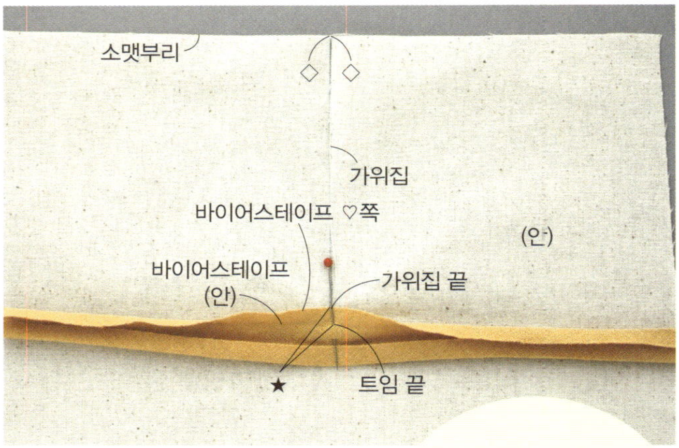

1 소매의 트임 끝에서부터 ★cm(4겹 바이어스테이프의 시접분) 지점까지 가위집을 넣는다.
→ P.99 '4겹 바이어스테이프 만들기' 참조.

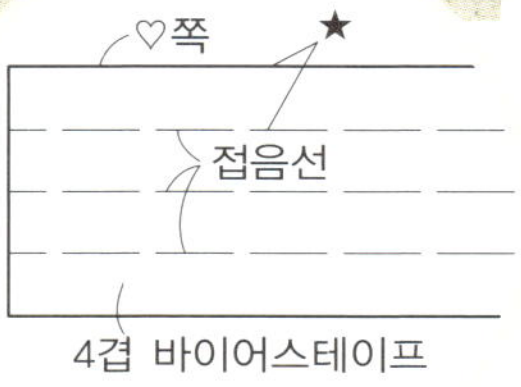

2 트임 끝과 4겹 바이어스테이프의 좌우 중심의 접음선을 시침핀으로 고정한다.

Point

트임 끝과 접음선을 시침핀으로 단단히 고정하면 바늘땀이 빠지는 것을 막는다.

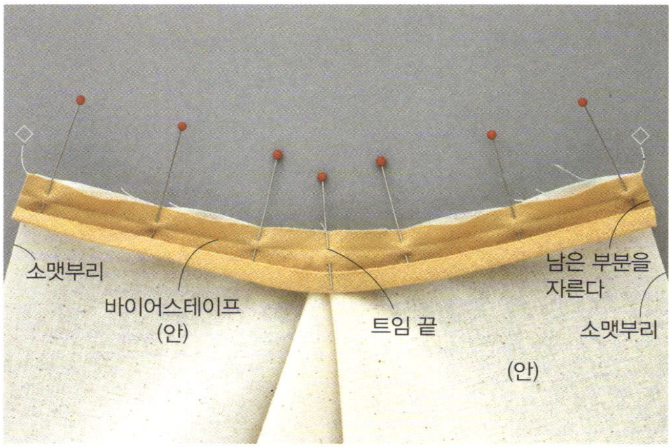

3 가위집에서 소매를 좌우로 벌리고 바이어스테이프를 시침핀으로 고정한다. 남은 바이어스테이프는 자른다.

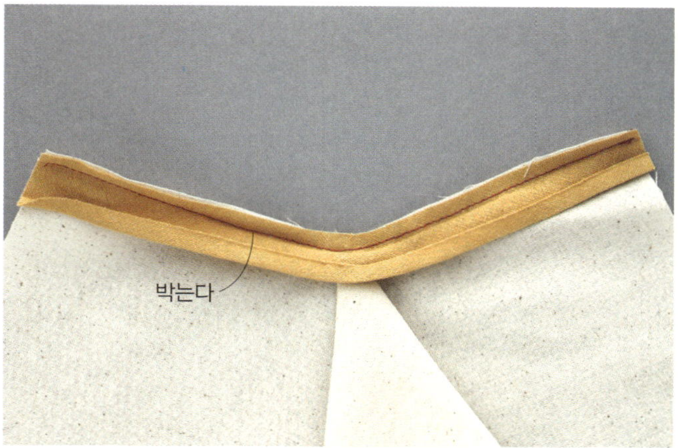

4 바이어스테이프를 보며 접음선 위를 박는다.

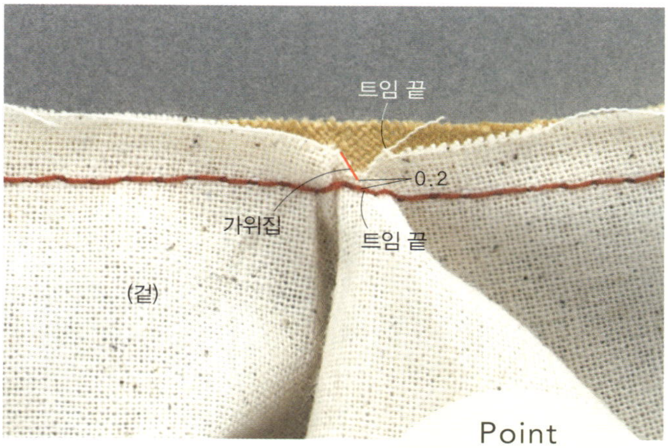

5 소매의 가위집 끝에서부터 트임 끝의 약 0.2cm 앞까지 가위집을 넣는다.

Point

가운데 부분의 바늘땀이 옷감에서 빠지지 않는지 확인한 뒤에 가위집을 넣는다. 바이어스테이프는 자르지 않는다. 가위집을 넣으면 옷감이 우는 것을 막아 준다.

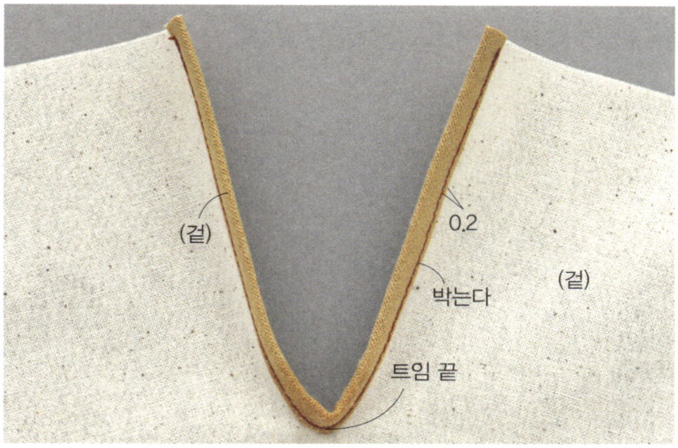

6 바이어스테이프를 겉으로 접어 넘겨서 소매를 싸듯이 하여 가장자리를 접고, 다려서 정리하여 박는다.

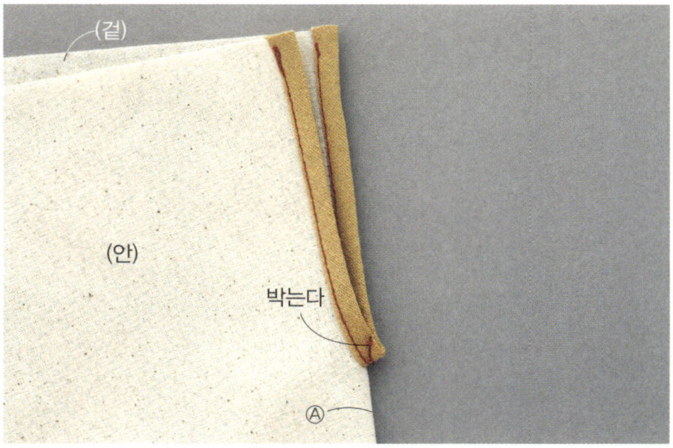

7 바이어스테이프를 반으로 접고 ⓐ 선의 연장선 위를 박는다.

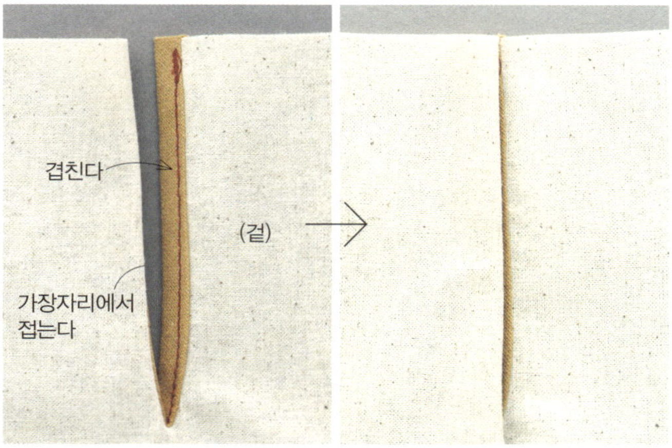

8 한쪽을 바이어스테이프 가장자리에 맞춰서 접고 테이프가 보이지 않도록 겹친다.

소맷부리 박기

덧단 트임

칼끝처럼 끝이 뾰족한 가늘고 긴 옷감을 이용한 트임.
트임을 완성한 뒤에 커프스를 단다. 셔츠 앞트임에도
활용할 수 있는 방법.

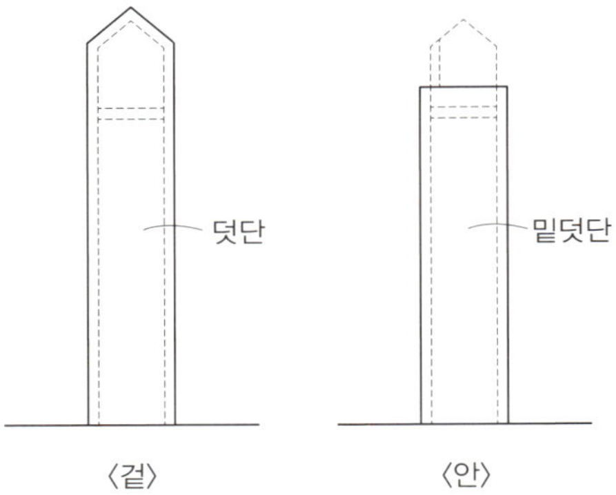

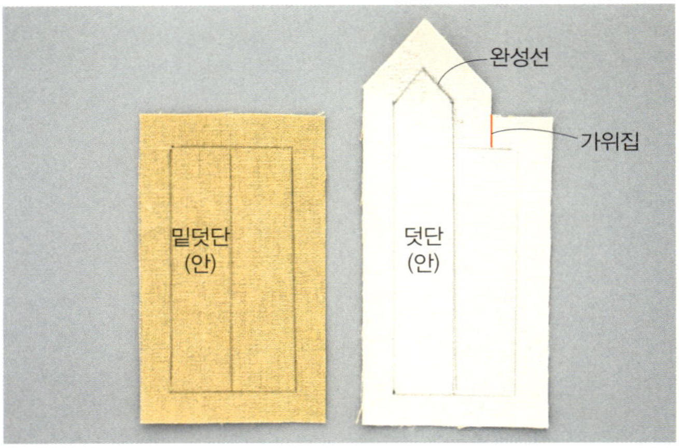

1 덧단과 밑덧단에 완성선을 그린다. 덧단에서 그림처럼 완성선에 닿을 때까지 가위집을 넣는다.

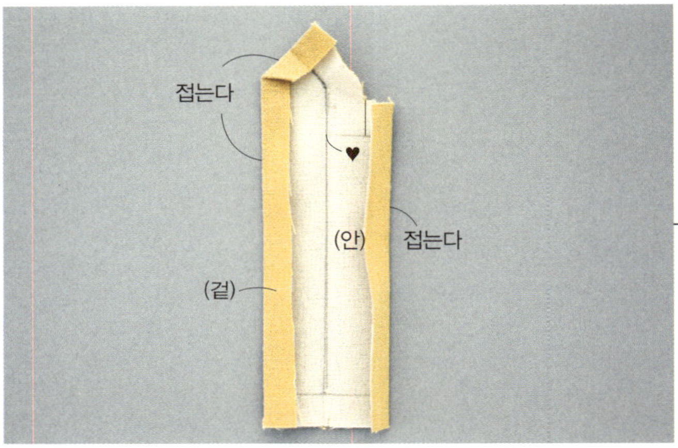

2 덧단을 완성선에서 접고 다려서 접음선을 낸다.

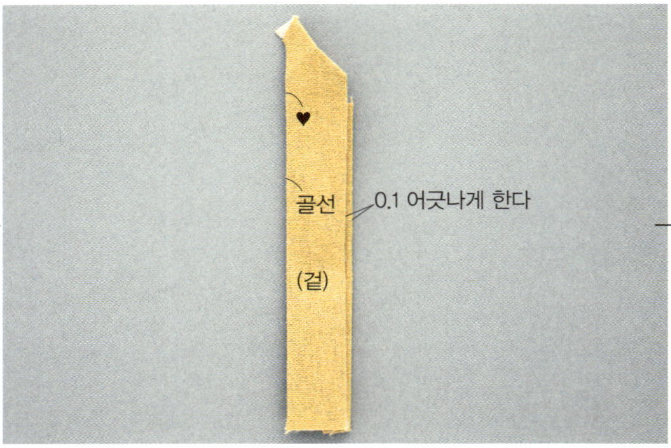

가장자리를 0.1cm 어긋나게 하여 반으로 접고 다려서 접음선을 낸다.

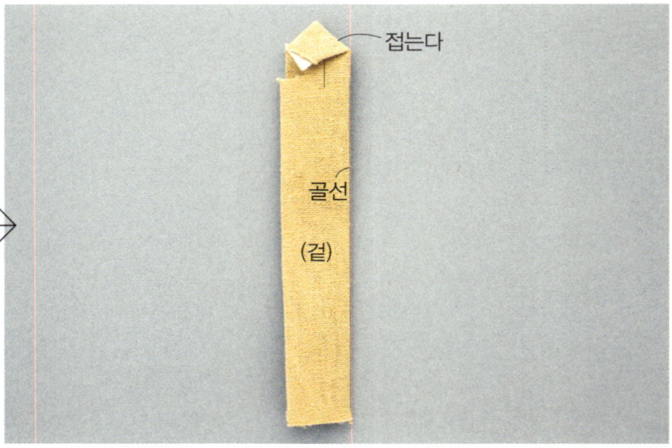

반대쪽으로 뒤집어서 위쪽도 완성선에서 접고 다려서 접음선을 낸다.

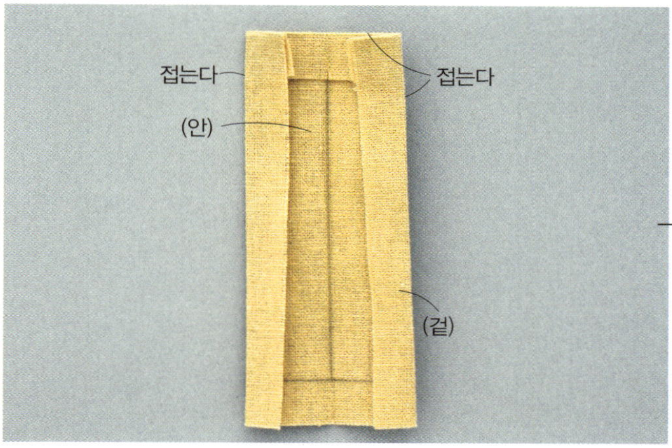

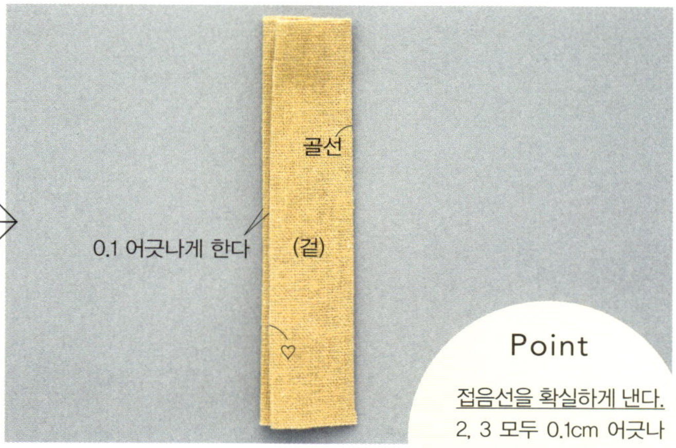

3 밑덧단의 위쪽과 좌우를 완성선에서 접고 다려서 접음선을 낸다.

가장자리를 0.1cm 어긋나게 하여 반으로 접는다

Point

접음선을 확실하게 낸다.
2, 3 모두 0.1cm 어긋나게 하면 겉에서 박을 때 바늘땀이 빠지지 않고 박을 수 있다.

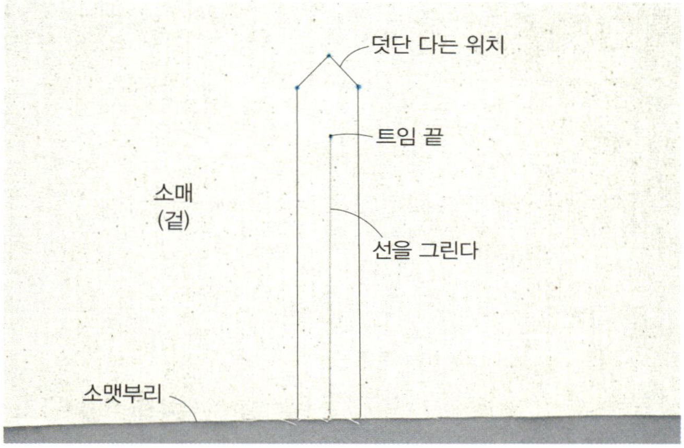

4 소매 겉쪽의 트임 끝까지, 그리고 덧단 다는 위치에 선을 그린다.

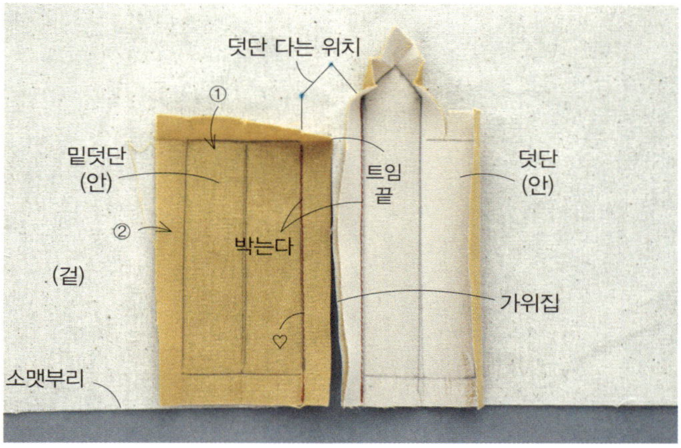

5 덧단과 밑덧단의 접음선을 벌리고 소매 겉쪽의 덧단 다는 위치에 놓은 뒤에 완성선을 박는다. 소맷부리에서 트임 끝까지 가위집을 넣는다. 밑덧단을 ①② 순으로 완성선에서 접는다.

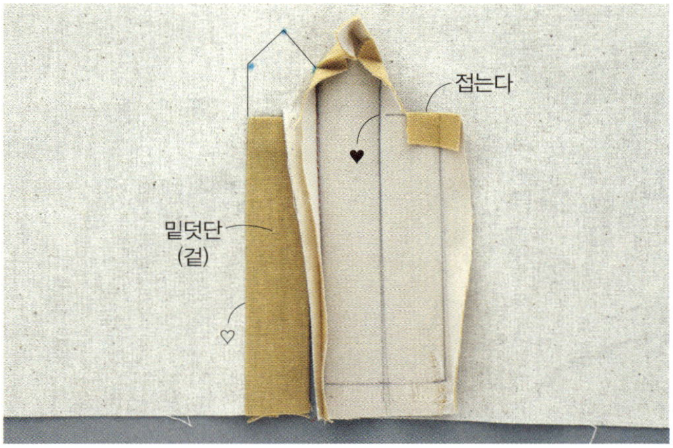

6 5의 ♡에서 접고, 소매의 가위집 가장자리를 끼우듯이 하여 안쪽으로 꺼낸다. 덧단의 1에서 가위집을 넣은 곳을 완성선에서 접고 2에서 낸 접음선에서 접는다.

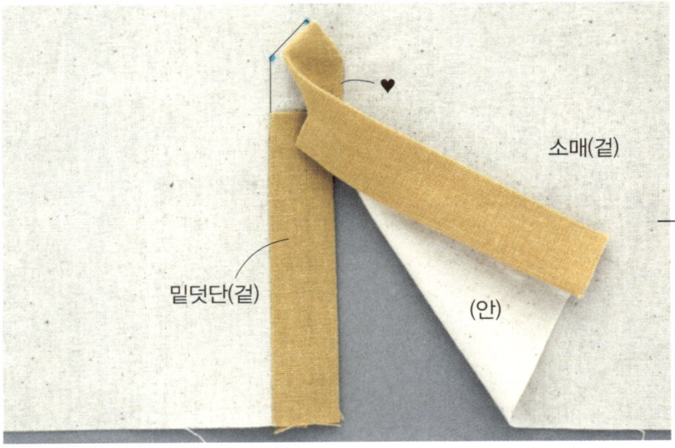

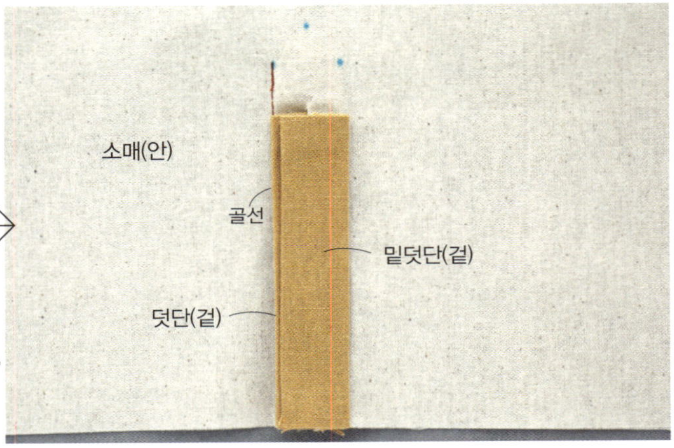

7 6의 ♥에서 접고, 소매의 가위집 가장자리를 끼우듯이 하여 안으로 꺼낸다.

안에서 본 모습.

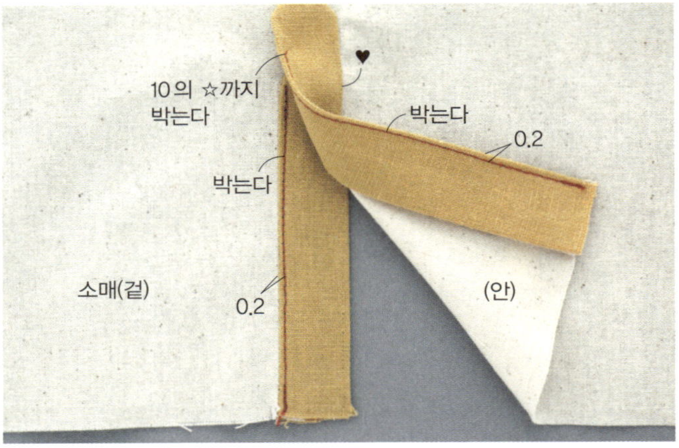

8 접음선 바로 옆을 각각 겉에서 박는다.

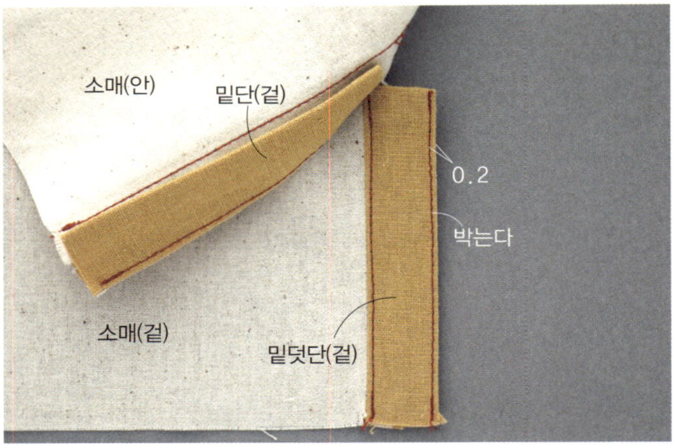

9 밑단 가장자리를 박는다.

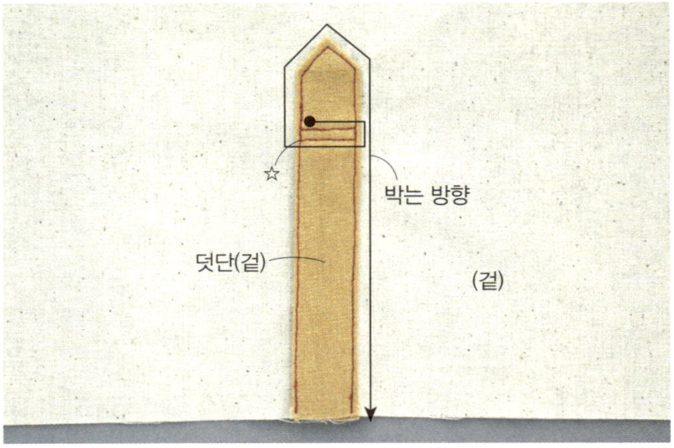

10 덧단 위쪽에서부터 박아서 덧단, 소매, 밑덧단을 함께 박는다.

밑아래 박기
밑위 박기
허리선을 박아서 고무줄 넣기
허릿단을 달아서 고무줄 넣기

밑아래 박기

바지 앞판과 바지 뒤판을 잇는다. 박는 방향에 주의.

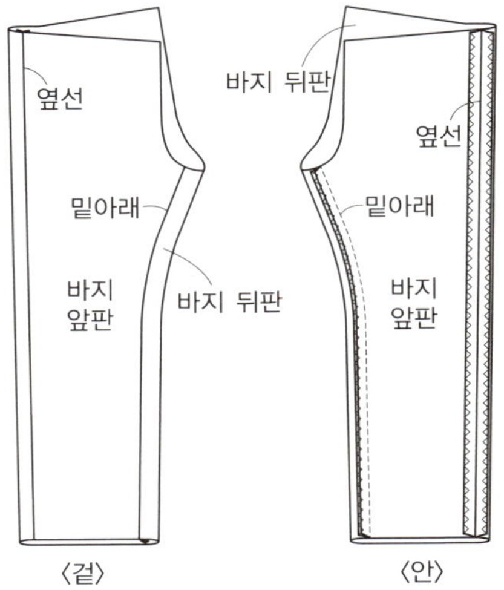

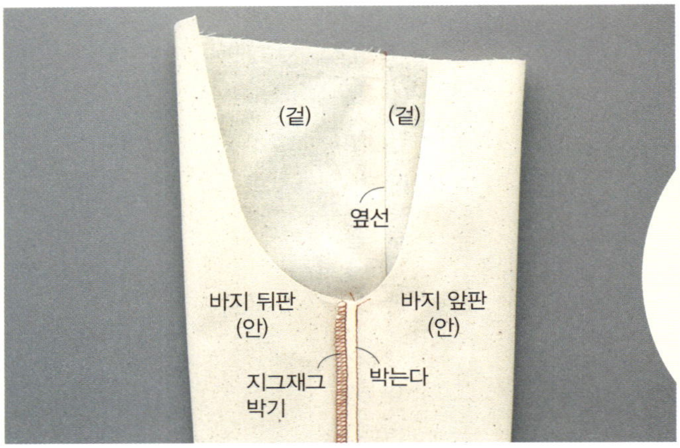

옆선을 박은 바지 앞판과 바지 뒤판을 겉끼리 맞대고 밑아래 완성선을 박는다. 시접은 2장을 같이 지그재그로 박아서 뒤쪽으로 넘긴다.
→ P.58 '옆선 박기' 참조.

Point

밑아래 쪽에서부터 밑단을 향해 박는다. 밑단에서 밑아래를 향해서 박으면 바이어스 방향으로 박는 것이라 옷감이 늘어나서 어긋나기 쉽다.

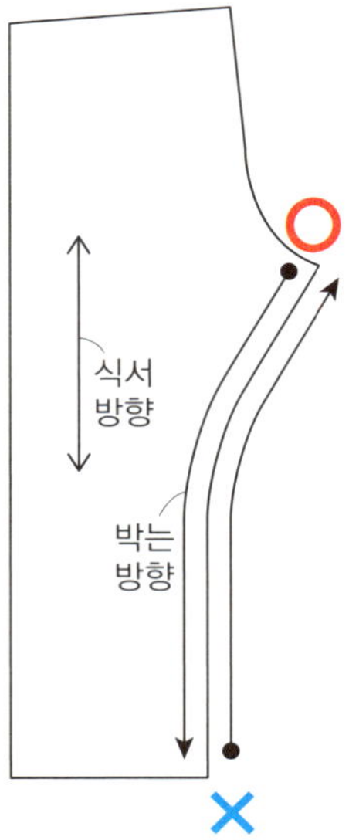

밑위 박기

바지 앞·뒤판을 이은 것을 2개 만들어서 겉끼리 닿도록 겹쳐서 박는다. 밑위는 바지를 입었을 때 가장 힘을 받는 부분이므로 겹쳐 박아서 강도를 높인다.

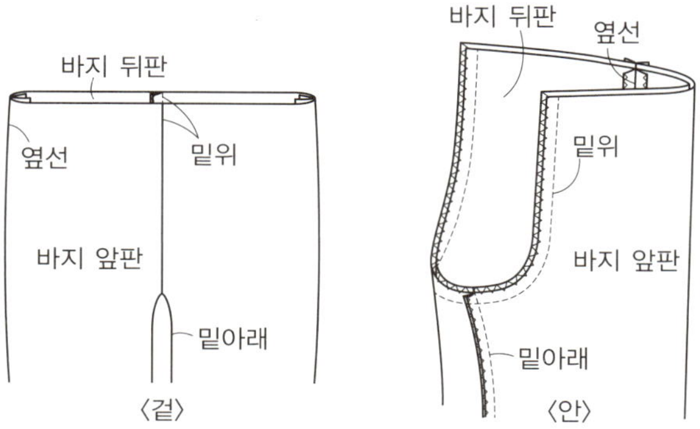

Attention

바지 앞판끼리, 바지 뒤판끼리 맞댄다.

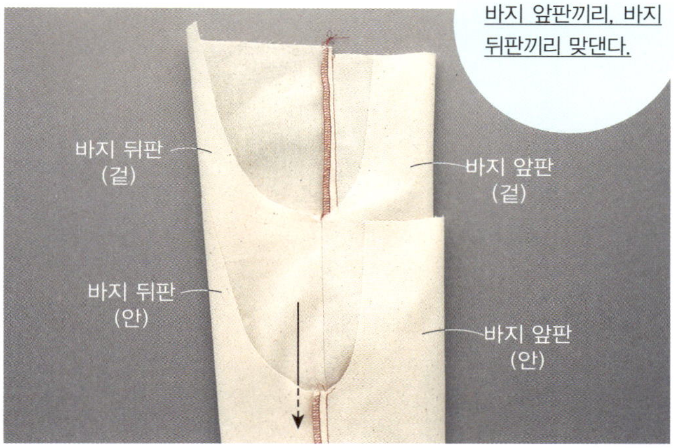

1 옆선과 밑아래를 박은 바지를 2개 준비한다. 하나를 겉으로 뒤집어서 다른 하나 안에 겉끼리 맞닿도록 넣는다.
→ P.58 '옆선 박기', P.80 '밑아래 박기' 참조.

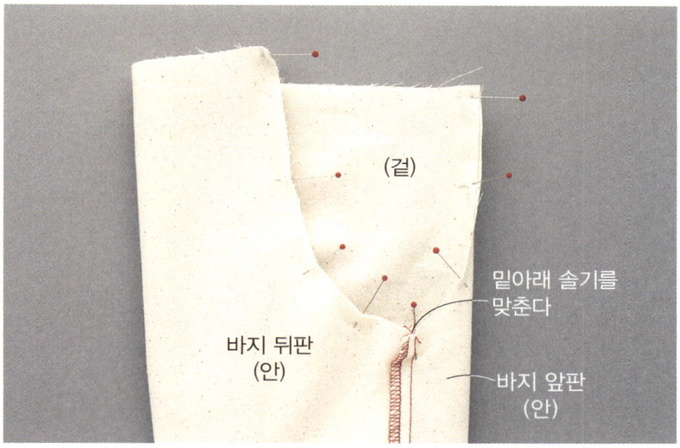

2 밑아래 솔기를 맞춰서 밑위를 시침핀으로 고정한다.

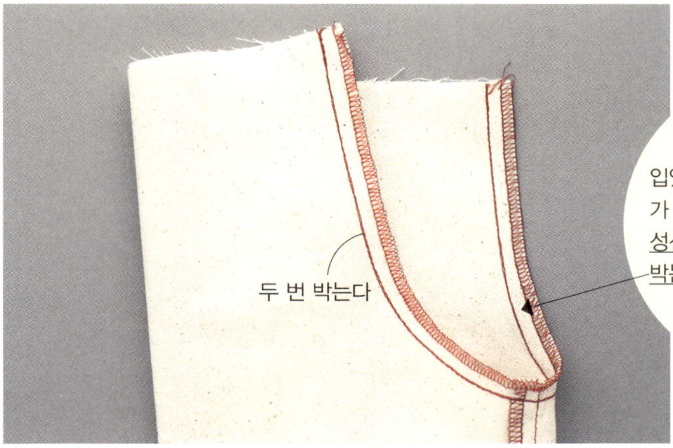

Point

입었을 때 바지 앞 · 뒤판 솔기가 터지는 것을 막기 위해 완성선을 솔기가 겹치게 두 번 박는다.

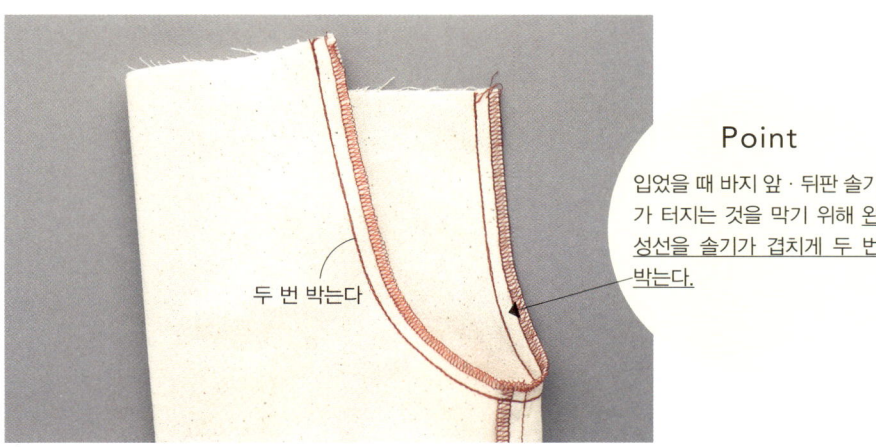

3 밑위 완성선을 두 번 박는다. 시접은 2장을 같이 지그재그로 박아서 한쪽으로 넘긴다.

허리선을 박아서 고무줄 넣기

바깥으로 접는 타입

허릿단을 달지 않고 팬츠나 스커트의 허리선 쪽을 그대로 접어서 안에 고무줄을 넣는다. 간단하고 단시간에 만들 수 있다.

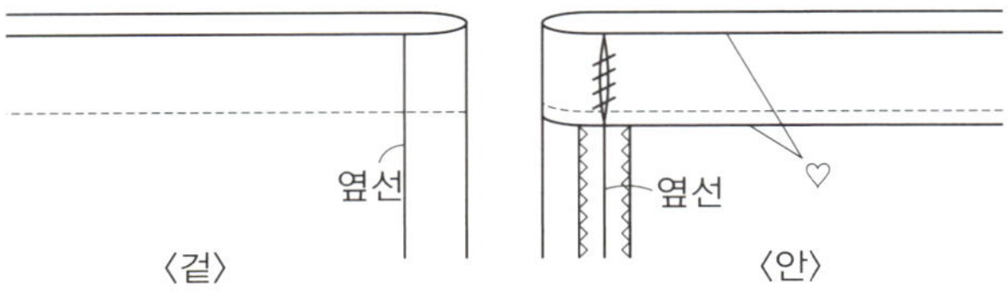

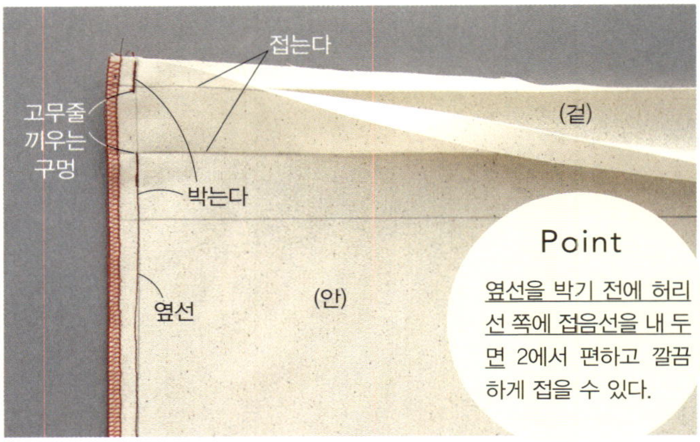

Point

옆선을 박기 전에 허리선 쪽에 접음선을 내 두면 2에서 편하고 깔끔하게 접을 수 있다.

1 허리선 시접을 두 번 또는 한 번 접고 다려서 접음선을 낸다. 접음선을 벌려서 고무줄 끼우는 구멍을 남기고 옆선을 완성선에서 박는다. ※ 사진은 두 번 접은 것. 고무줄을 끼우는 허리 폭은 P.84 참조.

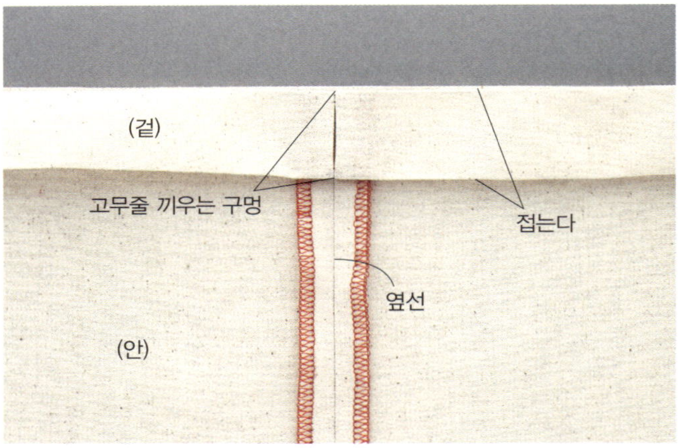

2 옆선 시접을 벌리고 1의 접음선에서 두 번 접는다.

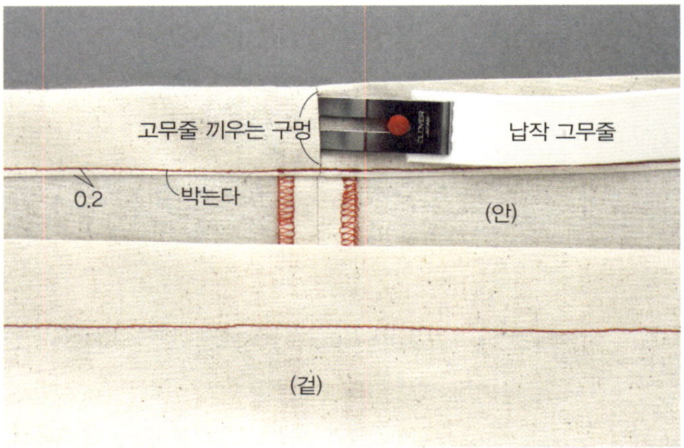

3 접음선 바로 옆을 한 바퀴 돌아가며 박는다. 고두줄 끼우는 구멍을 통해 정해진 길이의 납작 고무줄을 끼운다.

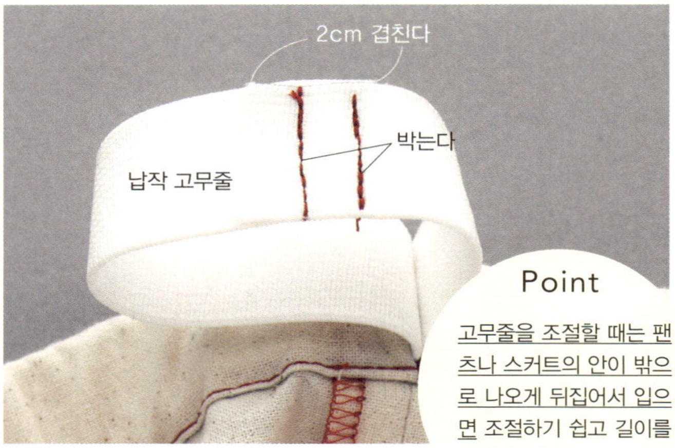

Point

고무줄을 조절할 때는 팬츠나 스커트의 안이 밖으로 나오게 뒤집어서 입으면 조절하기 쉽고 길이를 제대로 재기도 쉽다.

4 한 바퀴 다 박았으면, 입어 보고 고무줄 길이를 조절한다. 고무줄 끝을 2cm 겹쳐서 시침핀으로 고정하고 2줄 박는다(되박음질을 몇 번 한다).

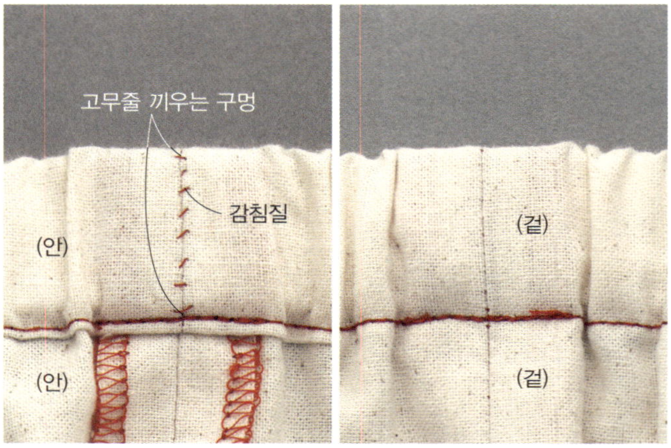

5 납작 고무줄을 고무줄 끼우는 구멍으로 속에 집어넣고 고무줄 끼우는 구멍을 감쳐서 막는다.

허릿단을 달아서 고무줄 넣기

허릿단 끝을 접어 넣지 않는 타입

허리선에 단 허릿단 속에 고무줄을 넣는다. 옷감 가장자리를 지그재그로 박아서 그대로 안쪽으로 넘기기 때문에 비교적 만들기가 간단하다.

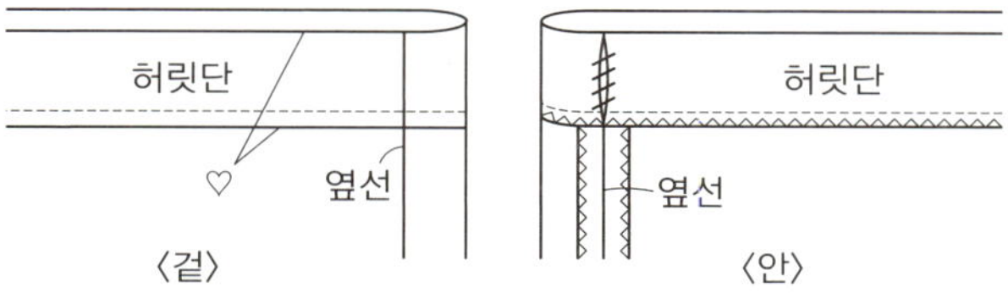

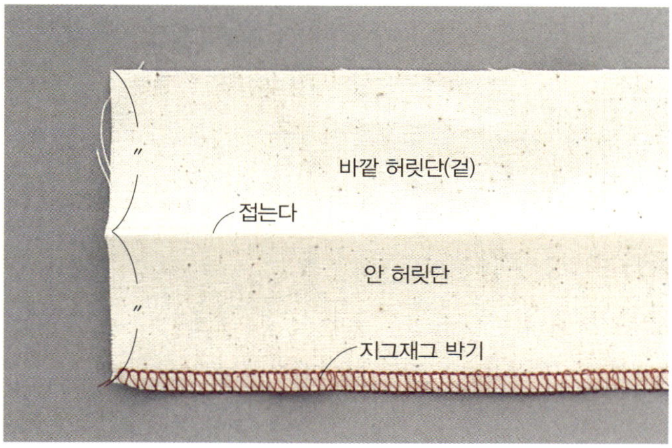

1 허릿단 한쪽 가장자리를 지그재그로 박는다. 반으로 접고 다려서 접음선을 낸다.
※ 고무줄을 끼우는 허리 폭은 P.84 참조.

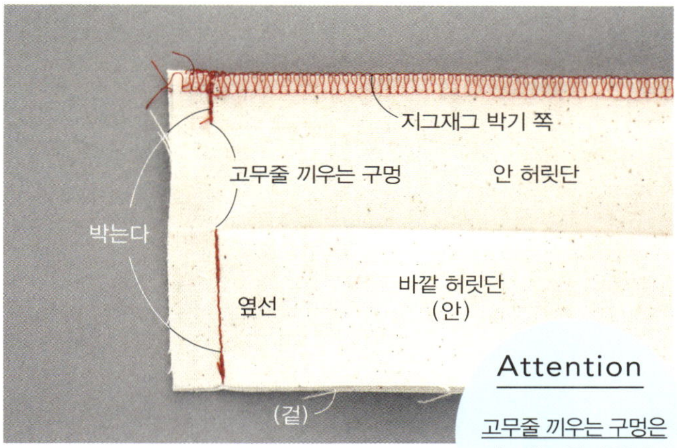

Attention

고무줄 끼우는 구멍은 지그재그 박기 쪽에.

2 겉끼리 맞닿게 반으로 접어서, 고무줄 끼우는 구멍을 남기고 옆선의 완성선을 박는다.

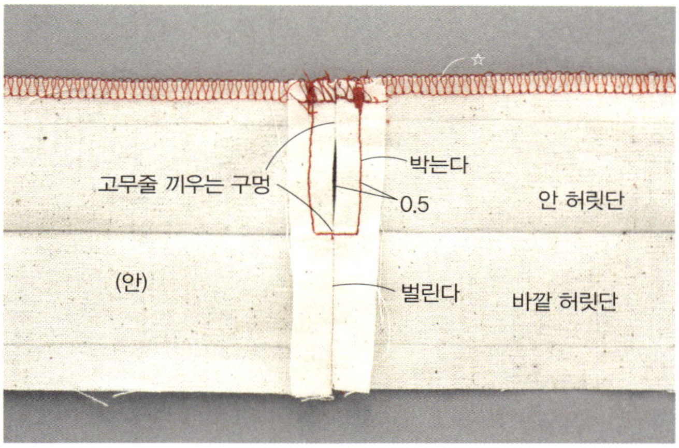

3 시접을 벌리고 고무줄 끼우는 구멍 주위를 ㄷ자로 박는다.

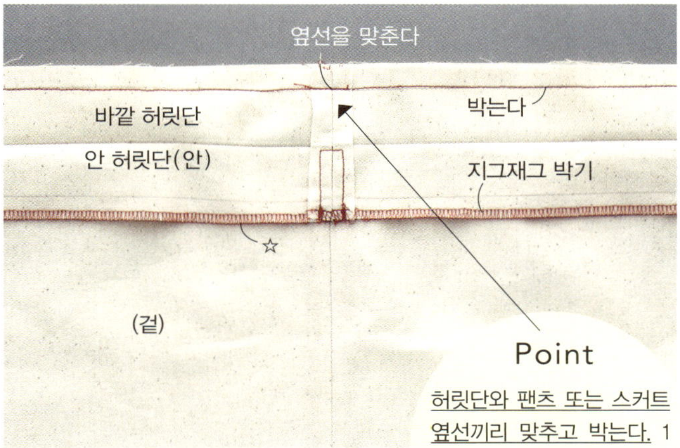

Point

허릿단와 팬츠 또는 스커트 옆선끼리 맞추고 박는다. 1에서 지그재그 박기를 하지 않은 쪽을 박는다.

4 팬츠 또는 스커트와 허릿단을 겉끼리 맞대고 완성선을 한 바퀴 돌아가며 박는다.

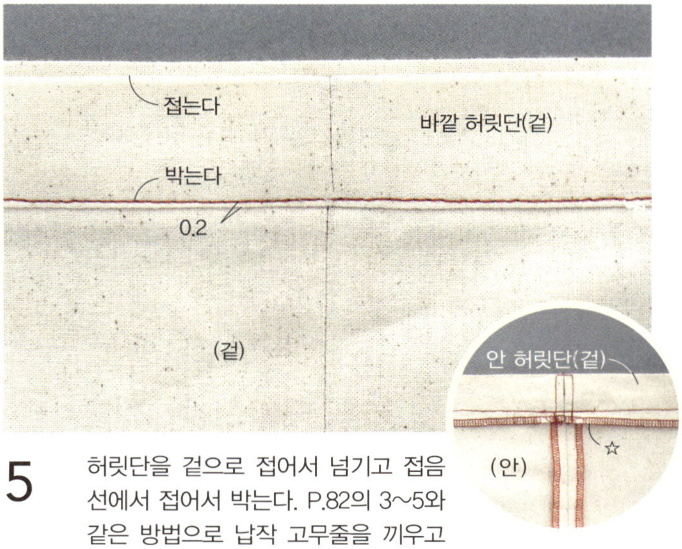

5 허릿단을 겉으로 접어서 넘기고 접음선에서 접어서 박는다. P.82의 3~5와 같은 방법으로 납작 고무줄을 끼우고 고무줄 끼우는 구멍을 막는다.

허릿단을 달아서 고무줄 넣기

허릿단 끝을 접어 넣는 타입

허리선에 단 허릿단 속에 고무줄을 넣는다. 허릿단 가장자리를 안쪽으로 접어 넣고 박기 때문에 안쪽에서 봐도 옷감 가장자리가 보이지 않아서 깔끔하게 마무리된다.

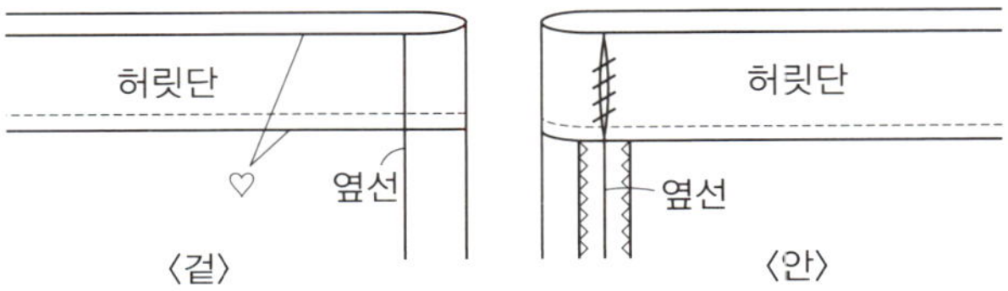

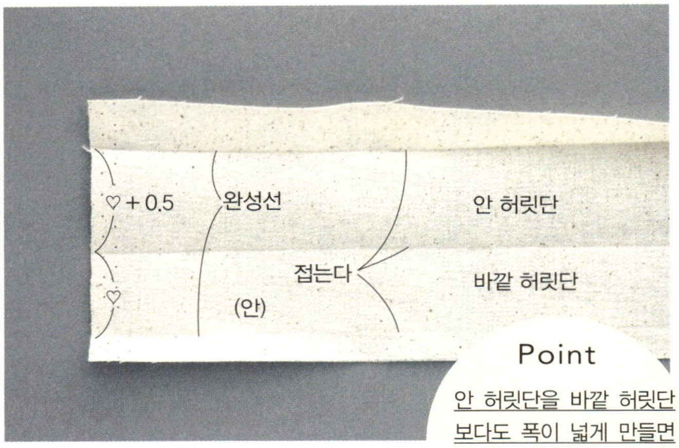

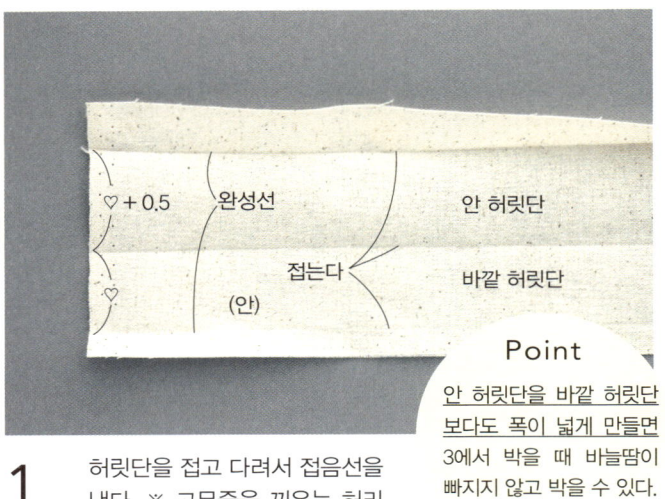

Point
안 허릿단을 바깥 허릿단보다도 폭이 넓게 만들면 3에서 박을 때 바늘땀이 빠지지 않고 박을 수 있다.

1 허릿단을 접고 다려서 접음선을 낸다. ※ 고무줄을 끼우는 허리 폭은 아래 참조.

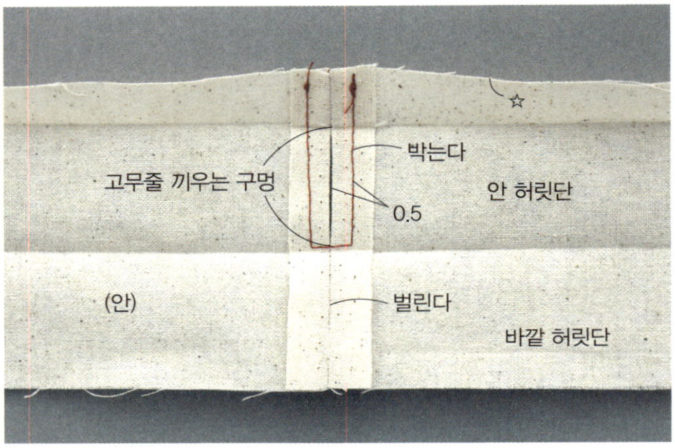

2 P.83의 2와 같은 방법으로 한다. 시접을 벌리고 고무줄 끼우는 구멍 주위를 ㄷ자로 박는다.

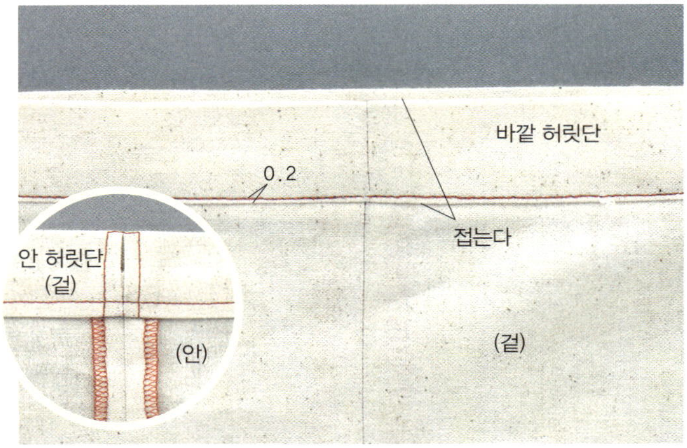

3 P.83의 4와 같은 방법으로 팬츠 또는 스커트와 바깥 허릿단을 겉끼리 맞대고 완성선을 한 바퀴 돌아가며 박는다. 허릿단을 겉으로 접어 넘기고 접음선에서 접어서 겉에서 박는다. P.82의 3~5와 같은 방법으로 고무줄을 끼운다.

납작 고무줄과 고무줄을 끼우는 허리 폭 계산하는 법

속에서 납작 고무줄이 꼬이지 않고 깔끔하게 끼울 수 있는 폭입니다. 정해진 폭의 납작 고무줄이 없을 때는 참고하세요.

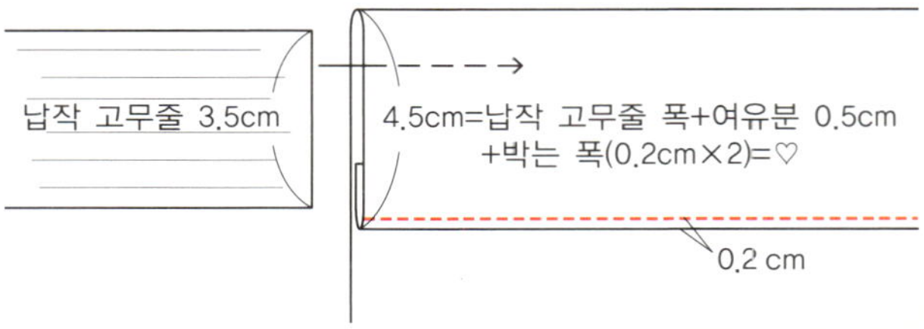

알아두면 좋은 옷 만들기 기본 레슨

양재 테크닉 BEST 11

● 기본 도구

꼭 준비해야 하는 기본 도구를 정리했습니다.

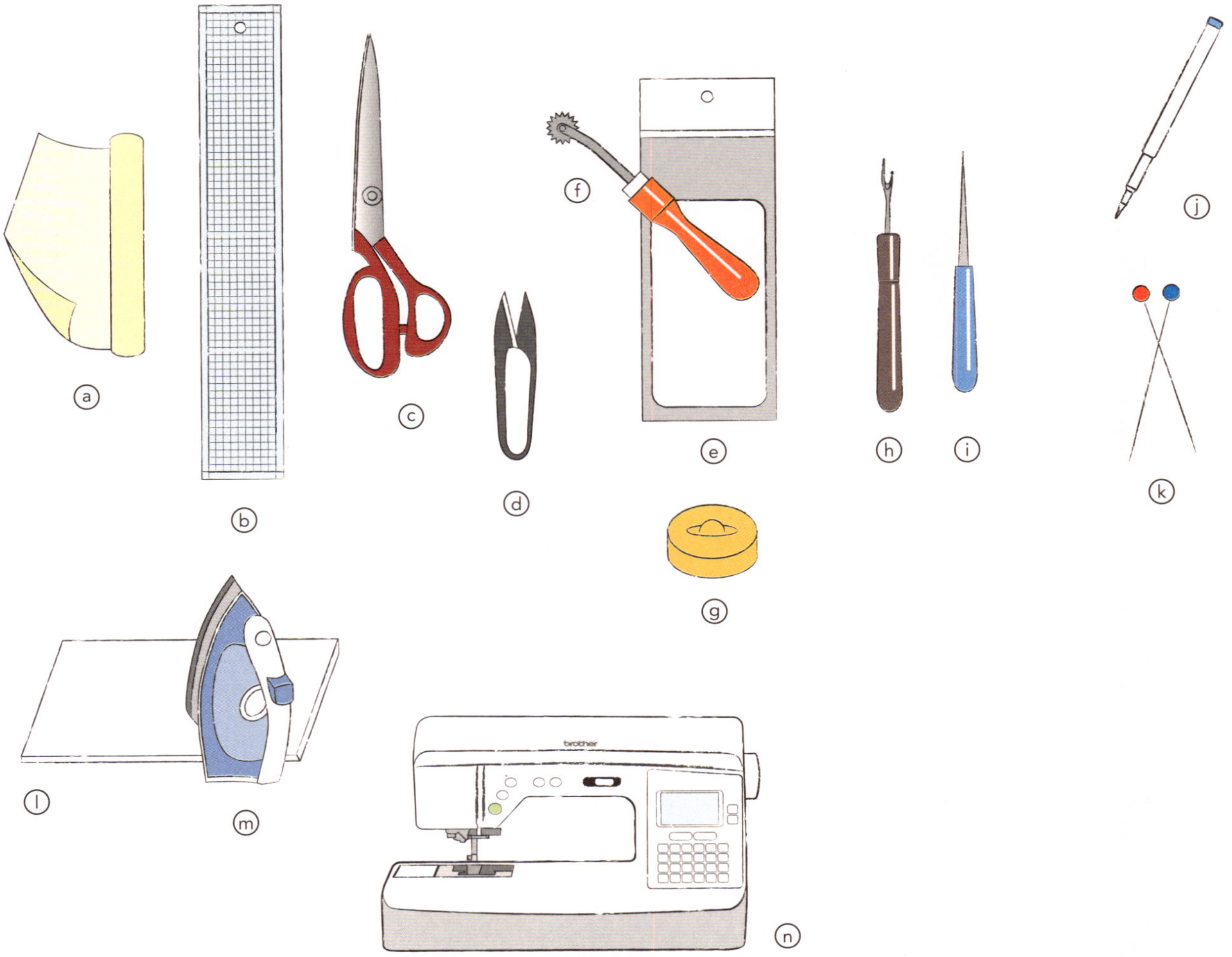

ⓐ **패턴지나 부직포** : 실물 크기 옷본을 옮겨 그릴 때 사용한다. 패턴지는 까끌까끌한 면에 선을 그린다. 부직포는 잘 찢어지지 않고 접어도 구김이 가지 않으므로 추천.

ⓑ **모눈자** : 치수를 잴 때, 선을 그릴 때, 옷본을 옮겨 그릴 때 필요하다.

ⓒ **재단 가위** : 묵직한 것을 고르면 옷감을 안정적으로 자를 수 있다.

ⓓ **쪽가위** : 날 끝까지 잘 드는 것을 고른다.

ⓔ **초크 페이퍼** : 다트 선 등을 옮겨 그릴 때 룰렛과 함께 사용한다. 그린 선을 지울 수 있는 제품을 추천.

ⓕ **룰렛** : 초크 페이퍼와 함께 사용한다.

ⓖ **문진** : 실물 크기 옷본을 옮겨 그릴 때나 마름질할 때 사용한다. 주위에 있는 물건 중 어느 정도 무게가 있는 것으로 대신할 수도 있다.

ⓗ **실뜯개** : 바늘땀을 뜯거나 단춧구멍을 뚫을 때 사용한다.

ⓘ **송곳** : 재봉틀로 박을 때 옷감을 앞으로 보내거나 모서리를 꺼내거나 정리할 때, 옷감에 표시할 때 사용한다.

ⓙ **초크 펜** : 일시적으로 옷감에 표시하고 싶을 때 사용하므로 시간이 지나면 사라지거나 물로 지워지는 타입이 편하다.

ⓚ **시침핀** : 옷감 여러 장을 겹쳐서 고정할 때 사용한다.

ⓛ **다림판** : 크기가 넉넉한 것을 고르면 작업하기 편하다.

ⓜ **다리미** : 올 바로잡기, 주름 펴기, 모양 정리, 시접 벌리기, 주름 누르기 등에 사용한다.

ⓝ **재봉틀** : 직선 박기와 옷감 가장자리 처리(지그재그 스티치)를 할 수 있는 가정용 재봉틀이면 OK.

※ 편리하게 사용하고 있는 도구
- **루프 뒤집개** : 갈고리 끝에 옷감을 걸어서 겉으로 뒤집을 때 사용한다.
- **고무줄 끼우개나 끈 끼우개** : 고무줄이나 끈을 끼울 때 사용한다.

● 옷감 준비하기

사용하는 옷감

만들고 싶은 작품을 정했으면, 재료 항목을 참조하여 같은 소재나 비슷한 소재의 옷감을 쓰면 책에 실린 작품에 가깝게 만들 수 있습니다.

옷감은 직물(실을 가로세로 교차하여 만들며 거의 늘어나지 않는 옷감)과 니트(실로 고리를 만들어서 짠 것으로 신축성이 있는 옷감)로 나뉩니다. 니트로 만든 작품을 직물로 만들면 사이즈나 모양이 크게 달라지거나 머리가 들어가지 않는 옷이 되기도 하므로(반대도 마찬가지) 주의해야 합니다.

제 책에서는 리넨을 중심으로 하여 리넨 혼방, 울 등의 옷감을 사용하는 작품이 많습니다.

완성한 옷을 세탁할 때 줄어들거나 비뚤어질 가능성이 높은 옷감이 있습니다. 그런 옷감은 먼저 물에 담가서 옷감을 줄어들게 한 뒤에 (선세탁 · 올 바로잡기) 마름질합니다.

- 리넨, 리넨 혼방 → 반드시 선세탁 · 올 바로잡기를 한다.
- 코튼 → 선세탁 · 올 바로잡기는 필요 없다.
- 울 → 스팀다리미로 옷감 안쪽에서 증기를 충분히 쐬어 주며 주름을 정리한다.

선세탁 · 올 바로잡기 하는 법

① 가로 올을 한 가닥, 옷감 폭만큼 빼내고, 뺀 뒤에 남는 선을 따라서 옷감을 자릅니다. 모서리가 직각이 되도록 손으로 당겨서 비뚤어진 올을 바로 잡습니다.

② 세제(형광제가 들어 있지 않은 제품)를 사용해서 빨고, 올 방향을 정리하여 반쯤 마를 때까지 그늘에서 말립니다.

③ 가로 올 방향과 세로 올 방향이 직각이 되도록 정리한 뒤에 올 방향을 따라 옷감 안쪽에서 다려 줍니다.

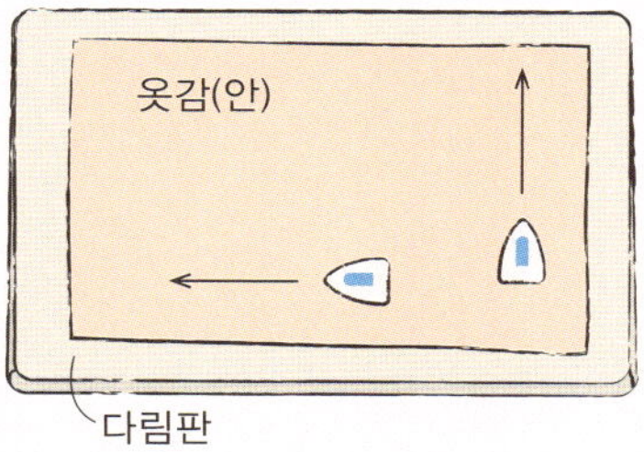

● 사이즈

자신의 가슴둘레, 허리둘레, 엉덩이둘레 치수를 속옷을 입은 상태에서 재서, 옷 만들기 책에 실린 신체 치수에 가까운 사이즈를 고르면서 각 작품의 완성 사이즈도 참고하여 결정합니다.

완성 사이즈가 가리키는 위치

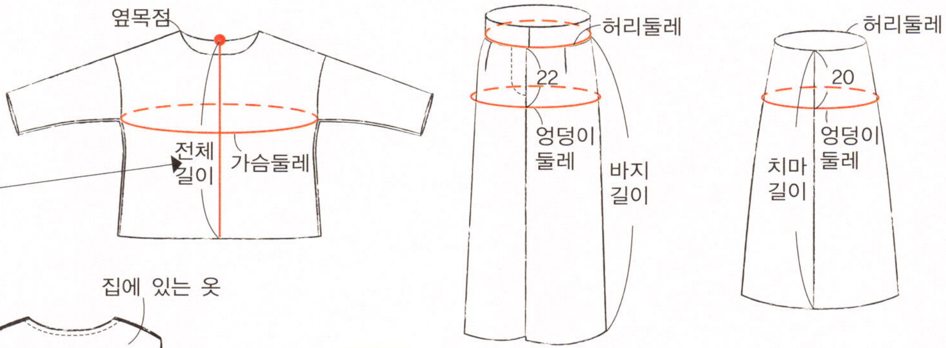

전체 길이는 뒤판 중심에서부터 밑단까지를 재는 경우와 목점에서 밑단까지를 재는 경우가 있습니다.

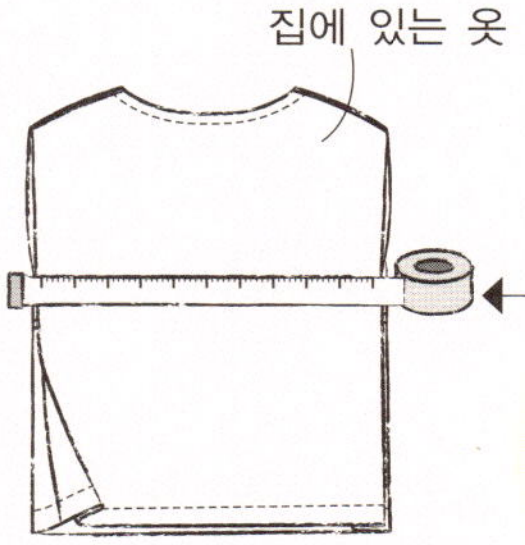

Advice

집에 있는 옷의 사이즈를 재서 완성 사이즈와 비교해 보면 옷 사이즈를 정하기 쉽습니다.

● 옷본 만들기

시접이 포함되지 않은 실물 크기 옷본을 사용할 경우를 설명했습니다. 시접이 포함된 옷본을 사용할 때는 1의 작업만하면 됩니다.

1. 실물 크기 옷본을 옮겨 그린다.

실물 크기 옷본 위에 패턴지나 부직포를 겹치고 마스킹테이프나 문진으로 고정한 뒤에 필요한 부분의 완성선(시접이 포함된 옷본일 때는 시접선)을 연필로 옮겨 그립니다. 각 부분의 이름, 식서 방향선, 맞춤 표시 등의 기호도 잊지 말고 옮겨 적습니다.

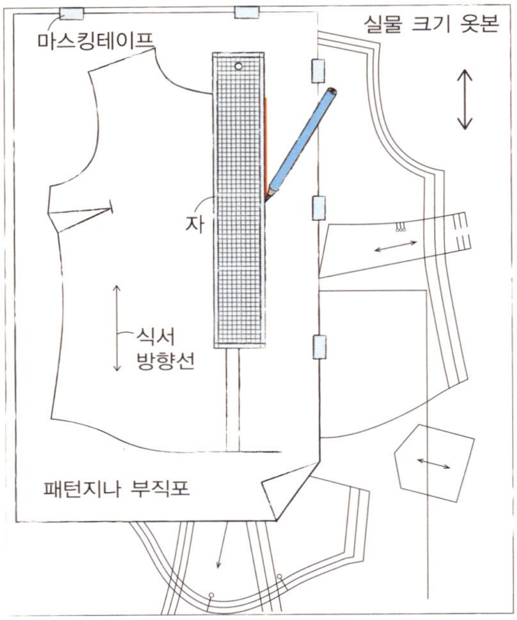

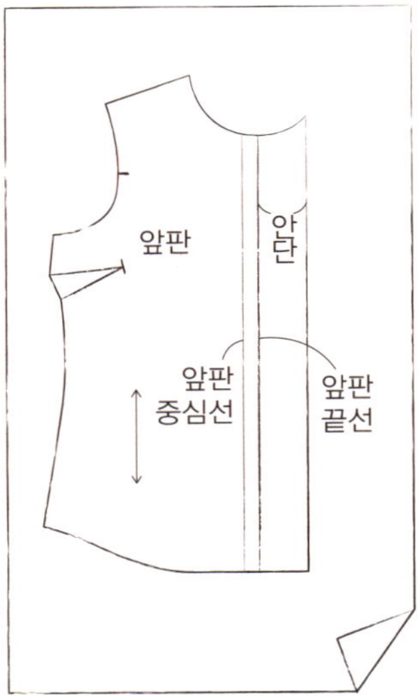

Advice

옮겨 그리기 전에는 다림질을

실물 크기 옷본은 작게 접혀 있어서, 펼치면 접음선 부분이 올록볼록해서 옮겨 그리기 어렵습니다. 스팀 없이 저온으로 설정한 다리미로 눌러 주름을 펴서, 올바른 치수를 옮겨 그릴 수 있도록 합니다.

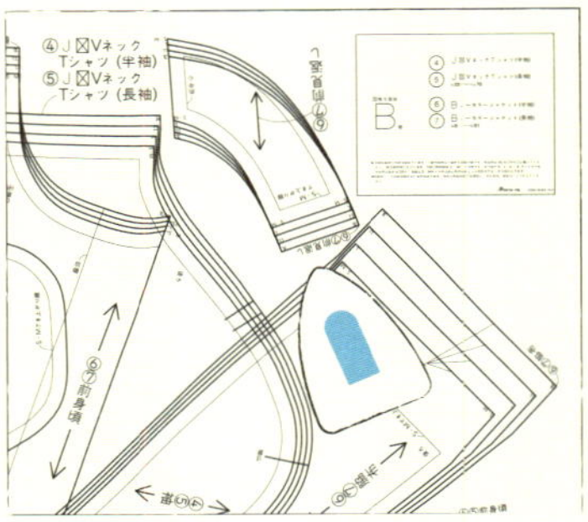

옷본 기호

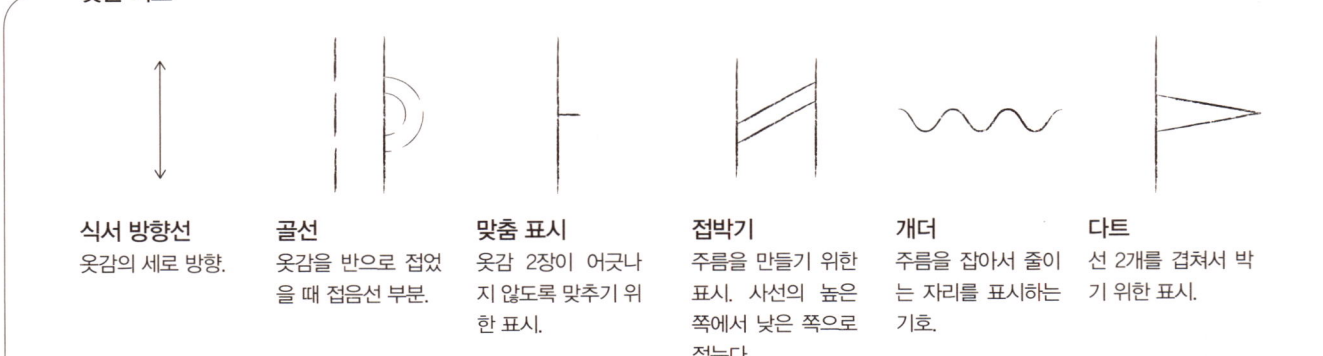

식서 방향선
옷감의 세로 방향.

골선
옷감을 반으로 접었을 때 접음선 부분.

맞춤 표시
옷감 2장이 어긋나지 않도록 맞추기 위한 표시.

접박기
주름을 만들기 위한 표시. 사선의 높은 쪽에서 낮은 쪽으로 접는다.

개더
주름을 잡아서 줄이는 자리를 표시하는 기호.

다트
선 2개를 겹쳐서 박기 위한 표시.

2. 시접을 그린다.

완성선 바깥쪽에 시접선을 그립니다. 모눈자를 이용하여 필요한 시접 폭만큼 완성선과 평행으로 선을 긋습니다. 완성선 모서리가 직각이 아닐 때는 아래 A 방법이 제일 간단하지만, 장소에 따라서는 시접을 접었을 때 옷감이 남거나 부족하기도 합니다. 그럴 때는 B·C 방법으로 시접을 그립니다.

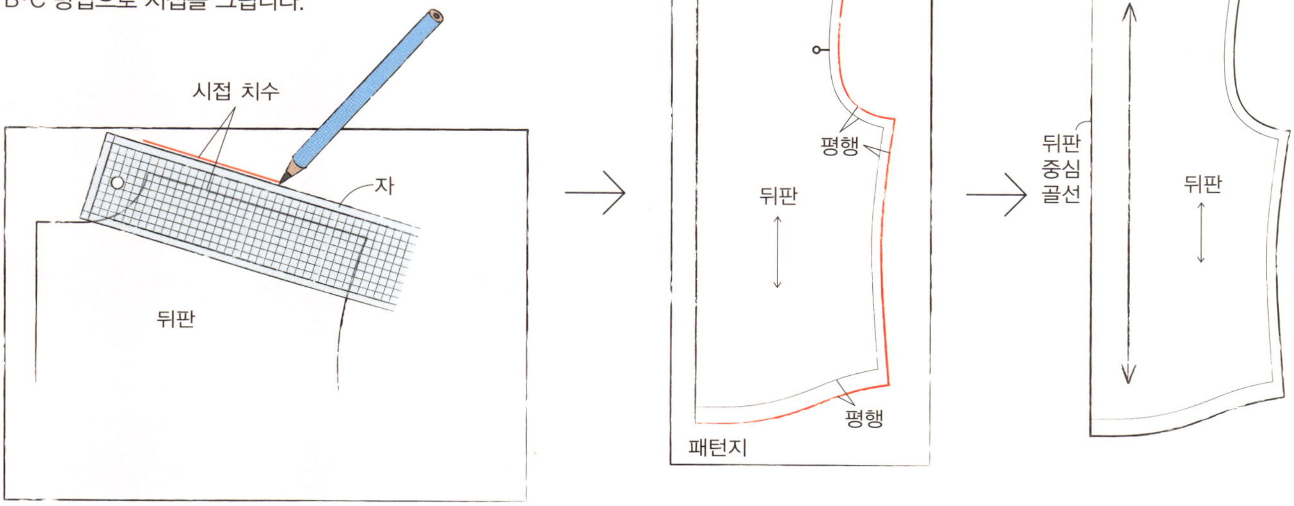

○ 모서리 시접 그리는 법

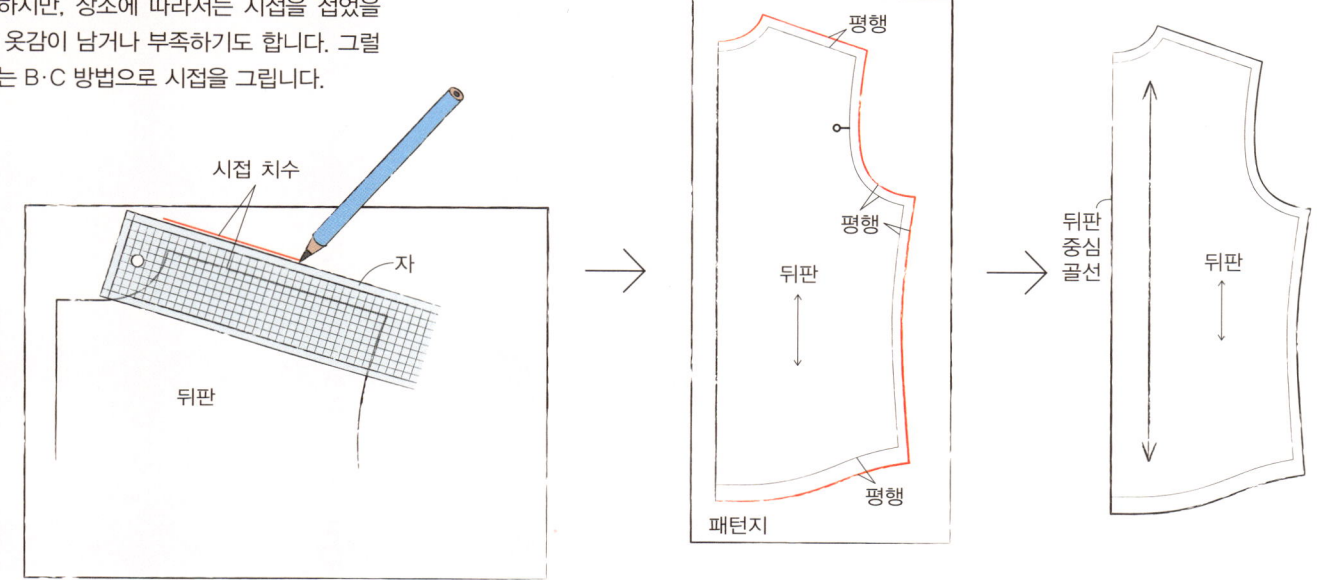

A. 연장해서 그린다
시접선을 그대로 연장한다.

이 부분의 모서리에
커프스, 옷깃, 덧단 등

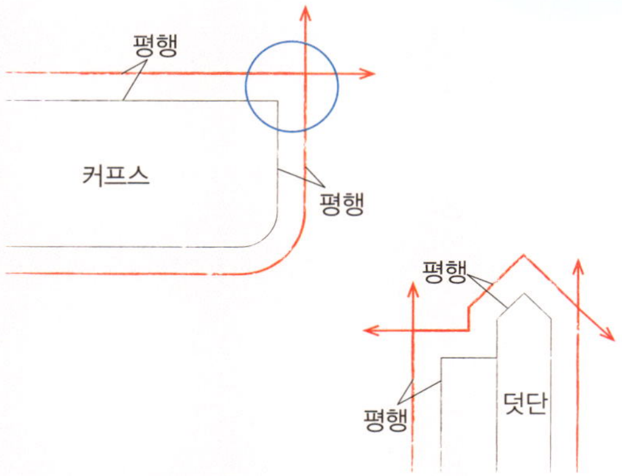

B. 직각으로 그린다
먼저 박는 쪽의 완성선을 연장하고 그 선에 대해 직각으로 그린다.

이 부분의 모서리에
안감이나 안단을 달 때 목둘레선, 어깨선 끝, 옆선, 진동둘레

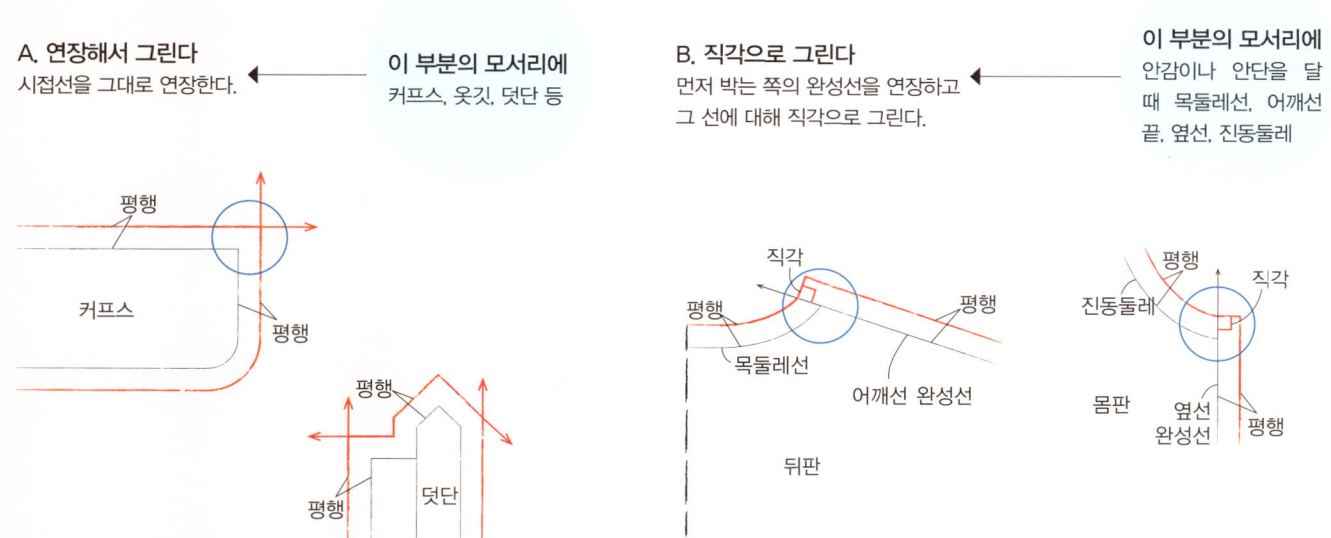

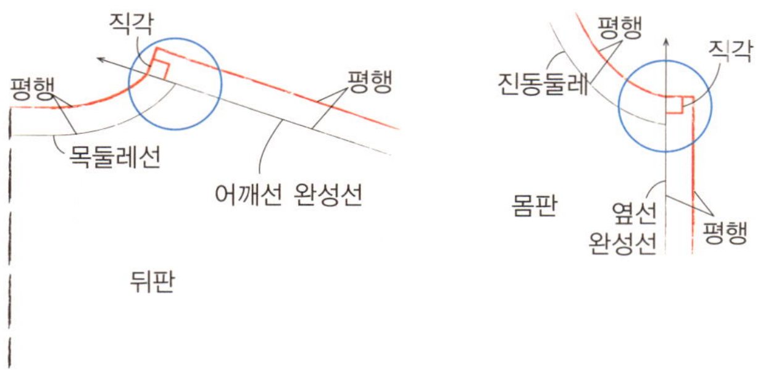

C. 반전하여 그린다

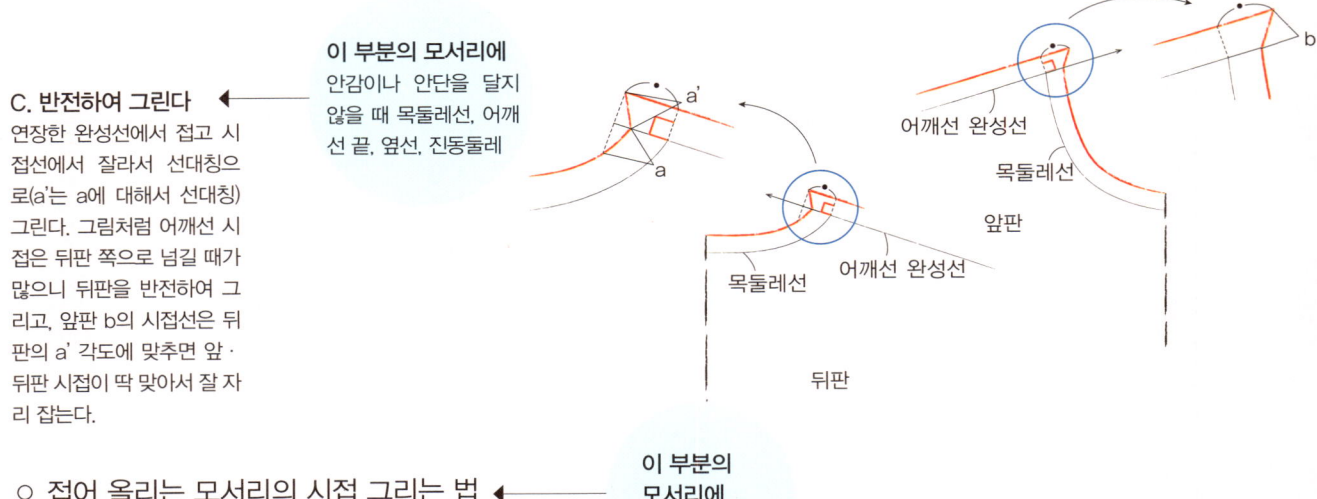

연장한 완성선에서 접고 시접선에서 잘라서 선대칭으로(a'는 a에 대해서 선대칭) 그린다. 그림처럼 어깨선 시접은 뒤판 쪽으로 넘길 때가 많으니 뒤판을 반전하여 그리고, 앞판 b의 시접선은 뒤판의 a' 각도에 맞추면 앞 · 뒤판 시접이 딱 맞아서 잘 자리 잡는다.

이 부분의 모서리에
안감이나 안단을 달지 않을 때 목둘레선, 어깨선 끝, 옆선, 진동둘레

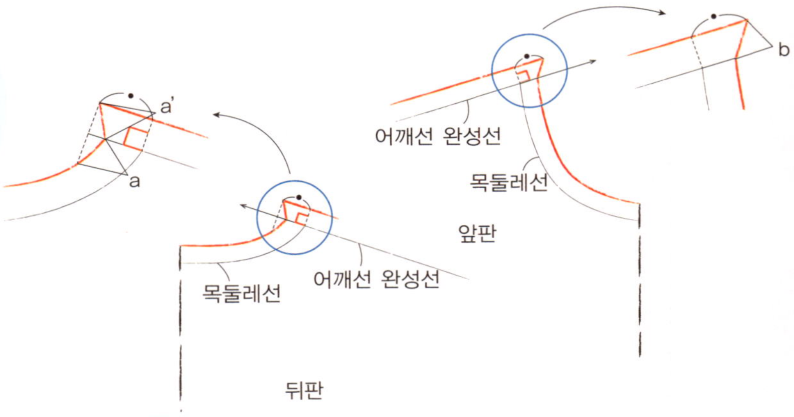

○ 접어 올리는 모서리의 시접 그리는 법

이 부분의 모서리에
소맷부리, 밑단

· **한 번 접기** ※ 두 번 접을 때도 방법은 같다.

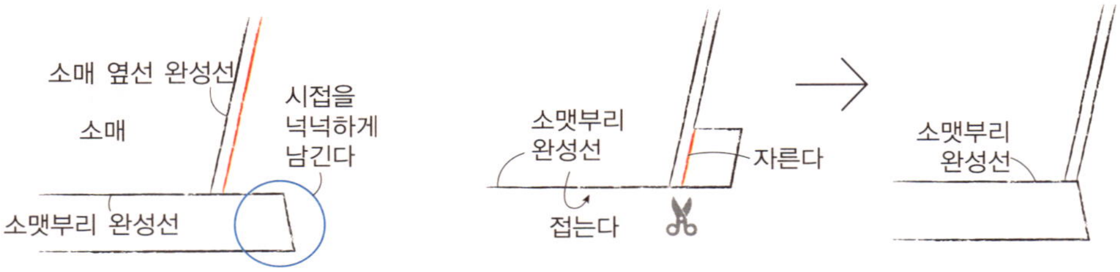

1 소맷부리 완성선을 연장하고, 모서리 주위를 넉넉하게 남겨서 옷본을 잘라 낸다.

2 완성선에서 접고 소매 옆선 시접선을 따라서 남는 부분을 자른다.

○ 다트의 모서리 시접 그리는 법

※ 접박기도 같다.

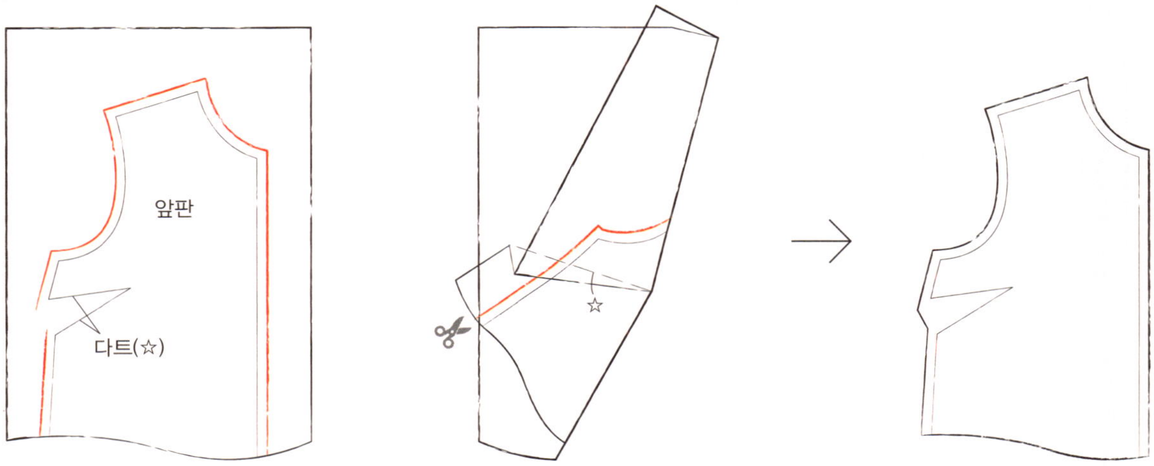

1 다트 부분을 남기고 시접선을 그린다.

2 다트를 접어서 시접선을 자른다.
※ 만드는 법을 참조하여 다트를 넘기는 방향과 같은 방향으로 접는다.

● 옷본 보정하기

자기 사이즈에 더 잘 맞도록 옷본을 보정할 수 있습니다.

전체 길이를 고친다

※ 밑단 폭, 소맷부리 폭을 바꾸지 않고 보정하는 법.

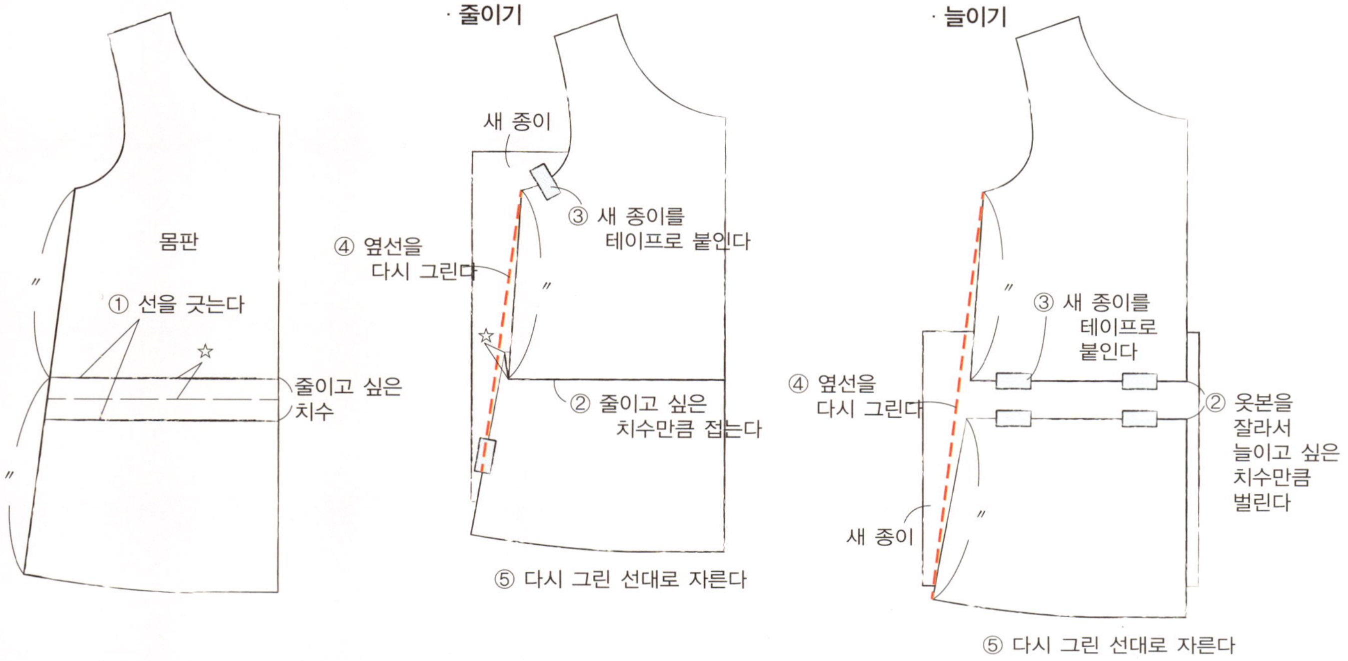

몸판
① 선을 긋는다
☆
줄이고 싶은
치수
· 줄이기
새 종이
③ 새 종이를
테이프로 붙인다
④ 옆선을
다시 그린다
☆
② 줄이고 싶은
치수만큼 접는다
⑤ 다시 그린 선대로 자른다
· 늘이기
③ 새 종이를
테이프로
붙인다
④ 옆선을
다시 그린다
② 옷본을
잘라서
늘이고 싶은
치수만큼
벌린다
새 종이
⑤ 다시 그린 선대로 자른다

소매 길이를 고친다

※ 위의 전체 길이와 마찬가지로 새 종이를 붙여서 작업한다.

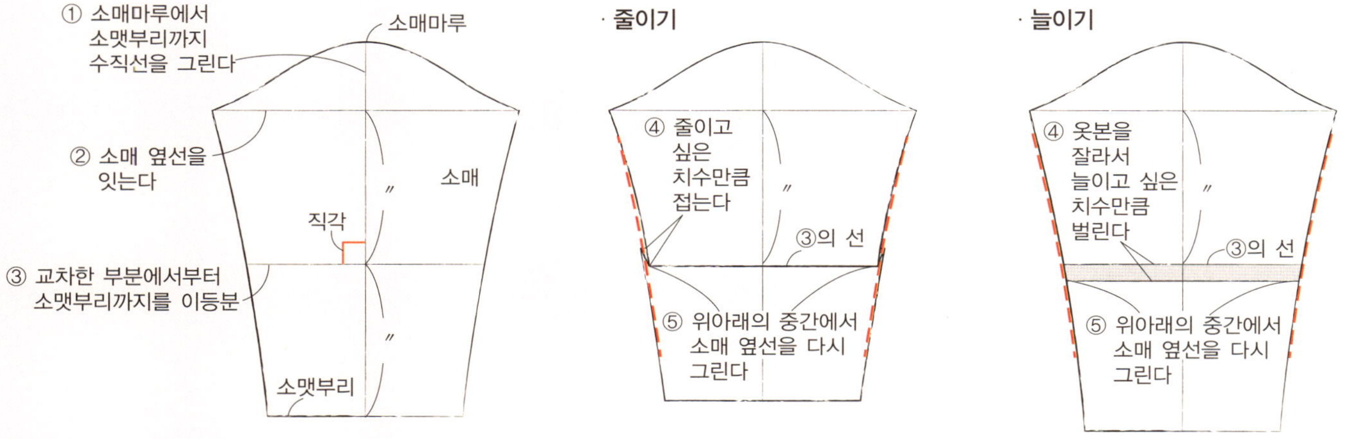

① 소매마루에서
소맷부리까지
수직선을 그린다
소매마루
② 소매 옆선을
잇는다
소매
직각
③ 교차한 부분에서부터
소맷부리까지를 이등분
소맷부리
· 줄이기
④ 줄이고
싶은
치수만큼
접는다
③의 선
⑤ 위아래의 중간에서
소매 옆선을 다시
그린다
· 늘이기
④ 옷본을
잘라서
늘이고 싶은
치수만큼
벌린다
③의 선
⑤ 위아래의 중간에서
소매 옆선을 다시
그린다

바지 길이를 고친다

※ P.91의 전체 길이와 마찬가지로 새 종이를 붙여서 작업한다.

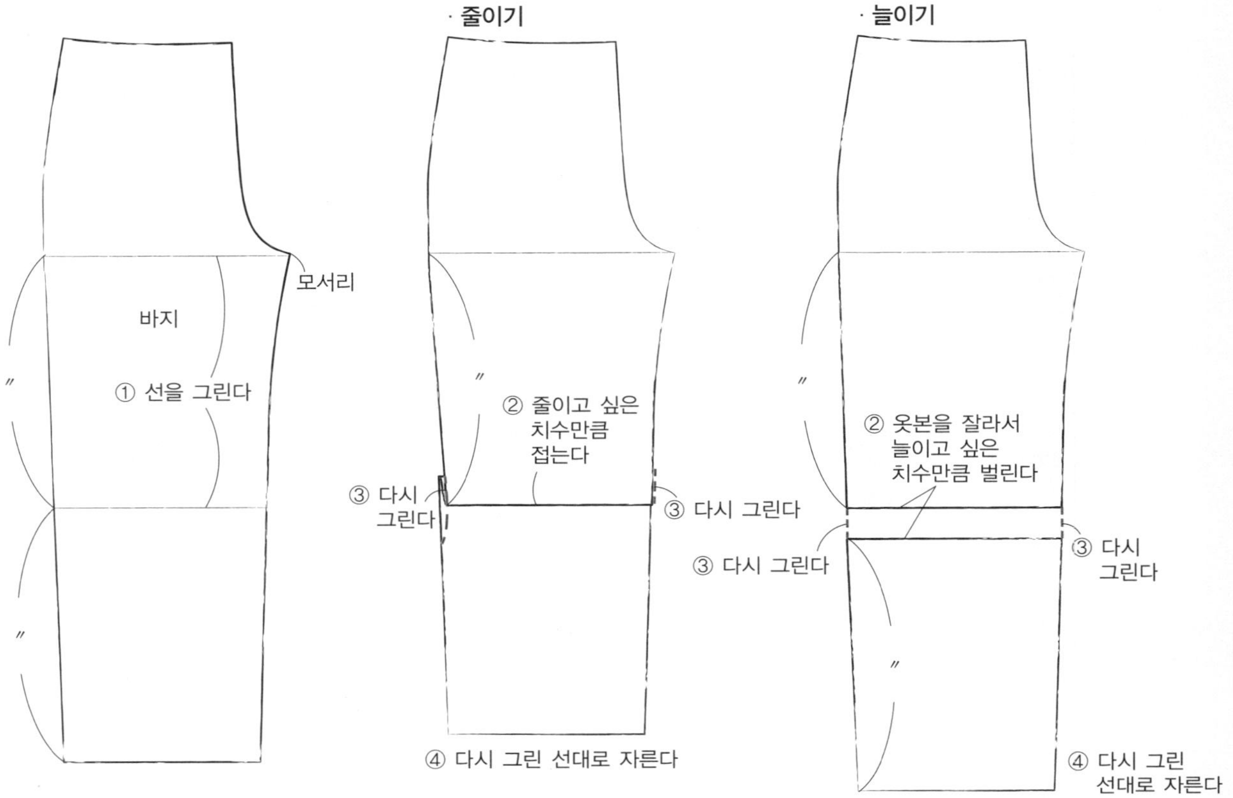
모서리
바지
① 선을 그린다
· 줄이기
② 줄이고 싶은
치수만큼
접는다
③ 다시
그린다
③ 다시 그린다
④ 다시 그린 선대로 자른다
· 늘이기
② 옷본을 잘라서
늘이고 싶은
치수만큼 벌린다
③ 다시 그린다
③ 다시
그린다
④ 다시 그린
선대로 자른다

바지 폭을 고친다

※ P.91의 전체 길이와 마찬가지로 새 종이를 붙여서 작업한다.

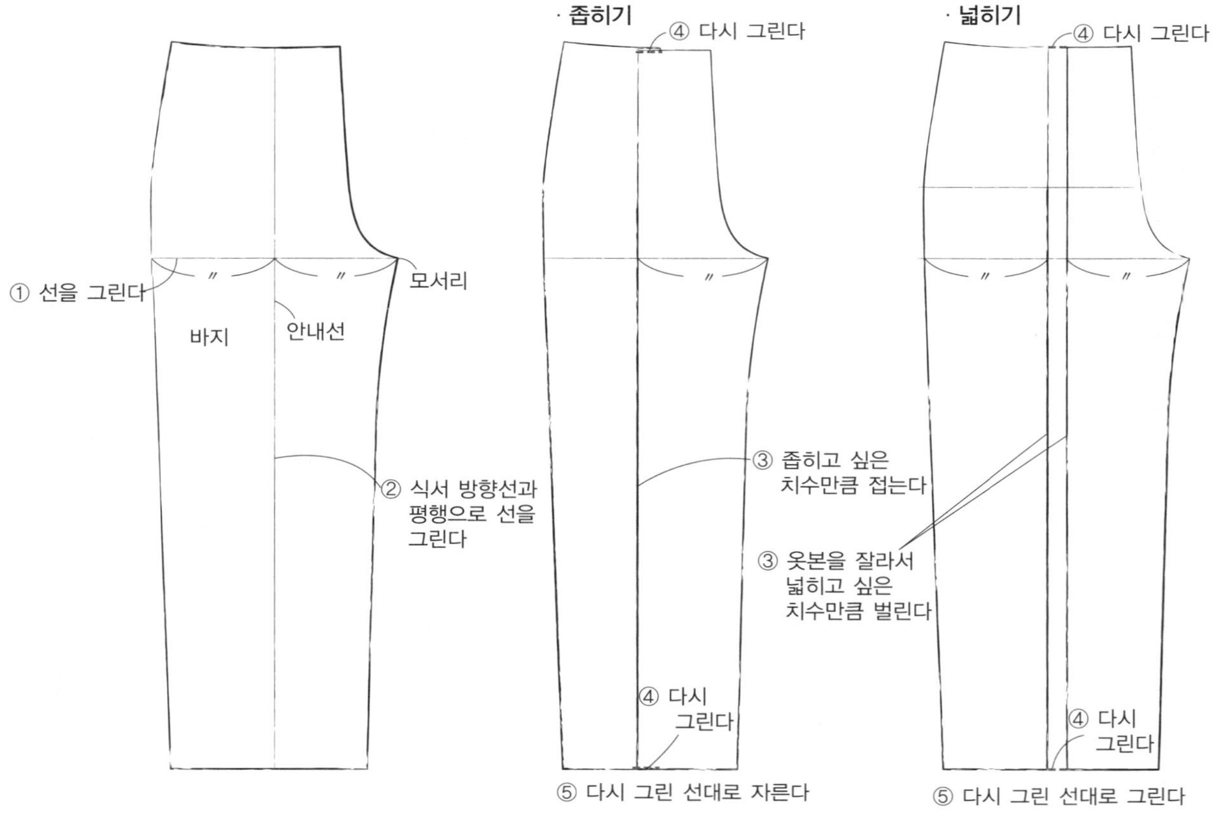
① 선을 그린다
모서리
바지
안내선
② 식서 방향선과
평행으로 선을
그린다
· 좁히기
④ 다시 그린다
③ 좁히고 싶은
치수만큼 접는다
④ 다시
그린다
⑤ 다시 그린 선대로 자른다
· 넓히기
④ 다시 그린다
③ 옷본을 잘라서
넓히고 싶은
치수만큼 벌린다
④ 다시
그린다
⑤ 다시 그린 선대로 그린다

● 옷감 마름질하기

옷본의 식서 방향선을 옷감의 식서 방향에 맞추면서 배치합니다. 옷감을 낭비하지 않도록 각 작품의 마름질하는 법 그림을 참조하여 옷감 위에 옷본을 놓고 시침핀으로 고정한 뒤에 자릅니다. → 옷감을 마름질할 때는 P.24 참조.

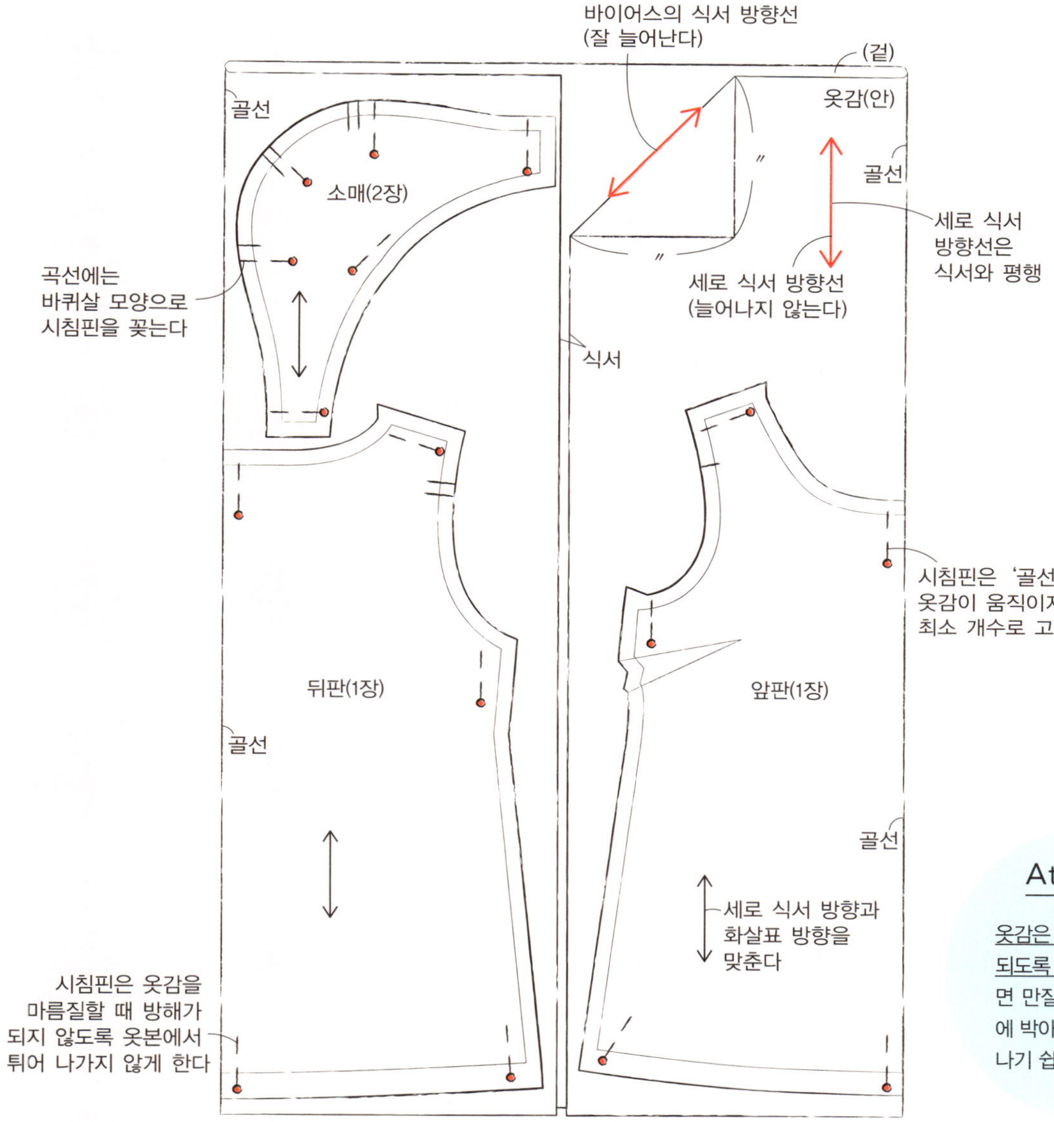

바이어스의 식서 방향선
(잘 늘어난다)
(겉)
옷감(안)
골선
소매(2장)
골선
곡선에는
바퀴살 모양으로
시침핀을 꽂는다
세로 식서
방향선은
식서와 평행
세로 식서 방향선
(늘어나지 않는다)
식서
시침핀은 '골선' 쪽에서부터 꽂고,
옷감이 움직이지 않는
최소 개수로 고정한다
뒤판(1장)
앞판(1장)
골선
골선
세로 식서 방향과
화살표 방향을
맞춘다
시침핀은 옷감을
마름질할 때 방해가
되지 않도록 옷본에서
튀어 나가지 않게 한다

Attention

<u>옷감은 마름질을 다 했으면 되도록 만지지 않는다.</u> 만지면 만질수록 늘어나기 때문에 박아서 잇는 부분이 어긋나기 쉽다.

옷감 폭에 따라서는 옷본 방향을 돌려서 마름질하는 것이 낭비가 없을 때가 있습니다. 하지만 절대로 옷본 방향을 돌려서 마름질하면 안 되는 옷감을 소개합니다.

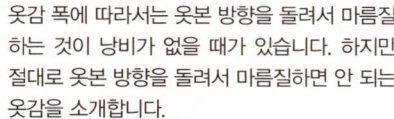

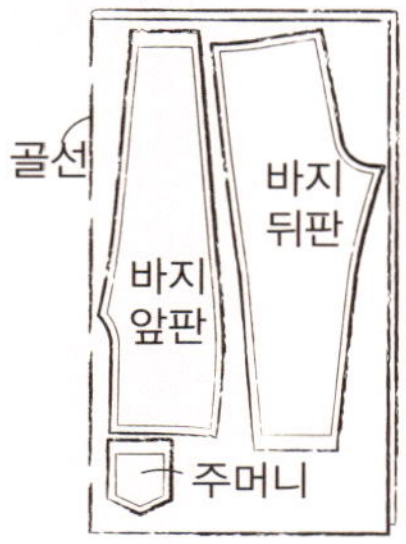

골선
바지
뒤판
바지
앞판
주머니

<u>직조 무늬나 프린트에 위아래가 있는 옷감</u>

NG

무늬 방향이 달라집니다.

<u>퍼, 코듀로이, 면벨벳 등 털이 있는 옷감</u>

NG

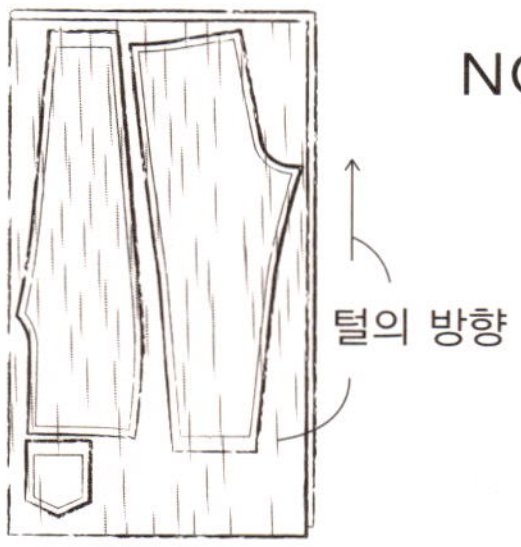

털의 방향

털의 방향이 제각각이 됩니다.

<u>자카드나 능직 옷감 중에 광택이 있는 것</u>

NG

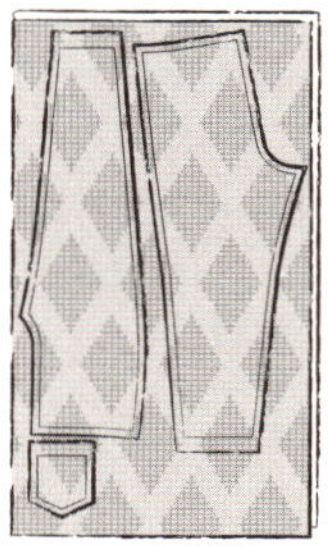

무늬가 다르게 보입니다.

● 노치 넣기

마름질이 끝나면 필요한 부분에 노치를 넣습니다.

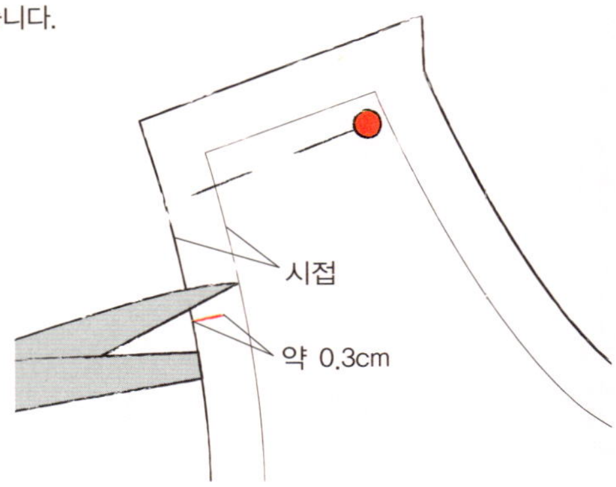

노치란?

시접 가장자리에 약 0.3㎝로 가위집을 넣어서 표시하는 방법입니다. 이렇게 하면 작업 도중에 표시가 지워지지 않습니다. 옷감을 가위로 자르는 방법이라서 완성선보다 안쪽에 있는 다트 끝이나 단추 다는 위치, 주머니 위치 등을 표시하기에는 적당하지 않습니다.

노치를 넣는 장소

· 앞판 중심, 뒤판 중심

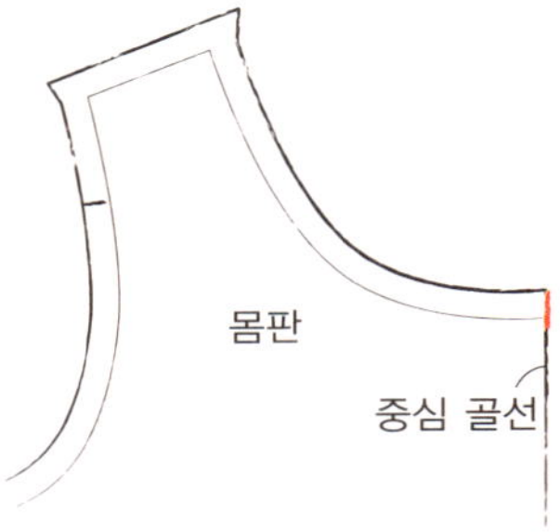

· 소매의 소매마루와 앞뒤, 몸판 진동둘레의 맞춤 표시

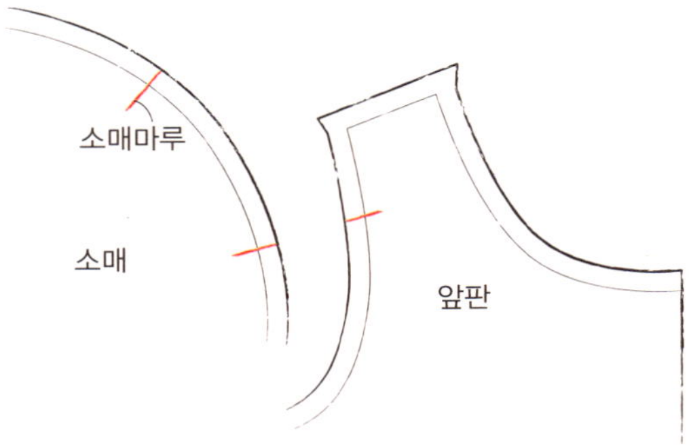

· 옆선의 맞춤 표시

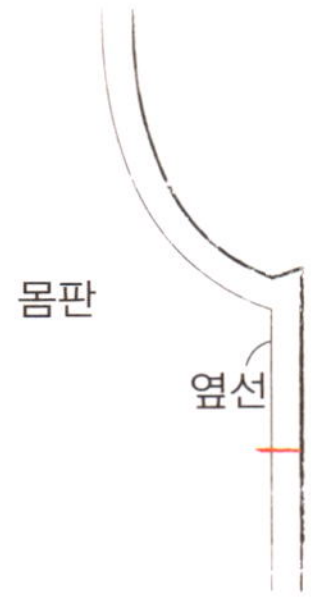

· 다트 가장자리

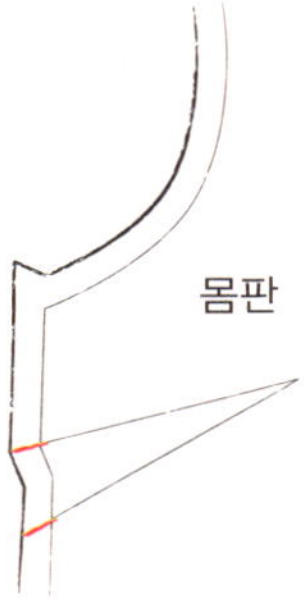

· 접박기

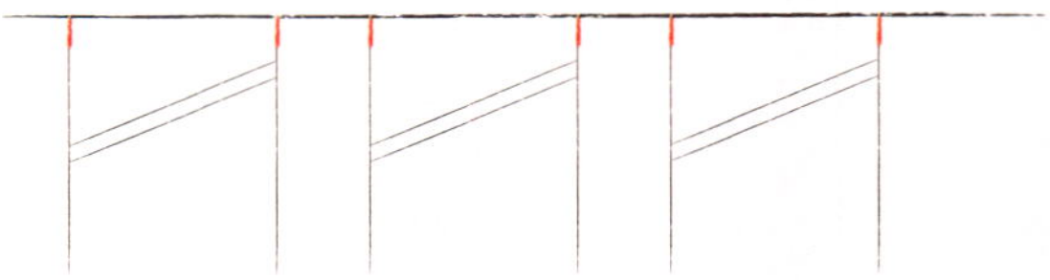

완성선 모서리나 다트 끝에는 초크 펜으로 표시합니다

노치를 다 넣었으면 표시해 두는 것을 추천합니다. 특히 시접을 직각이 아니라 대칭으로 그렸을 때는 완성선 모서리에 표시해 두면 시침핀으로 고정하기 쉽습니다. 옷감 가장자리까지 다 박지 않을 때도 표시가 있으면 박기 끝 위치를 알아보기 쉬워서 작업이 순조롭습니다.

표시하는 위치

모서리, 다트 끝, 단추 다는 위치, 주머니 다는 위치의 모서리 등

· 모서리

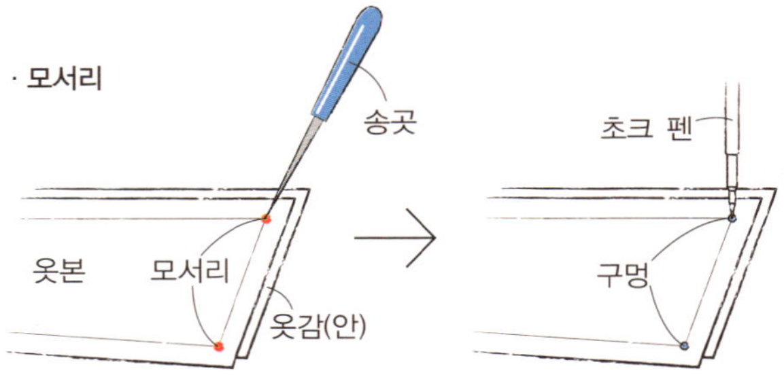

모서리 부분에 송곳으로 구멍을 내고, 구멍 속에 초크 펜을 넣어서 표시한다.

· 다트 끝

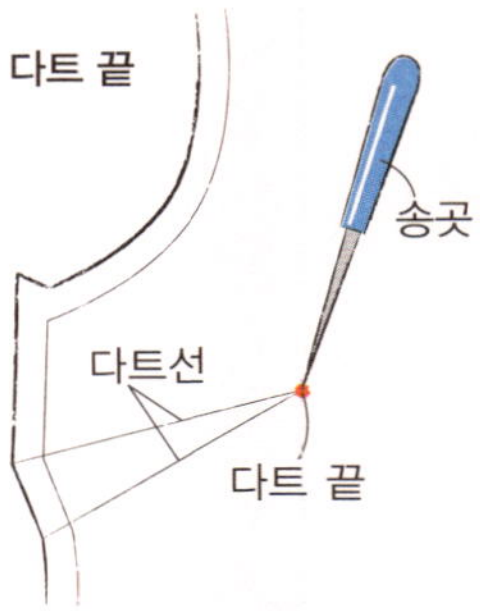

모서리와 같은 방법으로 하는데 표시한 뒤에는 다트 선도 그린다.

● 접착심지 붙이기

마름질하는 법 그림 안에 접착심지를 붙이라는 지시가 있으면 옷감 안쪽에 붙입니다. 접착심지에는 직물, 니트, 부직포 등의 종류가 있습니다. 저는 구분하여 사용하지 않고 직물로 된 것 중에 살짝 늘어나는 타입의 접착심지를 사용합니다.

붙이는 법

옷감 안쪽에 접착심지의 접착제가 묻은 면(거친 면)을 대고 덧천을 덮은 뒤에 다리미로 끝에서부터 똑같은 압력을 주어서 누릅니다. 다리미를 밀지 말고 조금씩 움직이며 틈이 생기지 않도록 하고, 다 붙인 뒤에는 식을 때까지 그대로 둡니다.

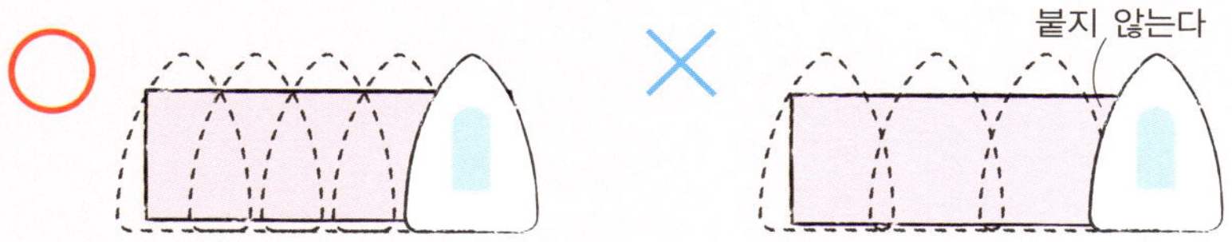

Advice

안단이나 옷깃 등 면 전체에 접착심지를 붙일 때는 크게 자른 옷감에 접착심지를 붙인 뒤에 옷본을 놓고 마름질하면 깔끔합니다.

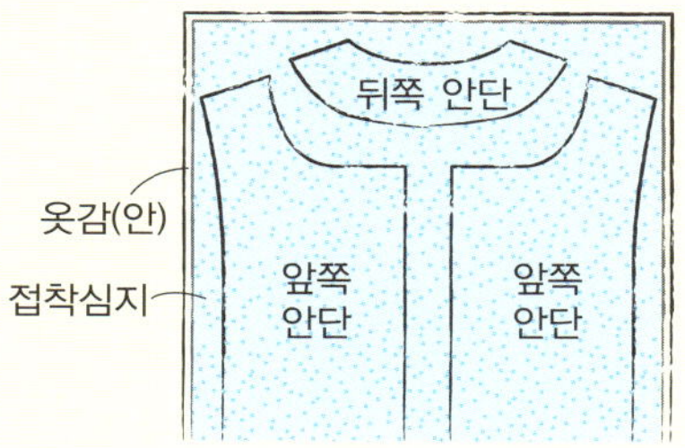

● 재봉틀로 박기

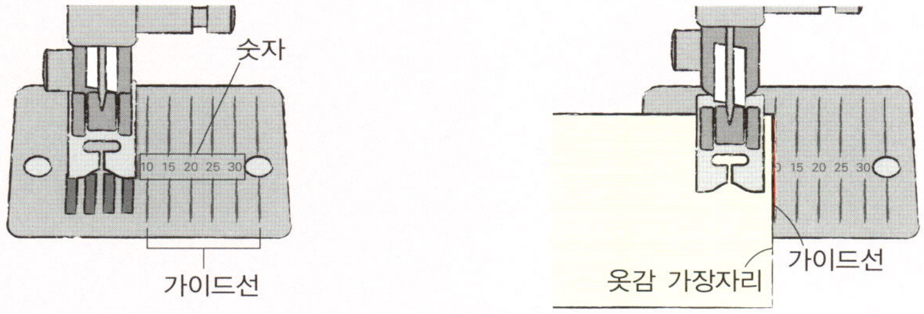

1 재봉틀 바늘판에 붙어 있는 가이드선을 이용하여 박는다.
※ 숫자는 바늘이 내려오는 위치에서부터의 거리(=시접 폭).

2 옷 만들기 책의 시접 폭을 확인하여 가이드선을 골랐으면 가이드선과 옷감 가장자리를 맞춰서 박는다.

재봉틀에 가이드선이 없을 때

바늘이 내려오는 위치에서부터 수직으로 시접분만큼 거리를 두고 바늘판에 마스킹테이프를 붙인다. 마스킹테이프 가장자리와 옷감 가장자리를 맞춰서 박는다.

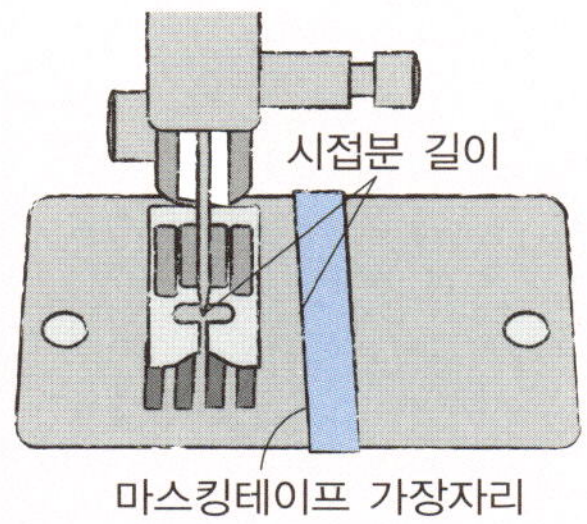

● 재봉실과 재봉바늘 고르는 법

옷감 종류에 따라 재봉실과 재봉바늘을 바꿉니다. 얇은 옷감에는 가는 바늘과 실, 두꺼운 옷감에는 두꺼운 바늘과 실을 사용하는 것이 일반적입니다. 아래 표를 참고해서 고르세요.
니트 옷감은 소재에 따라 신축성이 상당히 다릅니다. 저희 옷 만들기 교실에서는 가정용 재봉틀로 박을 수 있는, 장력이 낮은 니트 옷감을 선택합니다. 장력이 중간~높은 니트 옷감은 바늘 4개짜리 오버록 재봉틀을 사용해야 박을 수 있습니다. 참고로 저는 니트 옷감도 니트 전용 실과 바늘이 아니라 직물을 박을 때와 같은 것을 사용하고 촘촘한 바늘땀이나 3점 지그재그 박기로 박습니다.

옷감 종류(기준)	재봉틀 바늘	재봉실
얇은 옷감(론, 보일 등)	9~11호	90번
보통 옷감(브로드클로스, 시팅, 얇은 데님, 얇은 울 등)	11~14호	60번
두꺼운 옷감(데님, 트위드 등)	14~16호	30~60번

양재 테크닉 BEST 11

1 시침핀으로 고정하는 법

옷감끼리 고정할 때

완성선에 대해 직각으로 핀을 꽂는다.

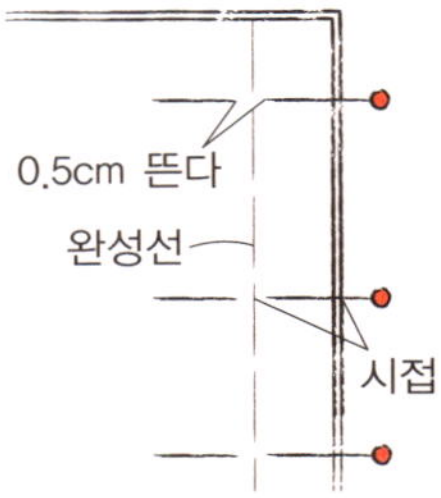

완성선에 대해 직각으로 꽂는다

접은 옷감 가장자리를 고정할 때

접음선 쪽에서 고정한다.

· 두 번 접을 때

두 번 접을 때는 처음에 접은 접음선 쪽에서

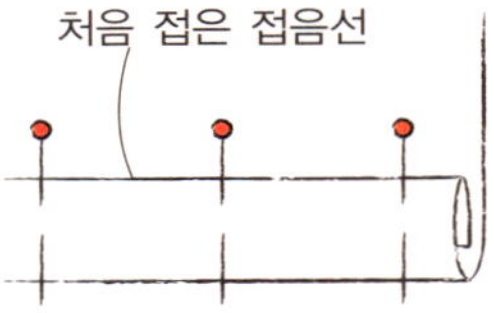

· 한 번 접을 때

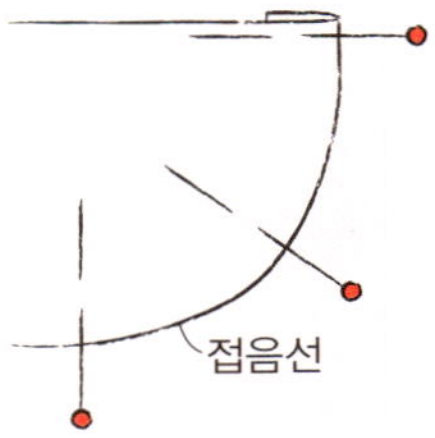

2 재봉틀 바늘땀 구분하여 사용하기

세 가지 타입으로 구분하여 사용합니다.

표준 길이

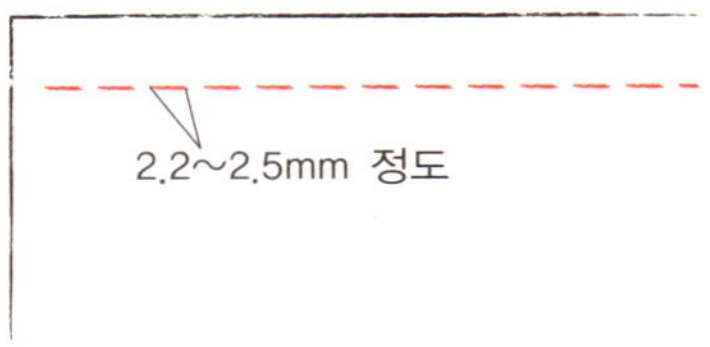

대부분의 과정에서는 이 길이의 바늘땀을 사용한다. 두꺼운 옷감을 박을 때는 3.0mm 정도를 추천.

성긴 바늘땀

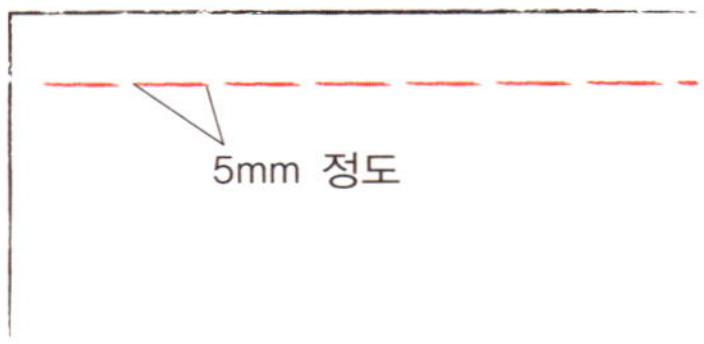

임시로 고정할 때, 개더를 잡기 위해 박을 때는 이 길이로 한다. 한 땀이 크기 때문에 임시로 박을 때는 짧은 시간에 박을 수 있고 실을 빼내기 쉽다. 개더를 잡을 때는 힘을 들이지 않고 실을 당겨서 주름을 잡기 쉬운 것도 특징.

촘촘한 바늘땀

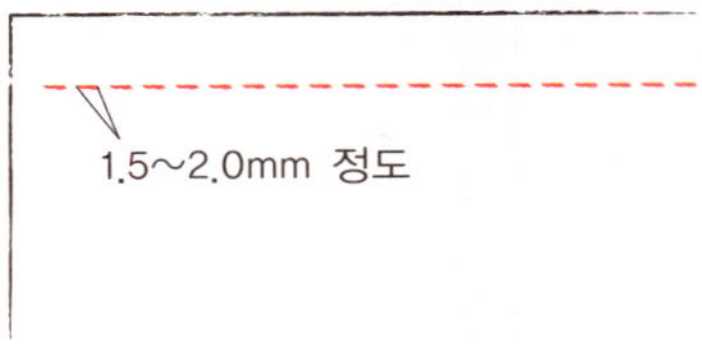

안단 등의 브이(V)나 유(U) 모양의 끝을 박을 때, 옷깃 등의 급한 곡선을 박을 때 사용한다. 한 땀이 작기 때문에 곡선을 박기 쉽고, 바늘땀이 촘촘한 만큼 튼튼하게 만들어진다. 얇은 옷감을 박을 때는 이 바늘땀을 추천.

3 박기 시작과 박기 끝

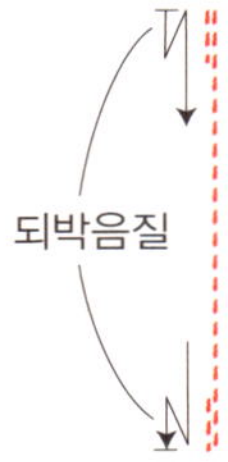

기본적으로 3땀 정도 되박음질을 한다.

* 임시로 박을 때나 개더 등 큰 땀으로 성기게 박을 때는 되박음질을 하지 않는다.

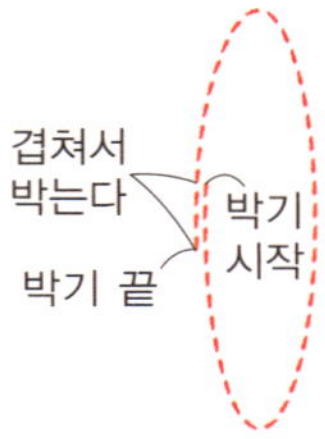

소맷부리나 밑단 등 한 바퀴 돌아가며 박을 때는 박음질을 끝낼 때 박기 시작 부분에 2~3cm 겹쳐서 박는다.

4 다트 박기

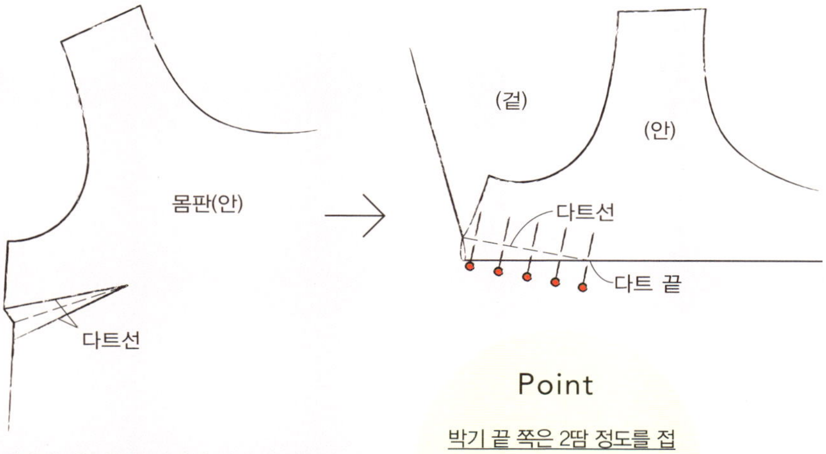

1 위아래 다트선을 겉끼리 맞닿게 겹치고 시침핀으로 고정한다.

Point

박기 끝 쪽은 2땀 정도를 접음선과 평행이 되도록 박으면 뾰족하게 튀어나오지 않고 입체적으로 완성된다.

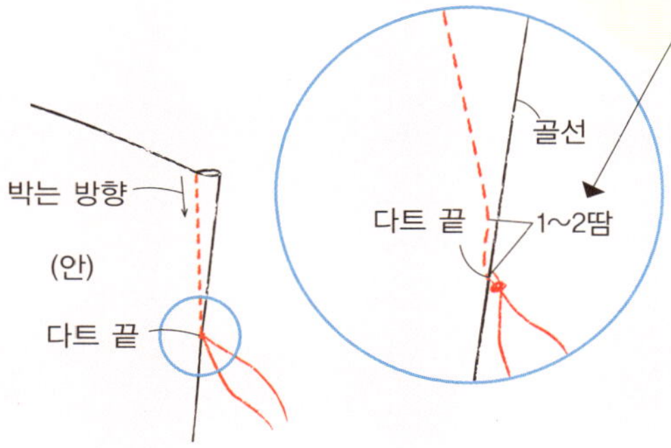

2 박는다. 다트 끝은 실을 조금 길게 남기고 매듭짓는다. 실 끝은 1cm 남겨서 자른다.

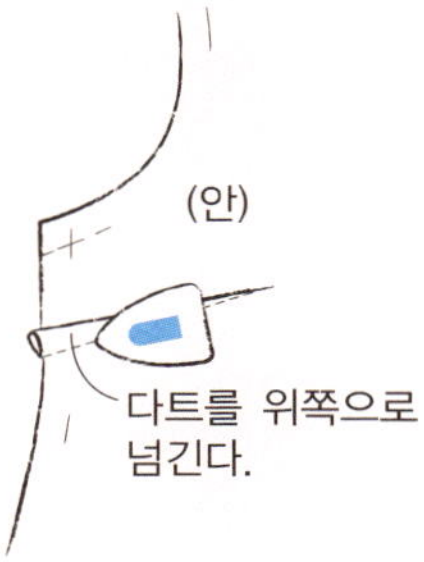

3 다트를 위쪽으로 넘기고 다린다.

두꺼운 옷감을 사용할 때

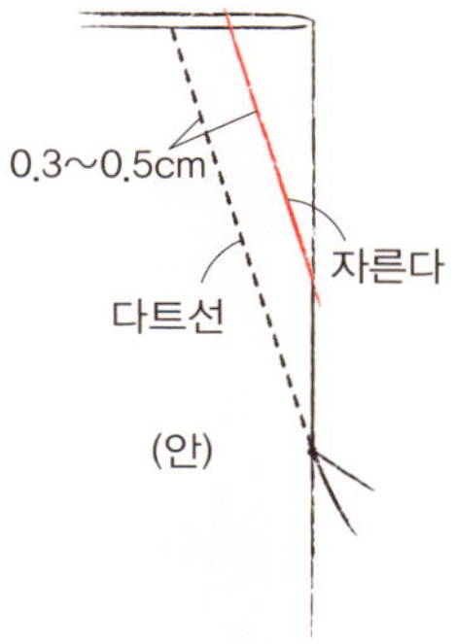

① '다트 박기'의 1, 2와 같은 방법으로 박는다. 시접을 0.3~0.5cm 남기고 자른다.

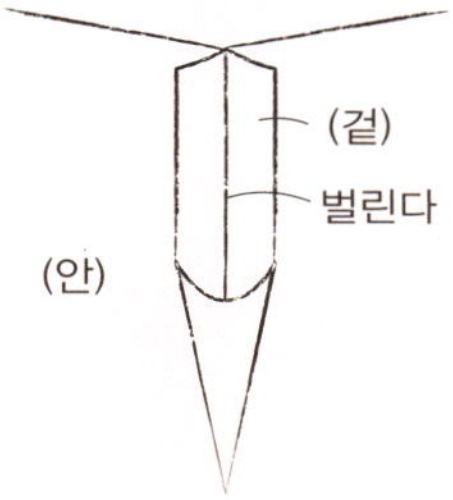

② 시접을 벌린다.

5 접박기

접는 법

접박기 표시는 세로선끼리 겹치듯이 하여 사선의 높은 쪽에서 낮은 쪽을 향해 접는다.

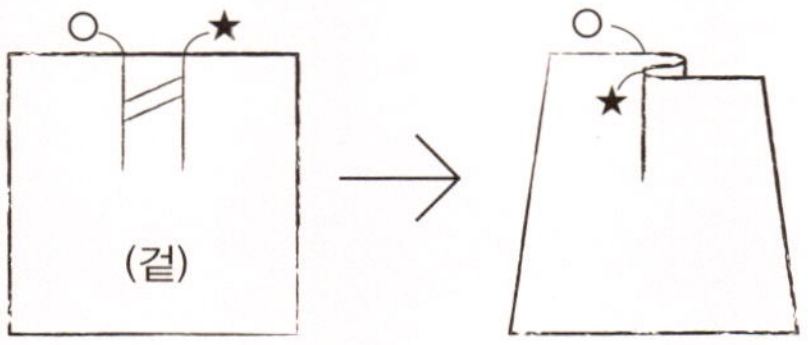

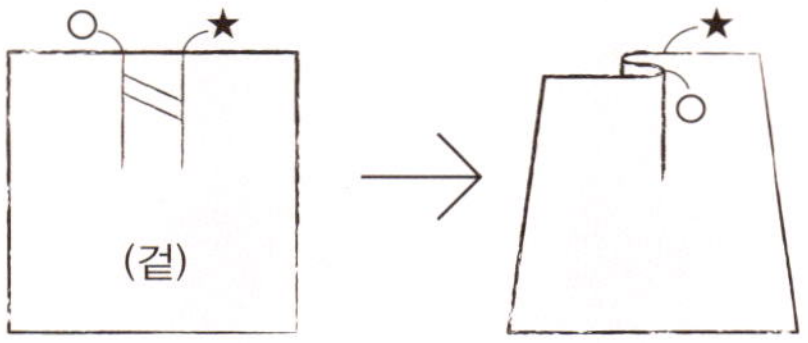

접박기 주름을 접어서 박기

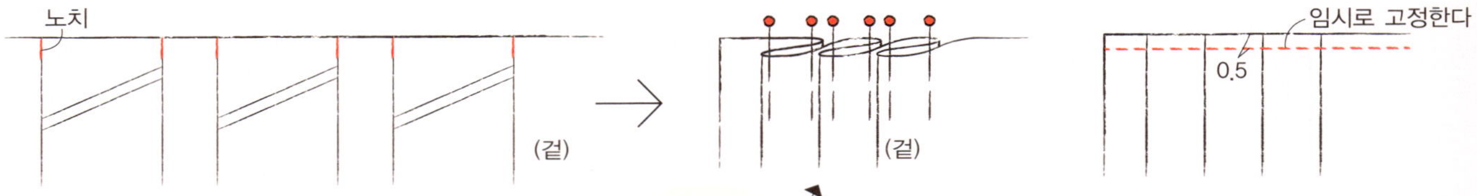

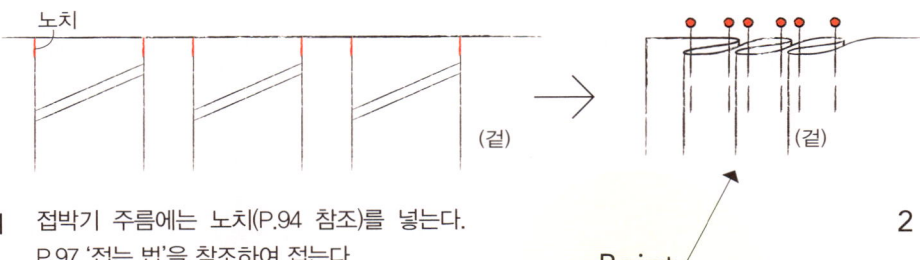

1 접박기 주름에는 노치(P.94 참조)를 넣는다. P.97 '접는 법'을 참조하여 접는다.

Point

시침핀으로 접음선을 하나 하나 고정해서 누른다.

2 큰 땀으로 성기게(P.96 참조) 박아서 임시로 고정한다.

6 개더 잡는 법

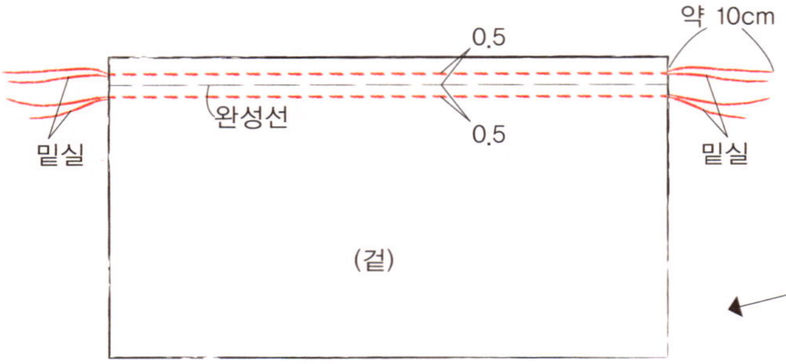

Point

반드시 겉쪽에서 박는다. 주름을 잡은 뒤에 다른 부분과 겉끼리 맞대고 밑실을 당겨서 개더 분량을 다시 조정할 때 실이 바깥쪽에 나와 있어서 당기기 편하다.

1 큰 땀으로 성기게(P.96 참조) 2줄 박는다. 끝의 실은 약 10cm 남겨 둔다.

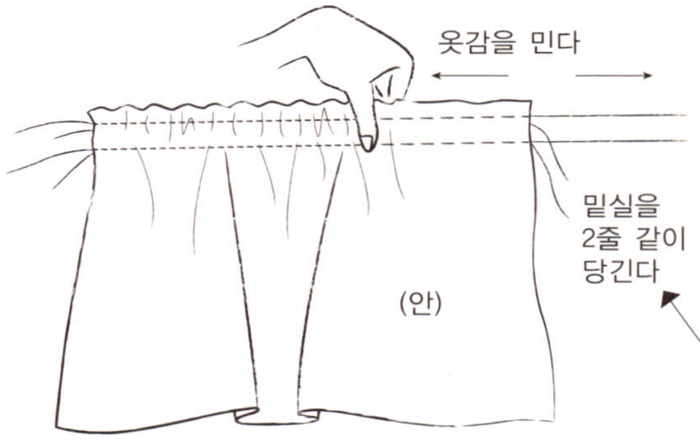

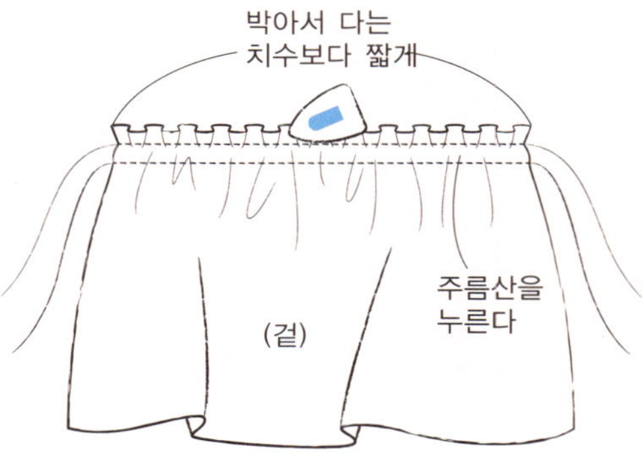

2 밑실을 2줄 같이 당겨서 주름을 잡는다. 반대쪽에서 당길 때에도 반드시 밑실을 당긴다.

Point

당길 때는 반드시 밑실을. 윗실과 비교해서 밑실이 더 느슨하기 때문에 당기기 쉽다. 도중에 잘못해서 윗실을 당기면 그곳이 막혀서 당겨지지 않으므로 주의.

3 박아서 다는 치수(지정된 치수)보다 짧게 줄인다. 주름이 고르게 잡히도록 정리하고, 다리미 끝을 사용하여 시접 부분의 주름산을 눌러서 다른 부분과 박기 쉽게 만든다.

7 바이어스테이프 만드는 법

자르는 법

옷감 안쪽에 식서 방향에 대해 45도 각도로 선을 그린다. 이 선을 따라 자른 옷감을 '바이어스감'이라고 한다.

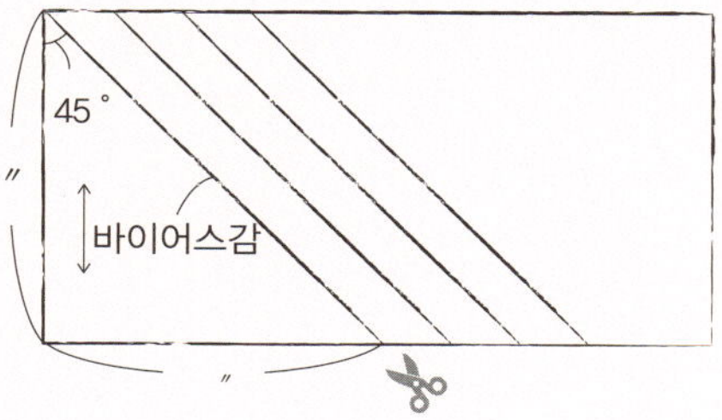

길이가 모자랄 때

바이어스테이프 2장을 겉끼리 맞대고 박는다. 완성선에서 2장의 옷감 가장자리를 맞춘다.

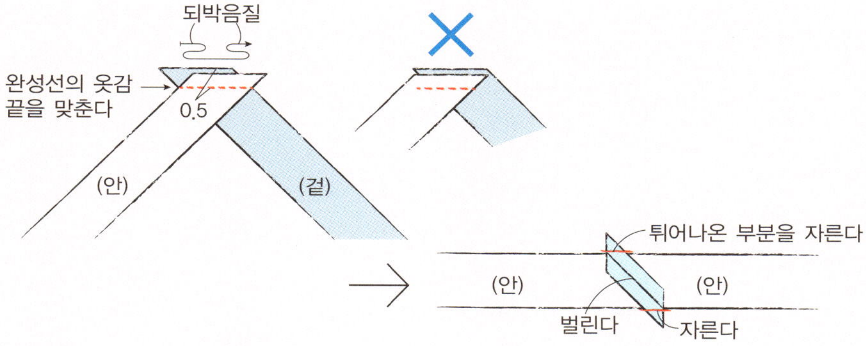

양쪽이 접힌 바이어스테이프 만들기

양쪽이 접힌 바이어스테이프는 시접을 넘겨서 처리할 때 사용한다.

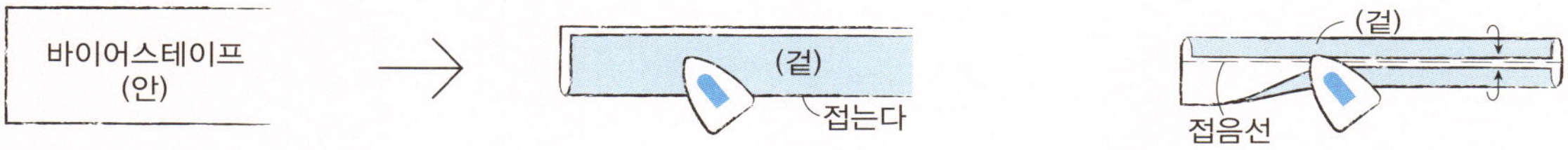

1 바이어스감을 안끼리 맞닿게 반으로 접는다.

2 1의 접음선을 벌려서 위아래 가장자리를 접음선과 맞대듯이 접는다.

4겹 바이어스테이프 만들기

4겹이 되도록 접은 바이어스테이프는 시접을 파이핑(감싸기)할 때 사용한다.

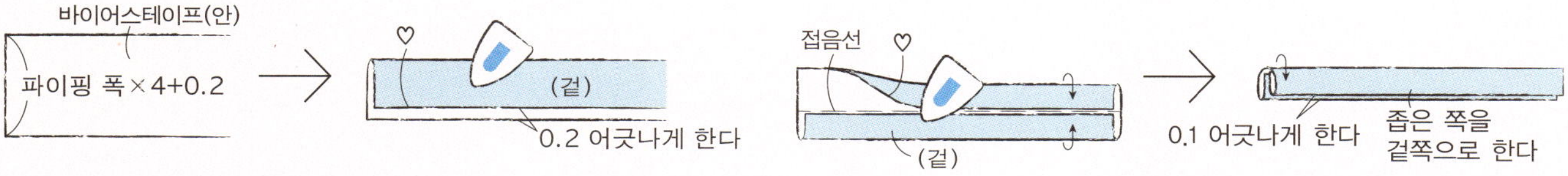

1 파이핑 폭×4+0.2cm 길이의 바이어스감을 준비하여, 안끼리 맞닿도록 하여 0.2cm 어긋나게 접는다.

2 1의 접음선을 벌려서 위아래 가장자리를 접음선과 맞대듯이 접는다. 한 번 더 반으로 접는다.

8 걸고리 다는 법

오른손잡이용. 왼손잡이용으로 달 때는 왼쪽과 오른쪽 몸판을 반대로 한다.

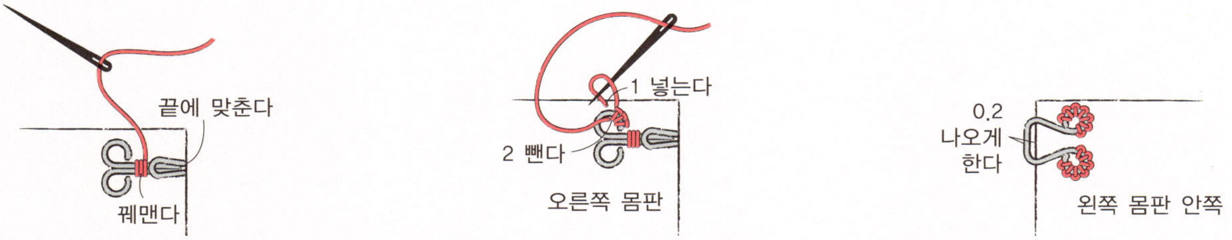

1 바늘을 2~3번 넣었다 뺐다 해서 걸고리를 단다.

2 1, 2 순으로 바늘을 넣었다 빼서 생긴 고리에 바늘을 통과시킨다.

3 왼쪽 몸판에도 2와 같은 방법으로 걸고리를 단다.

9 똑딱단추 다는 법

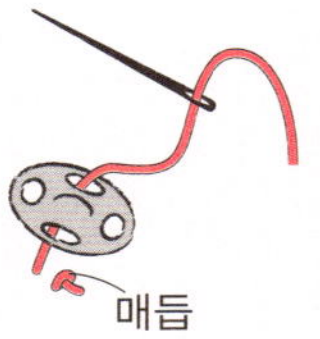

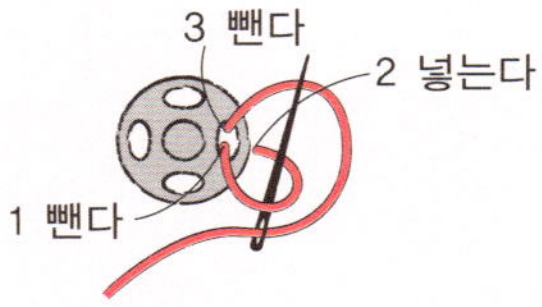

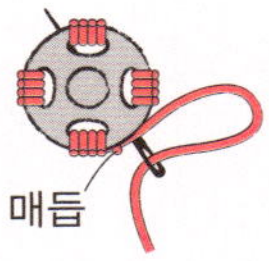

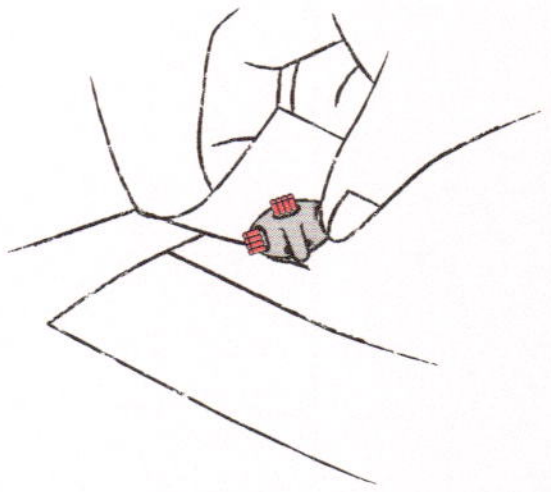

1 실에 매듭을 짓고 한 땀만큼 뜬 뒤에 똑딱단추 구멍에 실을 통과시킨다.

2 1, 2 순으로 옷감을 뜨며 바늘을 뺐다 넣어서 생긴 고리에 바늘을 통과시킨다.

3 2와 같은 방법으로 똑딱단추의 모든 구멍에 스티치한 뒤에 구멍 바로 옆에서 매듭을 짓는다.

4 단추 밑을 통과시키고 실을 자른다.

5 완성선에 맞춰서 4의 똑딱단추를 눌러서 자국을 낸다. 그 위치에 오목 똑딱단추를 단다.

10 단추 다는 법

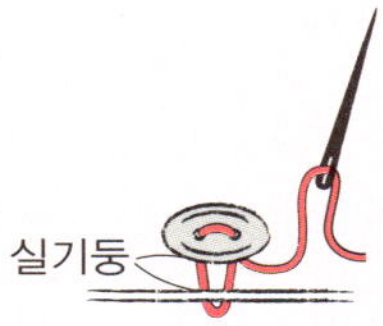

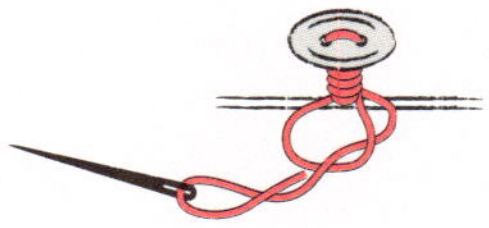

1 실에 매듭을 짓고 옷감을 뜬 뒤에 단추의 구멍에 실을 통과시키고 다시 옷감에 바늘을 꽂는 과정을 2~3번 되풀이한다. 실기둥은 남긴다.

2 실기둥에 실을 감고, 고리 모양이 된 실에 바늘을 통과시킨 뒤에 실을 당겨서 옷감 안쪽에서 매듭을 짓는다. 실을 자른다.

11 단춧구멍 만드는 법

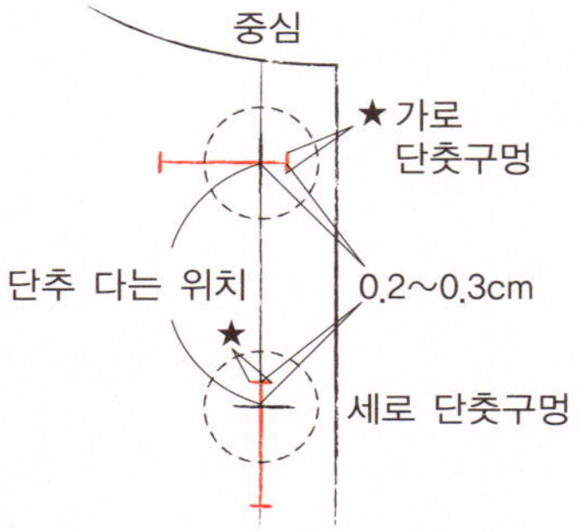

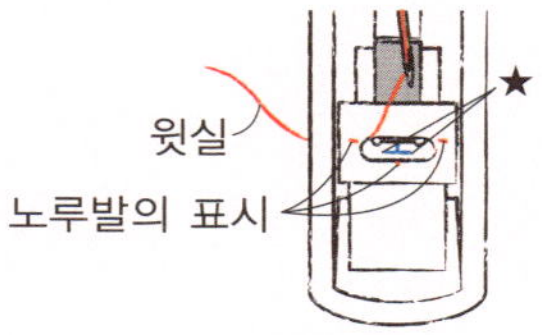

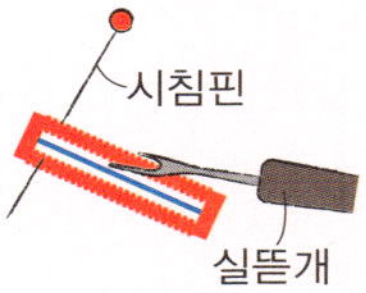

1 단춧구멍 위치(빨간 선)는 단추 다는 위치를 기준으로 옷감 가장자리 쪽으로 0.2~0.3cm 와서 초크 펜으로 표시한다.

2 단춧구멍 노루발에 단추를 넣고 재봉틀에 노루발을 끼운다. 초크 펜으로 그린 앞쪽 표시(★)와 노루발의 표시를 맞춰서 옷감을 놓고, 윗실을 노루발 구멍에서 아래로 뺀다.

3 재봉틀 기능을 단춧구멍 만들기로 선택하여 박는다. 다 박으면 단춧구멍 안쪽의 한쪽 끝에 시침핀을 꽂고 바늘땀 안쪽을 실뜯개로 잘라서 구멍을 만든다.
※ 바늘땀을 자르지 않도록 주의.

Q & A 3

옷 만들기 교실 LaLa Sewing été에서 수강생들이 자주 묻거나 궁금해하는 내용을 정리했습니다.

Q 무늬 맞추기가 늘 어려워요.

A 체크무늬나 줄무늬처럼 무늬가 이어지는 옷감을 사용할 때는 마름질할 때 무늬 맞추기를 합니다. 좌우대칭으로 하고, 앞뒤가 제대로 이어지는 것이 중요합니다. Point를 확인하며 작업해 보세요. 무늬 맞추기가 필요할 때는 옷감을 조금 넉넉히 준비합니다.

Point

앞판 중심선과 뒤판 중심선을 무늬 중심에 맞춥니다. 앞판과 뒤판 옆선도 무늬의 같은 선 위에 배치합니다.

윗옷

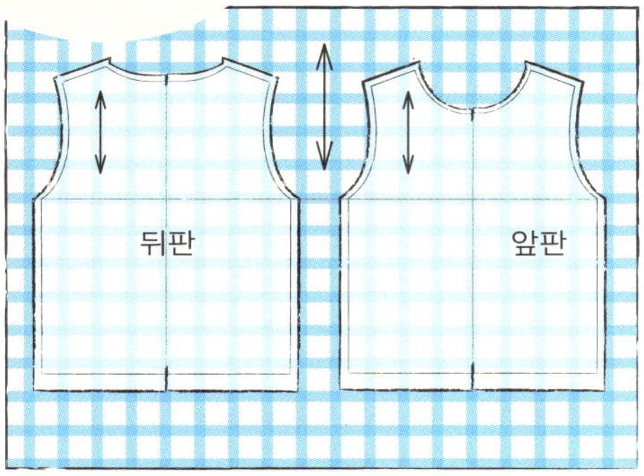

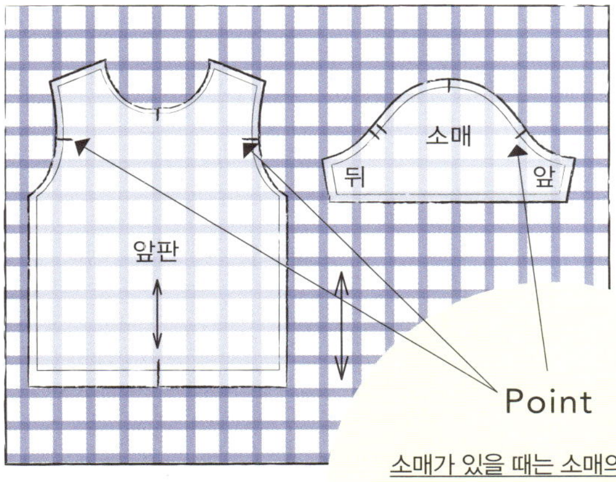

Point

소매가 있을 때는 소매의 앞쪽 맞춤 표시와 앞판 진동둘레의 맞춤 표시에 무늬를 맞추고 식서 방향을 맞춥니다. 소매 뒤쪽과 뒤판의 맞춤 표시는 맞추지 않아도 OK.

스커트

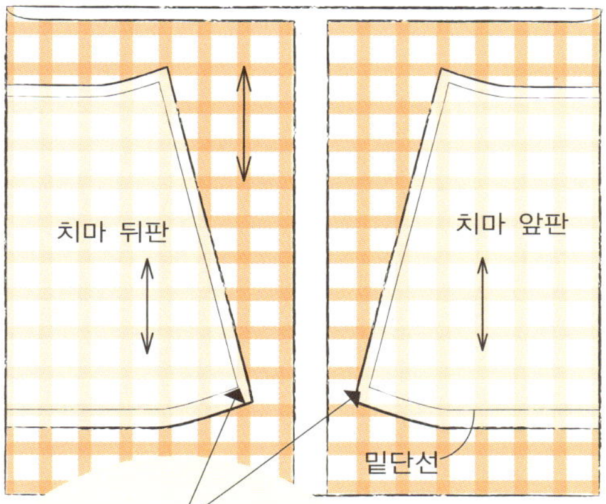

Point

스커트는 치마 앞판과 치마 뒤판의, 팬츠는 바지 앞판과 바지 뒤판의 옆선 밑단의 모서리(완성선)가 맞도록 하고 식서 방향에 맞춰서 배치합니다. 밑단선은 무시합니다.

팬츠

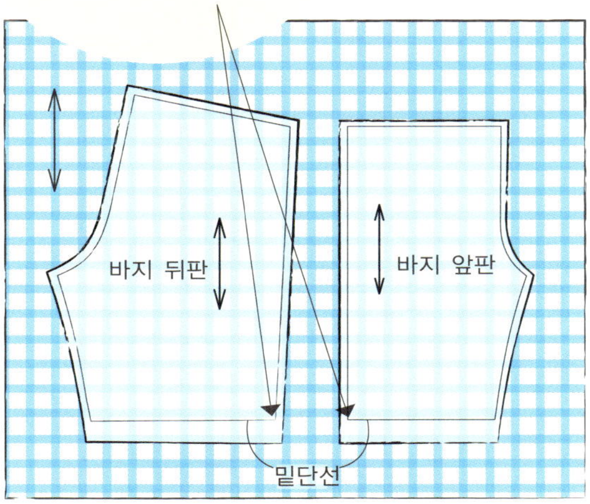

용어집

ㄱ

감침질 : 밑단 처리나 고무줄 끼우는 구멍을 막을 때 사용하는 손바느질 방법.
개더 : 옷감을 박고 오그려서 촘촘하게 잡은 주름.
겉깃 : 완성했을 때 겉쪽이 되는 옷깃.
겉끼리 맞대기 : 옷감 2장을 겹칠 때 2장 모두 안쪽이 바깥으로 나오도록 맞대는 것.
골선 : 옷감을 한 번 접어서 생긴 접음선 부분. 옷본에 '골선'이라고 표시된 선은 그 선을 기준으로 좌우대칭으로 이어지도록 옷감을 마름질하는 것을 나타낸다.

ㄴ

넘긴다 : 박아서 이은 시접을 어느 한쪽으로 쓰러뜨리는 것.
노치 : 시접의 맞춤 표시나 중심 위치에 넣는 가위집으로 깊이는 약 0.3㎝.

ㄷ

다트 : 입체적으로 만들기 위해 옷감을 집어서 박는 부분.
되박음질 : 올이 풀리지 않도록 같은 장소를 2~3땀 왕복하며 박는 것.
두 번 접기 : 옷감 가장자리를 두 번 접어서 가장자리가 안쪽에 숨도록 접는 법.

ㅁ

마름질 배치도 : 옷감 폭에 맞춰서 옷본을 배치한 그림.
마름질 : 옷감을 필요한 모양으로 자르는 것.
맞춤 표시 : 옷감을 박아서 이을 때 서로 어긋나지 않도록 하는 표시.
목둘레선 : 목둘레 위치.

ㅂ

바대 : 절개한 부분의 하나. 셔츠나 풀오버의 어깨 둘레, 스커트나 팬츠의 윗부분 등에 단다.
바이어스 : 식서 방향에 대해 사선인 것. 45도 각도를 정바이어스라고 한다.
바이어스테이프 : 정바이어스 방향으로 마름질하여 테이프 모양으로 만든 것.
박음질 끝 : 바늘땀을 멈추는 위치.
발 : 옷감의 가로 실(씨실)과 세로 실(날실)의 올과 올 사이.
벌린다(가름솔) : 박아서 이은 시접을 벌려서 양 옆으로 넘기는 법.

ㅅ

선세탁 : 리넨 등의 옷감을 마름질하기 전에 물에 담가서 미리 줄이는 것.
솔기 : 박아 이어서 맞닿은 부분.
숨겨박기 : 시접을 눌러 주기 위해 겉쪽에서 솔기 바로 옆이나 갈라진 부분 등을 재봉틀로 박는 것.
슬릿 : 풀오버나 스커트 밑단에 만드는 트임. 옆선 솔기를 이용하는 경우가 많다.
시접 없이 마름질 : 시접을 두지 않고 마름질하는 것.
시접 : 박아서 잇기 위해 필요하며 완성선보다 여분으로 붙어 있는 부분.
시침질 : 본박음질을 하기 전에 옷감이 어긋나지 않도록 시침실로 꿰매어 고정하는 것.
실기둥 : 단추를 달 때 실과 단추 사이에 실을 감아서 만드는 띄움 부분.
실물 크기 옷본 : 실제 크기로 제도한 옷본.

ㅇ

안깃 : 완성했을 때 안쪽이 되는 옷깃.
안끼리 맞대기 : 옷감 2장을 겹칠 때 2장 모두 겉쪽이 바깥으로 나오도록 맞대는 것.
안단 : 몸판의 옷감 가장자리 안쪽에 다는 부분. 앞판 끝선, 목둘레, 진동둘레, 밑단 등에 단다.
올 바로잡기 : 마름질하기 전에 올의 비뚤어짐을 막기 위해 하는 작업.
옷감 필요량 : 필요한 옷감 분량.

ㅈ

접박기 : 옷감을 접어서 만든 주름.
접착심지 : 바탕감 뒤쪽에 접착제를 바른 것. 옷감을 힘 있게 만들고 늘어남 방지, 보강, 형태 보존 등의 효과가 있다.
직물 : 실로 직조하여 만든 옷감.
직접 마름질 : 옷본을 사용하지 않고 옷감에 직접 선을 그려서 마름질하는 것.

ㅊㅌㅎ

창구멍 : 옷감을 박아서 이을 때 겉으로 뒤집기 위해 남기고 박는 부분.
초벌 마름질 : 옷본보다 주위에 여분을 두어 마름질하는 것.
트임 끝 : 트임의 끝을 표시하는 위치.
트임 : 옷을 입고 벗기 위해 목둘레나 소맷부리 등에 만드는 터진 부분.
한 번 접기 : 옷감 가장자리를 한 번 접는 법. 접기 전에 지그재그로 박는다.

콕 집어 딱 알려주는 옷 만들기 수업

2쇄 펴낸날 2025년 1월 15일

지은이 _ 코다 아오이 • LPS
옮긴이 _ 남궁가윤
펴낸이 _ 정원정, 김자영
편집 _ 홍현숙
디자인 _ 김민정, 이유진

펴낸곳 _ 즐거운상상
주소 _ 서울시 중구 충무로 13 엘크루메트로시티 1811호
전화 _ 02-706-9452 팩스 _ 02-706-9458
전자우편 _ happydreampub@naver.com
인스타그램 _ happywitches
출판등록 _ 2001년 5월 7일
인쇄 _ 천일문화사

ISBN 979-11-5536-204-4 (13630)